KB216208

안디바목사의 신앙고백서

아직도 목사한테
속고 있는가

안디바목사 지음

소피아

아직도 목사한테
속고 있는가

지은이 • 안디바목사
펴낸곳 • 소피아
펴낸이 • 김종현
표지 디자인 • 차주현
초판 1쇄 발행 • 20019년 8월 15일
등록 • 1995년 9월 22일 (제1-1932호)
주소 • 일산동구 무궁화로 40~428
전화 • (031) 902~5419
팩스 • ((031) 902~5418
E-mail • kj9694@hanmail.net

정가 12,000원
ISBN • 978-89-89080-29-0 03230

아직도
목사한테
속고 있는가?

안디바 목사

소피아

시작하기에 앞서

　2017년에 출간한 '더 이상 목사한테 속지 말라' 책에 이어 그 후 속으로 이 책을 쓰게 되었지만, 출간을 코앞에 두고 '궁창의 빛' 설교방송을 유튜브를 통해 보게 되었다. 김종철 목사님의 강해를 보면서 그동안 하나님의 말씀을 전하는 일에 게을렀던 나를 뒤돌아보게 되었다. 무엇보다 생명의 도(道)를 전하는 일에 등한시했던 필자 자신을 반성하면서, 그때부터 목사님의 '강해'를 정리하느라 이 책을 잠시 뒤로 유보했다. 그리고 바로 얼마 전 '종교는 사기다' 라는 책이 시중에 선보이게 되었다.

　따라서 이책은 지난 가을쯤 출판하려고 모든 준비를 마친 상태였으나 타락과 부패로 병들어가고 있는 교회를 향해 속 시원하게 질타하는 '궁창의 빛' 방송을 보고 가만있을 수가 없었다. 그래서 많은 수의 사람들이 몰지각한 목사들에 의해 영혼이 병들고 시들어가는 것을 방관만 할 수 없었고, 또한 복을 빙자한 십일조와 헌금 강요로 시달리고 있는 교인들을 위해 이제는 뭔가를 알려야 할 때가 아닌가 생각하였다. 무엇보다 선교와 봉사로 시간과 노동력을 무작위로 착취당하는 교인들을 보면서 그저 수수방관만 하기에는 너무나 역류하는 감정을 주체할 수 없었다. 그리하여 이런 저런 이유로

'종교는 사기다'의 책을 서둘러 쓰게 되었고, 그 다음에 이 책을 출간하게 된 것이다.

아울러 앞서 출간한 두 권의 책은 거짓 목사들한테 속지 말고 정신 똑바로 차리고 신앙생활 하라는 뜻에서였고, 또한 사역자들은 하나님을 두려워하면서 올바른 신앙관을 갖고 그리스도의 말씀을 온전히 전하라는 경각심에서였다. 그래서 초심자들이 읽기엔 너무 어려운 책이었다. 따라서 누구나 쉽게 구원을 이해하고 또 어떻게 믿는 것이 가장 올바른 믿음생활인가를 전하고, 성경은 무엇을 말하며, 하나님은 어떤 분이시며 예수 그리스도의 구원사역은 어떻게 이루어지는가를 아주 쉽게 테마별로 정리하여 썼다.

무엇보다 초심자들을 위해 쓴 책이다 보니 남편 수준의 눈높이에 맞추어 썼다. 그러다 보니 이 글을 쓰는 내내 오직 남편 생각만 했다. 남편은 성경에 관련해선 너무나 문외한이다. 그렇지만 그런 남편한테 말씀의 씨가 심령 안에 심어지자, 짧은 시간 안에 많은 변화가 일어났다. 남편은 김종철 목사님이 툭 던진 지신행(知信行) 한마디에 깊은 감동을 받았다. 성경을 알아야(知) 믿음이 생기고, 믿음이(信) 생겨야 그에 따른 행동이(行) 나올 수 있다. 그래서인지 근래 들어 시간만 나면 성경 읽는데 온 시간을 할애하고 있다. 대부분의 사람들의 신앙 수준은 바로 남편 수준과 비슷하다. 그러므로 남편이 이해할 정도면 그 누구도 충분히 이해 가능하다고 생각되어 그 눈높이에 맞추어 쓰려고 노력했다.

그리고 남편처럼 나를 잘 아는 사람도 드물다. 삼십 여년 이상을 함께 살았고 그러다보니 나의 약점과 치부를 가장 가까이서 지켜본 사람이다. 그런 남편이 읽는 글이기에 거짓이 들어가면 금방 탄로난다. 그래서 있는 그대로만 솔직하게 담았다. 그래야 남편도 이 책에 거짓이 없음을 인정하고 수긍하여 믿을 수 있기 때문이다.

또한 남편 눈높이에 맞추어 테마별로 정리해 죄에 대하여, 구원에 대하여, 죄사함은 무엇이며, 세례는 어떤 것이며, 구속(救贖)은 무슨 뜻이며, 영생(永生)이란 무엇인가에 대해 요약 정리했다. 아울러 예수는 누구이며 또한 그리스도란 뜻은 무엇이며, 하나님과 예수 그리스도의 관계는 어떤 연관성을 갖고 있는가 등에 초점을 맞추었다. 그리고 무엇보다 성경은 왜 쓰여졌으며, 성경에서 무엇을 전하고자 하며, 쓰여진 동기가 무엇이며 어떻게 쓰여졌나를 '성경' 그 자체에 대해서도 모두가 이해할 수 있도록 일목요연하게 정리했다. 무엇보다 하나님의 창조의 목적이 무엇이며, 전능하신 여호와 하나님은 어떤 분이시며, 예수 그리스도께서 왜 육신의 옷을 입고 말씀으로 이 땅에 오실 수밖에 없었는가? 그리하여 죄란? 세례란? 성령이란? 십자가란? 이 모든 것을 복음이란 한 소쿠리에 가득 담아 수시로 꺼내 볼 수 있도록 했다. 그래야 복음의 진정성을 깨닫고 구원의 여정으로 가는 길에 초심자라도 길을 잃지 않고 하나님 나라로 쉽게 찾아 갈 수 있기 때문이다.

또한 이 책은 그동안 극심한 영적 빨갱이었던 필자가 어떻게 하나님 나라를 이해하고 깨닫게 되었는가, 또 그 진리의 말씀 위에 우뚝 서게 되었는가를 진술하면서 솔직담백하게 담았다. 그러다보니 거의 필자의 신앙고백에 가까운 자전적 이야기다. 따라서 이 책이 초심자들이나 성도들에게 구원에 이르는 여정의 길목에 밝은 빛으로 인도되기를 주님의 이름으로 기도하는 바다.

안디바 목사

차 례

안디바 목사의
　　신앙 고백서

1부

신앙 여정의 길에...

무익했던 시간들을 생각하면...

남편은 심성 하나만은 우리 친정아버지와 너무나 흡사하게 닮았다. 술을 좋아했던 아버지는 간암으로 우리가 결혼하기 전에 먼저 세상을 떠났지만 만약 살아계셨다면 남편을 아들처럼, 또는 다정한 술친구처럼 대했을 거다.

지금도 그런 친정아버지를 생각하면 제일먼저 쌍꺼풀 굵게 진 큰 눈망울이 떠오르고, 동네에서 착하기로 소문난 선한 모습의 웃는 표정이 먼저 떠오른다. 남편이 아버지와 다른 점이 있다면 친정아버지에 비해 고집이 은근히 세다는 점이다.

그렇게 착하고 선하신 아버지가 돌아가신 시기가 내가 한창 교회에 열심히 다니고 있을 때였다. 누가 봐도 선한 생각만 하셨던 아버지였기에 의심의 여지없이 천국에 가셨을 거라 생각을 했다. 그런데 아무리 착하고 선해도 하나님을 믿지 않으면 지옥에 간다는 목사의 말에 화가 났다.

어려운 사람 도와주는 일로, 내 것을 챙길 줄 모르고 남부터 챙기는 그런 착한 성정의 아버지가 단순히 하나님을 믿지 않았다는 이유 하나로 지옥에 간다면? 우리의 상식으로 착하면 천국에 가고, 악하면 지옥에 가는 것이 당연지사인데 그 억지 논리가 도저히 이해되지 않았다. 그렇다면 이 땅에 기독교 문화가 들어오기 전의 사람들은 전부 하나님을 몰랐으니 모두 지옥 갔다는 말인가?

이 말도 안 되는 억지야말로 교회 말고 어디에서 또 들을 수 있단 말인가?

그러나 당시의 난 그런 논리에 반박할 만한 성경적 지식이 부족했고 아니 전혀 몰랐다고 하는 것이 맞다. 그래서 그렇게 말하는 목사한테 반박하기 위해서 성경 공부가 필요했다. 그나마 미션스쿨인 학교라 성경을 배울 수 있는 기회가 마련되었고 또한 반박할 뚜렷한 목적이 있었기에 성경공부를 파고들 수 있었다.

그때는 신앙심이 우러나서 한 공부가 아니었고, 교회를 빠지지 않고 다닌 이유도 출석여부를 체크하는 학교 규칙 때문이었다.

그랬기 때문에 학창시절 교회를 꾸준히 다녔고 성경 공부도 열심이었지만 고작 하나님을 아는 지식은, 예수가 우리의 죄를 위해 십자가를 지고 죽으심으로 우리가 구원을 받았다. 아울러 예수의 피 보혈로 죄 사함을 받은 사람만이 천국에 갈 수 있고 그렇지 않으면 전부 지옥 간다가 내가 이해 할 수 있는 전부였다.

그런데 예수를 어떻게 믿어야 구원을 받을 수 있는 건지, 또 죄 사함을 받았다면 나타나는 현상은 어떤 것인지, 이를 구체적으로 알려주는 교회나 목사는 당시나 지금이나 하나도 없었다.

구원의 방법은 알려주지 않고 예수 믿어야 천국 가고 교회 열심히 다녀야 하나님이 복을 주신다고만 했다. 그리고 교회 열심히 다니다보면 하나님이 알아서 복을 주실 뿐 아니라, 하나님의 것인 십일조를 떼어먹지 않고 꼬박꼬박 내고 헌금도 아끼지 않고 헌납하면 하나님께서 그만큼의 복도 상급으로 풍성히 주신다고만 했다.

구원의 길은 하나님께서 열어주셔야 되는 것은 일간 맞는 얘기긴 하다. 기독교는 내가 하나님을 믿는다고 되는 것이 아니다. 하나님의 영이 내게 찾아오셔야 되는 것이 분명 맞다. 그런데 그런 하나님이 내게 찾아오실 생각조차 안하는데 어디서 그 하나님을 만난단 말인가?

하나님을 만날 수 있는 방법을 알아야 구원을 받아 천국을 가든 믿음이 생기든 할 텐데, 그 구원의 방법에 대해 정확하게 알려주는 목사가 지금까지 단 한 사람도 없었다. 아니 구원의 방법론을 제대로 아는 목사가 없는 것이 맞다고 하는 게 나을 게다.

이 개들은 탐욕이 심하여 족한 줄을 알지 못하는 자요 그들은 몰각한 목자들이라 다 자기 길로 돌이키며 어디 있는 자이든지 자기 이만 도모하며(사56:11)

이와 같이 탐욕이 심한 개들이 바로 목사다 보니, 이들의 설교는 주로 천국에 대한 복음보다 이 땅에서 잘 먹고 잘 사는 방법만 복으로 전하고 교회의 이익만을 챙기고 있다. 따라서 겉으로 비쳐지는 교회의 모습은 외형적으로 매우 커져 있지만, 개(목사)들이 설교를 하니 헌금에만 혈안이 되어 있지 그 안의 성경의 진리는 속수무책으로 방치되어 있는 것이 오늘날 교회의 모습이다.

그래서 그 이유를 생각해 본 결과 두 가지로 결론이 났다. 하나는 목사 자신이 구원의 방법론을 제대로 알고 있지 못하든가, 둘째는 구원론을 성경대로 설교하다보면 교인들이 떠나기 때문에 그것이 염려되어 못하든가 둘 중에 하나다. 그러나 안타깝게 둘 다 해당이 되지 않는다.

왜냐하면 성령이 충만한 목사는 그 안에 하나님의 영이 내주하기 때문에 담대하여 교인들의 숫자에 연연하지 않고 바른 복음만을 전하기 때문이다.

어쨌든 이런 구원의 요원함 때문에 필자는 세상적인 달콤함에 빠져 여러 경로의 샛길로 빠져 들 수밖에 없었다. 젊은 시절 느꼈던 세상에의 유혹은 매우 달달하고 달콤했다. 돈 버는 재미도 쏠쏠했고 참선에서 얻는 의미도 내겐 깊었다.

그러다보니 그 모든 일련의 것들이 너무 신나고 흥미로웠다. 특히 역학이란 학문은 내 구미에 가장 잘 맞았다. 미래를 예측한다는 것 자체가 흥미의 대상이었고, 모두가 자신들의 앞날을 예견해 주는 나의 예언에 탄복하여 머리 숙여 감사했고 또한 그에 따른 대가도 만만찮게 주어 물질의 풍요도 안겨주었다.

그러다보니 시간이 지날수록 역학(易學)이란 학문에 관심이 증폭되었고 다양한 종류의 학문을 연구하는데 젊은 시절을 다 바쳤다.

의의 도를 안 후에 받은 거룩한 명령을 저버리는 것 보다 알지 못하는 것이 도리어 저희에게 나으니라. 참 속담에 이르기를 개가 그 토하였던 것에 들어가고 돼지가 구덩이에 도로 누웠다 하는 말이 저희에게 응하였도다(벧후2;21-22)

최초의 인간 아담은 원래는 하나님을 알았다. 하나님과 함께 했을 때는 에덴동산이 그의 낙원이었다. 그런데 뱀(사탄)의 유혹에 넘어가 하나님이 먹지 말라는 선악과를 먹으므로 하나님의 신(생령)이 떠났다.

하나님의 생령(神;말씀))이 떠나면 그때부터 인간은 개, 돼지들이 된다. 사탄(귀신)은 개, 돼지들을 좋아한다. 하나님의 신이 떠나면 이와 같이 세상적인 유혹에 휘말리게 되어 개가 토(죄)하였던 곳으로 다시 돌아가게 된다.

필자가 바로 그런 사람이었다. 결혼 전에 한때는 전도사가 되겠다고 꿈을 꾸었던 적이 있었지만 그 또한 겉치레에 불과한 공염불이었다. 그래서 하나님을 믿는다고 대학선교회인 H.C.C.C서 순장으로 왕성하게 활동했고, 명동 성모병원서 봉사활동을 한답시고 학창시절 공부도 등한시했다.

청춘시절 누구나 한번쯤 꿈꾸었던 그 꿈조차도 세월이 흘러 생각해보니 것 또한 남에게 보이고자 한 위선에 불과했던 것이다.

지금 황혼의 나이에 지난 세월을 돌이켜 생각해보면 황금 같은 젊은 시절을 개가 토하였던 그곳으로 돌아가 돼지들과 함께 뒹굴고 있던 내 모습을 뒤돌아보니 그야말로 가관이었다. 삼십 여년의 세월을 역학이란 학문에 몰입했던 그 무익했던 시간들이 지금은 너무나 아깝게 느껴졌다.

그러나 그 속에서조차 하나님의 깊은 뜻이 숨겨져 있음을 이제 조금은 알 것 같다. 알기에 헛된 시간만 보낸 것이 아니란 생각에 스스로를 위로하고 있다.

간혹 세상 속에 살다보면 가끔 하나님을 갈망하는 마음 저편에 나의 영적 갈등의 그림자가 깊게 드리워 있음을 보게 된다. 나의 과

거는 하나님과의 대적 행위로 일관되었지만 때때로 남을 위해 진정으로 행동한 마음 안에 아주 짧은 찰나지만 그 안에서 영적 실체를 맛볼 때가 있다. 그것은 바로 참선에서 얻은 우주(창조주)와의 만남에서였다.

살다보면 우리 삶의 수많은 일면들이 겉으로 봐서는 서로 아무 상관없어 보일지 모르겠지만 실제로는 서로 긴밀한 관계를 이루면서 얽히고 설켜 있다는 사실이다. 무엇보다 주역의 천지자연을 통해 이러한 인연의 실체를 종종 경험한 적이 있다.

그러기에 필자는 혼자서 수시로 이러한 자신의 정체성을 찾을 때가 있다. 이 찾는 행동이 바로 삶을 분류해 정리하는 습성으로 변했고, 사람과의 관계 속에서 스스로를 터득하는 지혜로 변화되어 갔다. 그러기에 일, 건강, 이성, 금전, 정신, 물질, 영적인 것들에 구애받지 않고 당당하게 살아갈 수 있었다고 본다.

그럼에도 간혹 이러한 과정 속에서 자신도 모르게 나의 존재가치가 다른 사람들과 비교되어 상대적 박탈감, 또는 상대적 빈곤함을 느끼며 살 때가 왕왕 있었다. 그러나 그것조차 상대적 비교에서 오는 스스로의 생각일 뿐이지 실제는 그렇지 않다는 점이다.

따라서 하나님 밖에 있는 사람들은 늘 이러한 상대적 가치 평가로 인해 허무와 빈곤을 느끼며 살아간다. 그러나 하나님의 생명 안으로 들어온 사람들은 그 모든 것이 영원한 생명으로 재탄생되므로 충만으로 가득찬 삶을 살게 된다.

무엇보다 우리의 존재를 구성하는 다양한 관계 속에서 신앙이 우리의 현실적인 문제들을 이끌어 줄 때가 있다. 가슴 아픈 순간에 신앙이 힘이 되어 우리의 영혼을 희망으로 인도할 때 거기서 얻는 기쁨이, 현실이 고통스러워 시험에 들 때나, 그로인해 우리의 감정이 흔들릴 때, 신앙은 우리에게 믿음을 제시하므로 용기와 힘을 주곤 했다.

그럼에도 우리는 자주 우리의 영혼을 여전히 마귀의 손아귀에 붙들린 채, 이러한 사탄의 놀음에서 벗어나지 못하고 재리와 염려로 근심할 때가 많다. 그러면 그때마다 그리스도의 말씀 안에서 나를 생명으로 이끌어 주시는 하나님을 생각하게 된다.

무엇보다 하나님아버지 안에 생명이 있고 이 생명이 생각을 통해서 나오면 성령이고, 이것이 소리로 들리면 말씀이다. 따라서 이 말씀이 육신이 되어 오신 분이 예수 그리스도시다.

그러기에 성경 안에는 하나님아버지의 말씀이 그대로 그리스도의 영을 통해 우리와 늘 하나가 되고 있다. 그러기에 오늘도 나의 스승이며 지도자이신 예수 그리스도를 마음속에 그리며 '부름 받아 나선 이 몸 어디든지 가오리다'의 찬송을 소리죽여 흥얼거린다.

강릉서머나 교회는

"이 깊은 산중에 누가 온다고......"

첩첩 산중인 골짜기에 집이라곤 고작 한두 채에 불과한 주변을 둘러보고 마을 사람들이 하나같이 하는 소리다. 나부터라도 누군가 지금과 같은 상황에서 교회를 짓는다 하면 한심한 생각이 들어 똑같은 염려로 한수 거들었을 게다.

두터운 이중 황토벽돌로 탄탄하게 짓는 것을 보고 대충 건축비를 짐작한 그들로선 도저히 이해가 되지 않는 모양이나, 난 그런 면에선 꽤나 배포가 두둑한 편이다. 한심해 보이는 마음 반, 걱정되는 마음 반, 두루두루 포함한 염려 차원에서 하는 말이니 그저 고맙기만 하다.

대부분의 교회는 교인들이 많이 모여야 헌금이 걷히고, 또 헌금이 많이 모여야 그 돈으로 교회를 운영하기 때문에 되도록 모든 편의를 고려해 장소를 물색한다.

즉 고객(교인)들을 오기 쉽게 하려면 우선 교통편이 편리해야 하고, 교회십자가가 눈에 잘 띄어야하며 그러려면 도로가 인접한 위치여야 한다.

거기에 돈 많은 사람까지 유치하려면 땅값 비싼 번화가가 더욱 유리하다. 하여간 이런저런 모든 점을 감안하여 교회를 개척하는 것에 반해, 강릉서머나 교회는 딱 그 반대라고 생각하면 된다.

한적한 외딴 곳에 비싼 자재로 교회를 짓는 모습이 그들 눈에 도저히 이해되지 않음이 당연할지 모르나 어쨌든 내게 있어 전혀 문제 되지 않는 부분이었다.

처음 목회를 해야겠다 마음먹은 시기가 2014년경이었다. 그래서 2015년을 끝으로 일선에서 물러나 이곳 강릉으로 거처를 옮겼다. 자연과 함께하다 보니 시간적인 여유가 많아졌고 그 많은 시간만큼 성경을 연구하고 묵상하는 시간도 늘어났다.

그런데 문제는 조용한 장소에서 성경을 읽고 또 읽어도 심령에 아무런 변화가 일지 않았다. 시간이 지날수록 내 맘은 여전히 세상 속에 재리와 염려로 꿈틀되고 있었다. 그러한 답답한 속내를 감춘 채 혼자 끙끙대다 혹시나 싶어 기도원을 찾았다.

일주일에 2-3일은 매주 빠짐없이 기도원에 입소하여 몇 달 간 그 안에서 예배하며 기도하고 성경을 읽었지만 심령은 여전했다. 아니 오히려 성경 말씀에 근거하지 않는 목사의 설교가 귀에 들어오지 않았고, 고함치듯 외치는 통성기도나 '주여' 삼창기도가 내겐 너무 낯설고 어색했다.

그러다보니 그곳에서의 기도도 집중이 되지 않아 그럴수록 심령의 갈급함은 갈수록 더해만 갔다. 그래서 21일간의 금식기도를 작정했다. 육십 가까운 나이에 21일간의 금식은 건강상의 무리가 따랐으나 사투 끝에 무사히 마칠 수 있었다. 그런데도 심령의 갈급함은 여전했다.

심령의 갈급함이 해소되지 않아서인지, 아님 하나님의 뜻인지는 몰라도 금식기도를 마치고나자 왠지 모르게 교회를 짓고 싶다는 생각이 그때부터 들기 시작했다. 이 생각이 한두 번에 그치는 것이 아니라 계속해 생각이 나자 도대체 이 생각이 왜 드는 걸까? 그래서 깊이 있게 상고해 보았다.

생각을 주시는 이도 하나님이요, 거두어 가시는 분도 하나님이시니 그렇다면 무슨 목적이 있어 주시는 것일까? 아님 심령의 갈급함을 교회 짓는 일로 나 스스로한테 위안 받고자 해서인가? 그렇지 않음 무엇일까? 이런저런 생각들이 들었지만 마음은 교회 짓는 일로 생각을 굳혔다.

그러나 건축에 따른 구체적인 계획이야 세우면 되겠지만 문제는 마련되지 않은 건축비였다.

무엇보다 펜션을 짓기 위해 2015년에 건축허가를 받아 놓은 상태였다. 그런데 시(市)에서 상수도 시설이 늦어지는 바람에 한 해가 미뤄졌다. 그래서 허가가 취소되지 않으려면 늦어도 2017년 가을까지 꼭 지어야 했다.

어쨌든 펜션 건축을 위한 자금만 마련된 상태에서 교회건축은 아무리 생각해도 무리가 따르는 일이었다. 전처럼 일선에서 돈을 벌 때야 어떻게든 마련이 되겠지만 그렇지 못한 상황이다 보니 모든 게 묘연했다. 그런데도 무슨 배짱인지 강행하고 싶었다.

새벽마다 묵상하면 떠오르는 생각이기에 이 또한 하나님의 뜻이 있겠거니 막연하게 생각되었다. 무엇보다 그다지 믿음이 깊지 못한 내가 하나님이 주시는 생각으로 받아들여진다는 게 이상했다.

인간만이 영과 혼과 육이 공존한다. 혼의 세계는 누구나 단순히 생각하는 사고의 수준이요, 영의 세계는 하나님과 나와의 소통의 통로로, 내 영 안에서 감지하는 느낌이다.

오랫동안 새벽이면 성경을 읽고 묵상의 시간을 가져서 그런지 어느 순간부터 영안(靈安)이 예민해지는 것을 느끼기 시작했다.

어찌하였거나 교회 건축에 대한 생각이 계속해서 뇌리를 떠나지 않았다. 그래서 이러한 생각이 드는 것도 다 나름의 이유가 있겠거니 싶어 교회건축에 따른 허가부터 받아놓았다.

그야말로 무슨 배짱인지 몰라도 시작이 반이라는 생각이 들었다. 우선 교회 건축비는 대출로 충당할 계획을 갖고 일단은 허가가 나온 상태서 설계도면을 들고 은행을 찾아갔다. 그런데 은행 직원이 도면을 보자마자 하는 소리가,

"보다시피 교회는 2017년부터 따로 대출 규제가 강화되어······"

대출규제 항목을 보여주면서 그 이유를 상세히 설명해 주었다. 그나마 교단에 소속된 교회는 5년 이상의 헌금내역을 증명해 보이면 대출은 가능하다고 덧붙여 설명해 주었다. 그러면서,

"그렇지만 교회용도를 근린시설로 도면을 변경하면 돼요."

교회들이 우후죽순으로 늘어났다 문 닫는 곳이 많아져 채권회수가 어려워 그런지 은행에서 신생교회의 대출은 꺼리는 편이었다. 그렇지만 근린시설로 도면을 변경하면 1억 정도의 대출은 해 줄 수 있다고 했다. 그랬을 때 아주 잠깐이었지만 용도를 변경해 대출을 받아볼까 하는 생각이 들었다.

그렇지만 시작 과정에서 변칙적인 방법으로 대출을 받는 게 썩 내키지 않았다. 그래서 대출을 포기하고 은행 문을 나섰다. 그러던 어느 날, 문득 시공업자한테 맡기지 않고 직영으로 직접 지으면 왠지 가능할 것 같다는 생각이 들었다.

무엇보다 5년 전, 지금 살고 있는 집을 지으면서 업자를 잘못 선택해 시간적, 정신적, 물질적으로 피해를 보다보니 건축에 대한 상식이 조금 생겼다.

그래서 각 공정마다 들어가는 비용이 얼마 되는가. 건축비 계산을 산출해보니 가능성의 여지가 아주 없는 것은 아니었다. 대략 시공업자가 30%의 이윤을 남기는 편이었다.

그래서 직영으로 직접 두 채를 짓는다면 한 채당 30% 건축비 절감을 감안하면 40%만 있으면 교회를 지을 수 있겠다는 계산이 나왔다. 그러나 그 40% 조차 마련되지 않은 실정이었다.

나를 사랑하는 자들이 나의 사랑을 입으며 나를 간절히 찾는 자가 나를 만날 것이니라(잠8:17).

사랑은 몸과 마음과 정성과 뜻을 다하는 것이다. 또한 사랑은 우리가 원하는 것이 아니라 하나님이 우리를 위해서 간구하심 그 안에 우리가 들어가 있다는 것을 깨우칠 때 비로소 찾아오신다.

이러한 하나님의 사랑을 아는 자는 모든 것을 하나님께 맡길 수 있다. 왜냐? 간절히 찾으면 만나주시는 분이시기 때문이다. 모든 걸 하나님께 맡기기로 작정하고 무작정 교회건축을 추진해 나갔다.

그러나 지극히 높으신 이는 손으로 지은 곳에 계시지 아니하시나니(행7:48)

이와 같이 하나님께서는 사람이 지은 곳에 계시지 않으신다. 그럼에도 교회건축에 집중한 이유는 그렇게 해서라도 하나님과 늘 가까게 있고 싶어서였다.

나의 이런 간절한 마음을 하나님께서는 진즉부터 알고 계셨다. 그랬기에 나로 하여금 생각을 일으키게 하셨고, 두려움 없는 용기까지 함께 주셨다. 그래선지 건축하는 내내 자금은 물론 그야말로 불협화음하나 없이 두 동의 건물이 무사히 완공되었다.

우리는 너나 할 것 없이 하나님을 믿는다고 하지만 실상은 입으로만 믿지 그분에 대한 믿음의 확신은 없다. 그저 교회를 빠지지 않고 다닌다는 이유 하나로, 또는 헌금과 십일조 떼먹지 않고 잘 내고 있다는 이유만으로 믿음 깊음을 자랑하고 있다.

거기에 성경도 열심히 읽고, 기도 만땅으로 하고, 무슨 일이 있어도 주일예배는 빠지지 않고 다니고 있으니 이보다 더 큰 믿음이 어디 있겠는가. 이렇게 믿음에 대한 착각들을 한다. 그러나 그건 종교적 삶이지 믿음 생활이 아니다.

예수께서 이르시되 가라 네 믿음이 너를 구원하였느니라 하시니 저가 곧 보게 되어 예수를 길에서 좇으니라(막 10:52)

예수께서는 이 세상에 믿음 하나만을 강조하고 가르치셨다. 그만큼 이 세상이 믿음이 없고 패역한 인간들만 많기 때문이다. 고로 믿음 하나만을 보시고 성령이라는 선물을 주셨다. 믿음이 곧 하나님과의 교류다.

즉 믿음의 삶이 밑바탕으로 되어있지 않으면 성경을 수백 번 읽고 또 기도를 죽자 살자 해도 하나님의 뜻을 읽어낼 수 없다. 누구든 영적(말씀)으로 살아있지 못하면 그 믿음은 그저 공염불에 불과하다.

말씀(성령)이 죽어 있으면 하나님의 뜻을 헤아릴 수 없고, 하나님의 뜻을 헤아리지 못하면 그 뜻에 순종하지 못한다. 그런 사람은 전 재산을 교회에 헌납해도 구원을 받지 못한다.

영적 삶이라는 것은 하나님과의 동행이다. 에덴동산에서 선악과를 따먹음으로 죽었던 영이 성경말씀을 통해 다시 살아남을 말한다. 그러므로 하나님과 하나 되어 자기를 부인하고 십자가를 좇을 때 예수를 닮는 인격으로 변화되어 간다.

아무리 성경을 골백번 읽고 밤낮 쉬지 않고 기도해도 그리스도의 말씀이 내 안에 거하지 못하면 그 믿음 생활은 헛거다. 그러기에 교회를 오래 다녔다고 자랑하는 사람들을 보면 그들 마음 안에 사랑이 없고 평화가 없는 것을 보게 된다. 그들한테 십자가 삶에 대한 얘기를 하면 그저 남의 얘기처럼 건성으로 흘러 듣고 만다.

공중의 새를 보라 심지도 않고 거두지도 않고 창고에 모아 들이지도 아니하되 너희 천부께서 기르시나니 너희는 이것들보다 귀하지 아니하냐(마6 ; 26)

이와 같이 하나님은 사랑이시다. 다만 우리의 영이 그걸 감지하지 못해서다. 성도에게만 주어진 영적 의식은 인간의 가장 깊은 곳에 자리하고 있다. 그러므로 하나님의 백성만이 말씀(성령) 안에서 하나님을 인식하고 그의 뜻을 깨닫게 된다.

하나님은 영이시기 때문에 반드시 말씀(영) 안에서만 자신의 뜻을 인간에게 알게 하신다. 다만 인간이 하나님의 뜻을 헤아리지 못하고 오해하여 그 크신 사랑의 혜택을 받지 못하고 살 뿐이다.

그럼에도 끝없이 인내하면서 사랑과 은혜와 자비를 베풀어 주시는 분이다. 또한 그런 과정에서 하나님께서 인간을 훈련시키고 연단시키기도 한다.

어쨌거나 이러한 하나님이시기에 자금이 부족해도 걱정이 되지 않았고, 예산보다 비용이 더 들어가는 일이 발생해도 그다지 염려되지 않았다. 이와 같이 하나님의 사랑을 경험하면 경험할수록 지혜를 주시고 사랑으로 인도하시는 그분의 높고 크신 뜻을 깨닫게 된다.

그동안의 나는 내가 노력하고 잘나서 모든 걸 이루어 놓았다고 생각했다. 그러나 내게 부(富)를 허락하신 분도 하나님이시요, 지혜의 생각을 주시는 분도 하나님이시다. 전에는 모든 기준과 판단이 '나' 위주였는데 지금은 그렇지가 않다. 그동안의 나는 고집과 아집으로 그 누구의 말도 듣지 않았고 매사 과단독행으로 일처리를 진행해 왔다.

그러다 보니 가장 가까운 사람들이 상처받기 일쑤였다. 이랬든 내가 요한복음 9장 31절의 말씀에서 커다란 깨달음을 얻었다. 한번 깨닫고 나자 그때부터 심령에 변화가 일기 시작했다.

하나님이 죄인을 듣지 아니하시고 경건하여 그의 뜻대로 행하는 자는 들으시는 줄을 우리가 아나이다.(요9:31)

그토록 오랫동안 말씀을 연구하고 묵상하고 기도했음에도 심령의 변화가 없었던 것은 그동안 기도의 본질을 깨닫지 못해서였기 때문이다.

내가 죄인이란 사실을 올바로 인식하고 회개해야 하나님께서 기도도 들어주시는데 그동안 엉뚱한 기도만 하고 있었다.

정작 하나님은 우리의 일을 기도를 통해 들어 주시고 하나님의 계획 또한 우리의 기도를 통해 진행해 나가신다.

이는 육신의 생각에서 그리스도의 생각으로 바뀌는 것이 진정한 기도고 회개다. 그럼에도 세상적인 나의 잘못과 허물만을 뉘우치고 회개하고 있었으니, 어쨌거나 영적 갈증에 메말라 서서히 지쳐가고 있었다.

그럴 즈음에 위에 성경구절을 깨닫고 우리가 기도하기에 앞서 죄의 본질부터 알고 깨달아야 하나님 앞에서의 기도도 원대로 이루어짐을 알게 되었다. 또한 그렇게 해서 깨달은 자는 하나님께서 반드시 기도하게끔 만드셨다.

그래서 성경에 그 수많은 구절에 기도의 중요성을 반복하여 강조하고 있다. 무엇보다 하나님께서 죄인의 기도를 듣지 않으신다고 했으니 무엇이 죄인지 부터 알아야 한다.

죄에 대하여라 함은 저희가 나를 믿지 아니함이요(요16:9)

이와 같이 예수 그리스도를 믿지 않음이 죄가 된다. 믿는 자가 되느냐 믿지 않는 자가 되느냐는, 신앙생활에 있어 가장 큰 핵심이다.

우리가 부(富)를 바라볼 때 그 물질은 하나님이 주신 선물이다. 따라서 그 부(富)를 축적한다고 무조건 나쁘다는 주장도 옳지 않다. 그 또한 하나님께서 우리에게 내리시는 축복의 일부일 수 있다.

그럼에도 불구하고 어떤 목사는 부자청년의 예화를 들먹거리면서 부자가 하늘나라에 들어가는 것은 낙타가 바늘구멍으로 들어가는 것보다 더 어렵다고 한다. 그러니까 천국에 가려면 축적하지 말고 교회에 헌금을 많이 하라고 부추긴다.

그러나 부자 청년의 이야기는 그런 뜻이 아니라 하나님보다 이 세상 것에 집착하는 것이 바로 우상이라는 뜻이다. 그걸 깨닫게 하신 것으로 그것 또한 하나님께서 하셔야 되는 일이지 사람의 노력으로 어렵다는 것을 강조한 말씀이다.

따라서 성경에서 부(富)를 추구하는 것에 대한 얘기는 한 구절도 없다. 그러나 이 세상에서 하나님 빽보다 더 좋은 빽은 없다. 사람들이 믿지 않아서 그 은혜의 혜택을 받지 못하고 사는 것일 뿐이지, 그 크신 사랑과 깊이만 깨닫는다면 그 누구라도 든든한 빽을 자기 것으로 만들 수 있다. 이를 믿기만 하면 된다.

모든 천사는 부리는 영으로서 구원을 얻을 후사들을 위하여 섬기라고 보내심이 아니뇨(히 1 : 14)

예수 그리스도의 영이 내 안에 거하면 즉 성령(말씀)이 임하면 천천만만의 천군천사가 오르락내리락 하면서 우리의 일거수일투족을 하나님께 보고한다. 그러므로 우리가 구하기 전에 먼저 우리의 필요를 미리 아시고 다 채워주신다.

하늘의 생명창고는 퍼주기 위하여 기다리는 곳이다. 하늘의 생명을 퍼내어 쓰지 않는 자는 하나님 보시기에 합당한 자가 되지 못한다. 그러기에 이를 믿고 따르기만 하면 된다. 그런데 사람들은 안타깝게 눈에 보이는 것만 믿을 뿐, 보이지 않는 영적(믿음) 세계에는 관심이 없다.

부족한 자금을 갖고 교회건축을 진행하면서 솔직히 걱정이 아주 없었던 것은 아니었다. 그러나 다윗도 성전 짓는 것이 소망이었으나 하나님이 허락하시지 않아, 끝내 아들인 솔로몬한테 성전 건축에 필요한 모든 장비와 경비를 마련해 주고 하나님의 뜻에 맡겼듯이, 나 역시 모든 걸 하나님께 맡겼다.

"엇......! 엊그제 기초공사하는 것 같드만....."

불과 두어 달만에 교회와 펜션 외벽이 완성된 것을 보고 놀라서 하는 얘기다.

"가장 높은 곳에서 지켜주시는 분이 계시잖아요."

당연한 양 농담스럽게 얘기했지만 나의 마음 자체가 솔직히 그랬다. 사람은 믿음으로 그 존재가 결정된다. 믿는 자가 되느냐, 믿지 않는 자가 되느냐에 따라 믿는 자는 하나님께 귀히 쓰임을 받게 되어 그로인해 천사들의 보호를 받게 되나, 믿지 않는 자는 존재의 외곽지역에서 늘 천대받고 따돌림을 당한다.

바람이 임의로 불매 네가 그 소리를 들어도 어디서 오며 어디로 가는지 알지 못하나니 성령으로 난 사람은 다 이러하니라(요3;8)

말씀과 성령은 완전한 하나다. 그러므로 성경 66권 안에 믿음의 주(성령)가 오셔서 모든 걸 깨닫게 해 주신다. 그런데 그 말씀을 온전히 깨닫지 못하면 바로 마귀한테 끌려간다. 사탄(마귀)은 하나님께로 가는 길을 막는 역할을 담당하고 있다. 따라서 이 세상에서 가장 귀한 게 믿음이고, 믿음 속에는 하나님의 비밀인 그리스도가 우리를 존재의 양식으로 인도하신다.

특히 사역자는 하나님을 담는 그릇이어야 하고, 우주(하나님)를 해석하는 생명의 혜안을 가진 자가 되어야 한다. 그리스도의 말씀을 대언하는 사역자가 영원과 생명을 보지 못하면 그 교회 교인들의 영혼은 말라죽게 된다.

만물보다 거짓되고 심히 부패한 것이 마음이다(렘 17:9)

뱀(사탄)이 사람을 꾀어 자기 사람을 만들었기 때문에 사람한테 마귀(거짓)가 들어가 거짓이 넘친다. 특히 교회의 목사들한테 이 거짓이 유독 더하다. 진리가 없으니까 육신의 생각으로 성경을 전하고 사탄이 꾀니까 거짓 성령으로 눈속임을 한다.

그야말로 오늘날의 기독교가 종교로 변하게 된 것도 어떻게 보면 종말의 때에 마귀의 분탕질이 아니었나 생각한다. 때문에 작금의 교회는 외형적인 건물만 웅장하고 화려했지 그 안에 생명의 말씀이 없고 진리이신 그리스도가 없다.

이는 교회가 사업으로 변질되다보니 운영에만 집중하고 성과물에만 치중해서 생긴 결과이다. 때문에 교회가 커지면 커질수록 그 안에 있는 교인들은 자신들도 모르게 영혼이 시들어 말라 죽게 된다. 하나님은 종교 속에 계시는 것이 아니고 생명 속에, 삶 속에, 말씀(영)의 실제 속에 계신다는 사실이다.

어쨌거나 아직 모든 면에서 부족하고 미숙한 내게 교회 건축을 허락하셨을 땐, 분명 무언가 그 이유가 있을 것이다. 그런데 그게 무얼까? 그건 아무리 생각해도 딱 한가지 밖에 없다. 오늘날 한국 교회의 병패를 안타까워하시는 하나님께서 내게 올바른 복음을 전하라고 허락하신 것이 아닐까?

그렇지 않고서야 어찌 내 마음이 조금의 흔들림도 없이 초지일관 하나님만 담는 그릇이 되길 소망하며, 영혼구원에만 온 생각을 집중하며 살아가고 있겠는가!!

나의 지난 시간들

"목사라는 사람이 책 제목이 그게 뭐요?"

2017년 '더 이상 목사한테 속지 말라' 라는 간증집을 출간했다. 그랬더니 많은 사람들이 제목만 보고 나를 향해 질책했다. 대개의 경우는 사이비 내지는 이단으로 취급하고 아예 읽으려고 조차하지 않았다. 어떤 목사는 거의 시비조로 항의하는 사람이 있는가 하면 어떤 사람은,

"이왕이면 목사한테 속지 말라. 그 앞에 '거짓' 자가 들어갔으면 더 좋았을 텐데....."

하며 아쉬워하는 사람도 있다. 또 어떤 사람은,

"목사가 목사한테 속지 말라 하면 어떻게 해요?"

따지듯 묻는 사람은 그래도 애정을 갖고 조언해준 편이라 기분이 나쁘지 않다. 무엇보다 책을 읽고 교회에 대한 편견과, 목사에 대한 인식이 새롭게 정립 되었다는 긍정적인 반응을 보이는 사람이 있었다는 게 중요하다. 물론 소수의 몇 사람에 불과하지만 제대로 깨우쳤다고 하니 그나마 보람은 있다.

또 어떤 사람 중에는 '더 이상 목사한테 속지 말라' 책을 읽고 울면서 하소연 하는 사람이 있는가 하면, 또 어떤 사람은 수십 년을

헌신하며 몸담고 있는 교회에 대한 불평불만을 쏟아 놓는 사람도 있었다.

대개의 경우 죽도록 봉사하고 헌금과 십일조로 교회에 헌신했는데 갈수록 목사에 대한 실망 때문에 신앙에 갈등을 겪고 있다는 사람들이 대부분이다. 이들은 얘기를 한번 꺼냈다 하면 원망의 장탄식만을 한동안 쏟아내곤 했다.

화 있을진저 외식하는 서기관들과 바리새인들이여 너희는 교인 하나를 얻기 위하여 바다와 육지를 두루 다니다가 생기면 너희보다 배나 더 지옥 자식이 되게 하는도다(마 23;15)

서기관과 바리새인들은 오늘날의 목사다. 한국교회의 출발은 처음에는 예수 그리스도의 도(道)를 이어받아 시작은 진실했다. 그러나 시간이 지남에 따라 그 진실이 제도화되어 교회라는 껍질을 뒤집어쓰면서 왜곡되어 갔다. 세월이 지날수록 출발하던 때의 진실은 약화되고 교리의 껍질이 점차 두터워져 가다보니 그 껍질이 인간 영혼을 구속해 버리는 도구가 되고 말았다.

너 아침의 아들 계명성이여 어찌 그리 하늘에서 떨어졌으며 너 열국을 엎은 자여 어찌 그리 땅에 찍혔는고(사 14;12)

계명성은 타락한 천사(영)다. 이 천사가 땅으로 떨어진 게 사탄

(마귀)이다. 바로 타락한 영이 이 땅의 사람들을 미혹시켰다. 그 영이 사람(목사)한테 들어가서 하나님께 전부 바치라고 꼬드긴다. 따라서 이러한 사탄(목사)의 영들이 인간을 타락시키고 사망으로 이끌고 있다.

거짓 선지자들을 삼가라 양의 옷을 입고 너희에게 나아오나 속에는 노략질하는 이리라(마7;15)

거짓선지자들 또한 목사다. 이들은 탐욕이 가득한 마음을 숨기느라 선한 척, 착한 척, 점잖은 척하는 데 탁월한 재능을 갖고 있다. 오늘날의 교회가 거짓선지자들의 집합체로 이들 목사들이야말로 천부적으로 타고난 위장에 천재다.

간혹 어떤 의식 있는 목사는 그래도 자기반성의 뜻을 내 비치기도 하는데 거의 대부분이 목사들은 그렇지가 않다. 또한 어떤 이는 목사가 되기 위해 신학교를 다니고 있는 상태서 책을 읽어보니 목사 안수 받는 걸 고려해 봐야겠다는 사람도 있다.

무엇보다 '더 이상 목사한테 속지말라' 책은 출판사와 계약하고 서점에 판매한 것이 아니라, 자비로 출판하여 무료로 나눠주다 보니 독자층이 그렇게 두텁지 않다. 그렇지만 몇몇 사람들한테 신앙에 관련된 질문을 받을 때나 교회에 수십년 다녔는데도 '믿음' 자체를 모르는 사람들을 대할 때면, 이들이 교회를 다녀도 헛것으로 다녔구나 하는 생각이 들게 했다.

이 백성이 입술로는 나를 존경하되 마음은 내게서 멀도

다(마15:8)

성경 말씀에 근거하기보다 사람의 계명으로 교훈을 삼아 가르치니 목사 자신들이 전하는 복음 자체가 잘못되어도 한참 잘못되어 있다. 그러니 모두가 교회를 다녀도 헛되이 예배하고 거짓으로 경배하니 그 마음 안에서 무슨 믿음이 싹트겠는가.

그러다보니 늘 안타까운 마음이 들었다. 그래서 복음에 관련된 책을 써야겠다는 생각을 수시로 갖게 했다.

나 역시도 오래전에 하나님을 영접하고 나서 성경말씀이 이해되지 않아 곤혹스러웠던 적이 있다. 그래서 영적인 방황으로 고민과 갈등이 꽤나 깊었었다.

무엇보다 예수께서 온 세상 죄를 담당하시기 위해 죽으시고 부활하셔서 장차 재림으로 다시 오시겠다고 하신 것까지는 알고 믿었다. 그러나 믿고 있음에도 내 마음 안에서는 여전히 사특한 생각들로 꿈틀대었고, 그 무엇보다 본질적인 사랑의 마음이 진정에서 우러나지 않았다.

늘 새벽 2시면 일어나 기도하고 묵상하고 성경을 읽고 또 읽고 있지만, 그래서 어느 때는 그 말씀에 감동되어 나도 모르게 무릎 꿇고 회개의 눈물도 흘러보지만 정작 내 안에서는 진정한 자유가 없었다. 그러니까 자꾸 구원의 확신이 없어지고 나 자신이 정말로 하나님을 온전히 믿고 있는가? 의심이 들 때가 많았다.

보혜사 곧 아버지께서 내 이름으로 보내실 성령 그가 너희에게 모든 것을 가르치고 내가 너희에게 말한 모든 것을

생각나게 하리라(요14:26)

우리가 예수 그리스도의 말씀(성령)으로 가르침을 받아야 신, 구약의 모든 말씀을 깨닫게 된다. 그런데 알고 있는 성경 지식으로 하나님의 뜻을 알려고 하니 늘 심령이 갈급했다. 믿음은 참 하나님을 아는 지식에서 비롯된다.

그러므로 믿음은 들음에서 나며 들음은 그리스도의 말씀으로 말미암았느니라.(롬10:17)

믿음은 그 무엇보다 신앙 안에서 가장 큰 주제이다. 그러나 믿음은 인간이 노력한다고 되는 것이 아니고, 듣고, 보고 하는데서 하나님의 말씀을 깨닫게 된다. 인간들이 모든 시도(인간의 노력)를 해도 되지 않았을 때 최후로 도입되는 하늘의 방법(성령)이 또한 믿음이기도 하다.

그래서 이러한 하나님의 뜻을 모르고 무작정 교회만 다니면 다 인줄 알고 신앙생활을 하고 있는 사람들을 보면 늘 안타까운 마음이 들었다. 그러나 하늘의 속성을 너무나 잘 알고 있는 사탄은 계속해 인간의 마음속에 안 된다는 부정적인 생각을 갖게 했다.

그러기에 인간에게 있어 그의 주인이 누구냐가 중요하다. 누구를 주인으로 모시고 사느냐에 따라 그의 삶 전체가 결정된다. 예수님이 가르쳐준 진리를 바탕으로 살아가는 사람이 바로 온전한 주인을 모시고 사는 사람들이다. 그런 사람에게는 예수님의 법인 사랑만으로도 충분히 행복하고 즐겁게 살아갈 수 있다.

간혹 신앙 생활하는 사람 중에는 이 땅에서는 괴롭고 슬프지만 하늘에서는 행복할 것이라 착각하는 사람들이 있다. 그러나 이 세상에서 얻어지지 않은 행복은 하늘나라에서도 이루어지지 않는다. 즉 이 땅에서 천국을 미리 맛보고 살아가는 사람만이 죽어서도 하늘나라로 갈수 있다는 얘기다.

나의 지난 시간을 반추해 보면, 사탄에 의해 조종당한 내 의지가 실상은 내 의지가 아닌 사탄의 궤계였음을 알게 되었다. 그렇지만 사탄도 결국은 하나님이 만든 피조물이란 사실이다.

하나님은 이와 같이 여러 가지 방식을 동원해 단련시키고 훈련시키신다는 것을 인식했을 때, 믿음의 영역이 확장되어짐을 느낄 수 있었다. 주님을 영접하고 난 이후 이러한 사탄의 궤계가 도리어 사탄을 이길 수 있는 강건한 믿음으로 성장하게 된 원동력이 된 데에는 오직 예수 그리스도의 말씀을 통해서였다.

어찌하였거나 나의 지난 시절은 하나님과의 대적행위로 일관된 삶이었다.

수십 년을 역학이란 학문에 매진했고 동양철학을 연구하면서 나의 오만은 극에 달했다. 다른 사람 같으면 지칠 법도 한데 나의 머릿속은 항시 아이디어가 창출되었고, 손발은 늘 끝없이 뭔가를 만들어내고 있었다. 정상에 올라서려니 늘 남보다 두 배 이상 뛰게 되었고, 그러다보니 하늘의 이치인 학문(역학)을 한 눈에 꿰고 있으니 세상을 다 안다고 자만했다,

그러니 그 어떤 사람들이 와도 무서울 것이 없었고 그 누구도 두렵지 않았다. '네이버'나 '다음' 또는 유튜브에 '다지음'이나 '성명학' 또는 '예지연"을 검색하면 '한글구성성명학회'가 제일 먼저

눈에 띈다.

　이렇듯 역학계에 일인자가 되기까지 하루 5시간 이상 자본 적이 없고, 밥 먹는 시간도 아까워 하루 한 끼만 먹으면서 이십 여년의 세월을 보냈다. 무엇보다 정상으로 달리는 길에 생각을 일깨우는 일화가 있으나, 늘 나의 삶은 브레이크 없는 자동차와 같았다.

　석가모니 제자 중에 부잣집 아들인 '소나' 라는 이가 있었다. 가마만 타고 다녀 발바닥에 털이 났을 정도의 호사를 하던 소나가 인생에 허무를 느끼고 출가를 했다. 그는 보다 빨리 도(道)를 얻고자 남달리 많은 고행과 빠른 맨발 탁발로 발이 피투성이가 되었지만 도는 아득하기만 했다. 이에 실망하여 환속하려 하자, 석가모니가 말했다.

　'비파(琵琶)의 줄을 바짝 죄면 줄이 끊어지고 느슨하게 하면 소리가 나지 않듯이 서둔다고 빨리 얻어지는 것이 아니요, 오히려 끊어지는 것이다'

　이와 같이 빠른 것이 무조건 최상이란 사고 때문에 무턱대고 서둘고 보는 고속사회의 병폐를 빗대는 일화였지만, 이 비파의 교훈이 그때보다 지금 내 가슴에 더 깊숙이 파고드는 것을 느낄 때가 있다. 이는 빨리 깨닫고자 하는 영성의 조급함이 성경을 깨닫게 하는 걸림돌이 되고 있다는 사실이었다.

　사단에 붙들려 있을 때는 100m달리기 선수가 숨 쉴 틈도 없이 달렸어도 지치는 법이 없었고 조급함이 없었는데 지금은 도리어 그렇지 못했다. 이는 하나님을 향한 끝없는 갈망 때문이기도 하지만,

그에 앞서 타락한 교회들을 바라보니 왠지 마음의 답답함이 조급증을 불러일으키게 한 탓이다.

그동안의 필자는 남에게 지기 싫어하는 성격 탓에, 육십 평생을 달리는 일에만 매진해 왔다. 그래서 이제는 웬만하면 쉴 법도 한데 여전히 내가 해야 할 일들이 끝없이 떠오르고 있다.

무엇보다 오늘을 살아가는 사람들의 몸과 마음이 너무 지쳐 있다. 그래서 이런 사람들한테 영혼의 안식처가 무엇인가를 알려주고 싶을 때가 많다. 솔직히 이들의 마음 속에 그리스도의 복음을 통해 쉼을 얻게 하고픈 마음이 지금의 나의 솔직한 심정이다.

예수 믿는 것이 그 어떤 것보다 평안의 안식이 됨은 물론 죽어도 죽지 않는 영생의 복음이 얼마나 값진 것인가를 전하고 싶다.

지금 우리의 삶이 행복하고 즐거워야 구원의 양식을 쉽게 받아들일 수 있다. 그건 풍요로운 환경에서 오는 행복이 아니라, 환경은 여전히 그대로이나 믿음 안에서 얻어지는 영혼의 안식에서 느끼는 기쁨이고 행복이다.

만일 누군가 예수를 믿는 게 힘들고 짜증스럽고 불행하다고 느낀다면 그는 예수를 잘못 믿고 있는 사람이다. 이 세상에서 구원의 복음만큼 복된 소식은 없다. 복음이란 굿 뉴스(Good news)다. 누가 되었든 필자의 최근 근황은 이 좋은 소식을 모두에게 전하고 싶어 안달 나는 요즘임을 고백하는 바다.

사랑을 실천하지 않는 믿음은...

지난해 강릉서머나 교회 블로그를 보고 온 어떤 교인이 신앙에 갈등을 느끼고 있던 차에, 일부러 멀리서 찾아 왔다.

"어떻게 그 모든 걸 내려놓고 이 깊은 산중에 머물 생각을 하셨어요?"

생각보다 깊은 골짜기라고 생각되어선지 고개를 갸우뚱하며 물었다. 방문하기 전 '다지음' 사이트를 검색하고 온 모양인지, 낌새가 신앙 상담보다는 이름 상담에 있는 듯했다. 전화로는 분명히 신앙에 관련된 상담이라 했는데 목적은 이름에 대한 궁금증이었다.

"이름 좀 풀이해 주시면 안 될까요?"

그녀가 나의 눈치를 보며 조심스레 물었다.

"교회 다닌다면서요?"

흔한 얘기로 교회 다니는 사람들은 성명학을 한마디로 미신 취급한다. 그래서 작명원이나 철학원을 다니는 것을 매우 꺼려한다. 그러한 속성을 잘 알기에 한마디 건넸다. 그랬더니 그래도 이름이 궁금하다며 재차 풀이를 요구했다.

사람들은 누구나 이름을 통해 삶의 질을 향상시키고 싶어 한다. 필자가 연구한 성명학은 우리나라의 유일무이하게 하나밖에 없는 한글구성(파동)성명학이다.

이는 사람들이 늘 불러주는 이름 속에는 그 이름 안에 내재되어 있는 소리의 기운이 파동을 일으켜 이름의 주인공한테 에너지가 발산되기 때문에 무턱대고 무시할 수 있는 이론은 아니다. 그러므로 성명학 이론을 제대로 알지 못하면서 미신이라고 취급하는 것은 어불성설이다. 하나님께서도 태초에 말씀(파동)으로 천지를 창조하셨고 또한 천지와 만물을 말씀(파동)으로 다 이루어 놓으셨다.

'하나님이 가라사대' 이 말씀 한마디면 바다의 고기와, 공중의 새와, 육축과, 땅에 기는 모든 것과, 온 지면에 씨 맺는 모든 채소와, 씨 가진 열매 맺는 모든 나무와 하늘과 땅과 바다와 빛과 어둠조차도, '가라사대' 이 한마디로 다 이루어 놓으셨다. 그만큼 소리(말씀)의 위력이 대단하다는 뜻이다.

그녀가 처음부터 신앙상담이 아닌 이름상담이라 했으면 얼마든지 이름을 분석해 줄 수도 있고 작명해줄 수도 있다, 그러나 그녀는 자신의 모태신앙을 매우 자랑스러워했다. 그럼에도 어려운 난관을 엉뚱한 곳에서 해결하려는 그 믿음이 올바른 신앙관이 아니기에 쓴 소리로 충고부터 했다.

본인 스스로가 믿음 깊음을 자랑하지만 않았어도 달리 생각하지 않았지만, 내 보기엔 그녀가 믿는 하나님은 그저 무당예수 정도로만 알고 살아 온 사람이었다.

대부분의 기독교인들이 성경을 많이 읽고 기도 많이 하고 헌금 잘 내면 그게 믿음인줄로 착각하고 이미 하나님을 만난 것으로 오해한다.

이것이 오늘날 교회 안에서의 허상과 망상이다. 이것 때문에 얼마나 많은 영혼들이 은혜를 상실한 채, 허구적 종교의 개념 안에서 평생 맴돌고 있는가!

죄인이었던 인간이 예수의 피 보혈로 구원을 받았다는 교리를 믿었다고 해서 천국에 가는 것이 아니고, 천국을 이 땅에서 맛보고 살 때 구원이 현실로 이루어지는 것이다.

그건 이론으로 믿는 신앙에서만 그렇게 되는 것일 뿐, 본인의 실제 삶에 있어서 마음의 변화가 행위에서 진정으로 일어나지 않는다면 그건 잘못된 믿음이다.

물론 성령의 감동도 있고 간혹 귀한 은혜를 받을 때도 있다. 그러나 그건 일시적인 감정적 현상에 불과할 뿐, 본질적 신앙의 모습이 아니라는 점이다.

누구나 처음 신앙의 단계에서 하나님께서 잠깐 그 영혼 위에 은혜를 베푸셔서 꿈같은 감정을 느낄 때가 있다.

그래서 믿음 가운데 있는 사람들이 처음 얼마 동안 은혜를 받았다고 야단을 치고 새로운 결심을 하곤 하지만 얼마 지나지 않아 또다시 우울해지고 금방 근심 걱정이 쌓이게 된다. 그러고 나면 심령의 갈급함과 삶의 허전함에 의해 마음이 곤고하게 된다.

필자도 가끔 하나님을 영접하기 전의 나의 모습을 떠올려 볼 때가 있다.

나야말로 교회에 대한 부정적인 생각과 목사에 대한 거부감이 그 누구보다 심했던 사람이었다. 어느 정도였냐 하면 목사만 보면 선한 척 연기 잘하는 위장과 위선의 천재요, 하나님이라는 상품을 이용하여 입만 갖고 장사하는 천부적인 모사꾼이요, 미소 뒤에 감춰진 가증스런 사탄이라고 생각했다.

그래서 목사만 보면 무조건 싫어했다.

몇 년 전의 일이다. 여의도 사무실서 칩거하면서 책을 쓰던 때였다. 같은 사무실 위층서 사업하는 某회장이 자그마한 중년 여성을 소개했다.

"인사해요. 일본서 목회하던 김ㅇㅇ목사님이에요"

하며 소개 했지만 목사라는 직업이 맘에 들지 않아 건성으로 인사했다. 김목사 역시도 사무실 입구에 써 붙인 '역학연구소'란 간판이 의아한지, 약간 어리둥절한 표정으로 사무실 내부를 둘러보았다. 그러면서 미소 지을 듯 말 듯하게 인사를 나누고 자리에 앉았다. 자신이 목사인데 왜 이런 곳을 데려왔나 의아한 표정이었다.

그렇게 처음 인사를 나눈 후, 김 목사는 수시로 나의 사무실을 방문했다. 얘기를 맛깔나게 하는 편이라 거부감 없이 반갑게 맞이했다. 가끔 날씨 좋은 때는 바람도 쐴 겸 바로 앞 한강변에 나가 식사와 차를 마시면서 이야기를 나누기도 했다. 그러면서 한편에선 성경 얘기를 꺼낼까봐 신경이 쓰였다. 그러던 어느 날, 그동안 나와 친분이 두터워졌다 생각해서인지 성경얘기를 꺼내기에 한마디로 잘라 말했다.

"목사님. 제발! 제발!"

내가 제일 싫어하는 직업이 목사이니 내 앞에서 목사 티 내지 말아 달라고 당부했다. 날 전도할 생각이라면 그건 큰 착각이니 제발 더 이상 꺼내지 말라고 단호하게 말했다.

그렇게 당부했는데도 어느 날은 자신이 전도한 무용담을 꺼냈다. 그러면서 자기가 스님을 전도했는데 지금은 그 스님이 목사가 되었다는 얘기며, 일본 가기 전에 신유 은사로 어떤 사람을 치료했는데 나았다는 등의 얘기로 인해 그만 짜증을 참지 못했다.

"사기꾼과 도둑님들이 전부 목사 아닌가요?"

격앙된 목소리로 면전에 대놓고 그 목사를 경멸했다. 그랬더니 그 날 이후 더 이상 꺼내지 않았다. 그럼에도 여의도를 올 때면 내 사무실에 들려 식사와 커피를 마시고 가곤 했다. 그래서 어느 날은 진심에서 우러나는 마음으로,

"목사님이 교회 개척하면 내가 신도 많이 소개할께요."

교회가 어떻게 하면 부흥되는지를 누구보다 잘 알기에 진심으로 한 얘기였다. 교회가 조금 커졌다하면 대부분 기복(祈福)신앙으로 가고 있다. 기복이라면 나만큼 잘 할 수 있을까 싶어 자신 있게 한 소리였다.

이름 석 자만 들어도 물론 생년월일만 봐도 당사자의 운명을 거의 꿰뚫어 보는 역학지식과 얼굴(人相) 상만 갖고 어떻게 살아왔는지 또는 어떤 방향으로 흘러가게 되는지 유추해 낼 수 있는 혜안을 갖고 있어서 한 얘기였다. 때문에 굳이 성령의 은사를 받았느니, 안 받았느니 이런 것으로 속이지 않아도 되었다.

내가 알고 있는 지식만으로 신도를 끌어 모을 수 있는 여건이 충분히 되었다. 신도들의 고민사 몇 가지만 맞추어 주어도 성령의 은사 받은 훌륭한 목사라고 금방 소문날 수 있다.

솔직히 내가 교회를 개척한다면 이런 식으로 고객(신도)들을 얼마든지 끌어 모을 수 있는 자신감은 있었다. 오늘날 크게 부흥된 교회들을 보면 하나같이 거짓성령으로 사기 치고 방언으로 예언하는 점쟁이 목사들이 주류를 이루고 있다. 치유나 예언으로 고객(교인)들을 끌어 모으고, 중보기도로 복을 빌어주어 헌금을 갈취하는 교

회들이 얼마나 많은가.

대부분 장사 속으로 영업(예배)행위 하는 교회들만이 외형적으로 크게 성장하여 있고, 거짓으로 성령 받은 목사들만이 크게 추앙받고 있는 오늘날의 교회들의 모습이다.

어쨌거나 나를 전도하기엔 자신의 역량이 부족하다고 느껴서인지, 그 담부터 일절 꺼내지 않았다. 이렇듯이 한번 아니다 싶으면 끝까지 배척하는 배타적인 독선과 아집 때문에 그 누구도 내 앞에서 전도할 생각은 꿈도 꾸지 못했다. 그동안 필자는 기독교인이면서 이와 같이 교회들을 배척하고 목사들을 심하게 경멸하면서 살아왔다.

교회를 배척하는 대신에 역학이란 학문에 흥미를 느끼면서 오랫동안 다양한 학문을 두루 섭렵하면서 그 안에서 진리를 찾고자 노력 했다. 아울러 사주학을 공부하다보니, 구약의 십이지파와 예수님의 열두제자가 십이지지(地支)의 의미가 상통한다고 생각했다. 그래서 필자는 첫 번째 역학강의 시간에 창세기 1장을 주로 언급하곤 했다.

즉 혼돈하고 공허한 흑암을 빛으로 분류하여 하늘(天)과 땅(地)인 음양으로 나뉘고, 바다에 있는 물고기(水)와 땅(土)위에 각종식물(木)과 광명의 빛(火)과 에덴동산에 하나님이 준비하신 정금(金)을 이렇듯 목화토금수(木火土金水)의 오행을 설명하고 삼위일체 하나님과 천인지(天人地), 즉 하늘(天)과 땅(地)과 인간(人)은 하나의 유기체로 서로 상통한다고 역설했다.

지금도 그 생각엔 변함이 없다. 모든 종교적이든 사상적이든 간에 깊이 파고들다보면 하나로 연결되어 있는데, 종내에 가서는 문화나 일상도 결국엔 성경과 상통되어 연결된다는 사실이다.

그 실례로 한 가지 예를 든다면 화가 밀레의 대표작으로 '이삭 줍기'를 기억할 것이다. 가난해 보이는 세 농부가 누추한 옷차림으로 이삭을 줍고 있는 장면이다.

이 그림의 주제는 근검절약이 아니라 구약성서에 있다. '곡식을 거둘 때 모조리 거두지 말고 떨어진 이삭을 모아 갖지 말지어다'라는 레위기에 의미가 담겨 있다. 족장시대엔 이렇게 땅에 떨어진 이삭으로 병든 홀아비, 의지할 곳 없는 노인, 그리고 과부, 고아들 몫으로 남겨두는 것이 관행이었다.

유명화가의 그림 한 점에서 조차 성경적 진리가 담겨 있음을 깨우쳤다. 모든 진리가 하나님의 말씀인 성경으로 귀결되어 있는 것을 볼 때, 천지자연 곳곳에 하나님의 사랑의 숨결이 우리한테 수시로 메시지를 전해 줄 때가 있다.

필자한테 심적으로 매우 어렵고 고통스럽던 시간이 있었던 적이 있다. 그때는 모든 것을 내려놓고 아무도 없는 곳에서 숨고만 싶었고, 차라리 교통사고나 불치병에 걸려 죽었으면 했다. 그때 스베덴보리의 책이 순간적 찰나에 시선을 끌었다. '나는 영계(靈界)를 보고 왔다'라는 제목의 책이었다.

역학을 직업으로 시작하고 난 후론 늘 글 쓰는 작업을 지속해 왔다. 글을 쓰다 영감이 떠오르지 않으면 습관처럼 무작정 책을 읽는 버릇이 있었다. 그러나 그때는 괴롭고 복잡한 심정에서 생각을 추스릴 겸 책꽂이의 책을 한 바퀴 휘익 둘러보았다. 마침 그때 문고판의 스베덴보리의 작은 책자가 눈에 띄었다.

그 책은 항시 내 서재에 비치되어 있는 책이었고, 십여 년 전에 무심코 한번 읽었던 책이기도 했다.

그러나 그 때는 세상과의 단절을 꿈꾸며 죽고 싶었던 때라 제목이 먼저 시선을 사로잡았다. 유독 누렇게 바랜 문고판의 책자가 내 눈에 띈 것은, 지금 생각해도 하나님의 섭리였다고 생각된다.

'나는 영계를 보고 왔다'의 책을 읽어 내려가는 내내, 뒤통수가 띵해 옴을 느꼈고 가슴이 마구 뛰기 시작했다. 그건 좋아서도 아니고 흥분해서도 아닌 두려움 때문이었다. 그래서 그 책의 저자인 스베덴보리를 인터넷에서 찾기 시작했다.

그의 대표작이라 할 수 있는 '천국과 지옥' 책을 구입해 먼저 읽었고, 그 후로 계속해 번역되어 나온 책들을 순서대로 주문해 읽었다.

스베덴보리는 57세에 예수님을 꿈속에서 만난 후로, 27년간 천국과 지옥을 수십 차례 자유자재로 드나들면서 영적 체험한 기록들을 수백 권의 저서로 남긴 사람이다. 또한 그는 영이 깨어난 후 어떻게 세 단계를 거쳐 천국 아니면 지옥으로 들어가 영원히 살게 되는가를 '천계비의(天界秘義)' 12권과 '영계의 일기' 6권을 통해 자세히 기록해 놓았다. 영성 깊은 그의 책을 읽는 동안 그때 가슴 한 켠에서 하나님의 음성이 들리는 듯 했다.

지금 가만 생각해 보면 모르긴 몰라도 당시 하나님께서 내게 찾아 오신듯했다. 책을 읽는 내내 내 영혼이 그렇게 맑아보긴 처음이었다. 어릴 적 순수했던 나로 되돌아가는 느낌이었다.

그리고 더 이상 이렇게 하나님을 외면한 채 살아서는 안 되겠다는 생각이 들었다. 그래서 그때부터 성경을 다시 꺼내 탐독하기 시작했고, 혹여라도 다시 세상 적으로 돌아 갈까봐 목사안수도 결심했다. 그리고 앞서와 같은 하나님의 은혜에 이끌리어 교회도 건축하게 되었다.

교회를 세운 이상 입으로만 설교하는 목사가 되어서는 안 되겠다는 생각이 들었다. 그리스도의 말씀을 증거 하는 주의 종으로서의 삶을 다짐했다. 무엇보다 예수를 믿으라고 전도하기에 앞서 먼저 해야 할 일이 있었다.

그건 내가 그랬던 것처럼 사람들의 마음 안에 교회에 대한 불신부터 없애주는 일이었다. 마음에 불신이 있으면 그 어떤 복음도 들어가지 않는다. 그래서 부자들의 교회가 아닌, 심령이 가난한 자들을 위한 영혼 구원의 교회로 온전히 바로 서야겠다고 결심했다.

하나님이 우리를 사랑하시는 사랑을 우리가 알고 믿었노니 하나님은 사랑이시라 사랑 안에 거하는 자는 하나님 안에 거하고 하나님도 그 안에 거하시느니라(요일4:16)

예수께서 진리라고 가르치신 그 진리의 알맹이는 믿음으로의 구원받음과 사랑으로 실천하는 삶에 있다. 구원 받은 자들의 믿음은 오직 사랑으로 표현된다. 따라서 실천 없는 사랑은 곧 죽은 믿음이 된다.

그러므로 교회는 사랑을 실천하는 일에 앞장서야 하고, 사랑을 훈련하는 일에 확장되어 나가야 한다.

신앙여정의 길에

"한번 놀러가고 싶은데......"

지난여름에 다녀갔던 지인이 다시 또 오고 싶은 모양이었다.

"오면 되지 뭘 망설여요?"

조용하고 공기가 좋아 휴식을 취하기엔 최적인데, 문제는 주일날 예배를 보라고 강요해서 그게 부담스럽다는 것이다.

그는 2005년 필자가 출간한 '부자사주. 거지팔자' 라는 책을 읽고 방문하여 지금까지 이어진 나의 오랜 지인이다. 서로 술을 좋아하다보니 가끔 만나면 술집으로 직행하곤 했는데, 그때의 술안주가 바로 예수의 존재성에 대한 허구와 거지같은 목사들에 대한 신랄한 비판으로 안주를 삼던 시절이었다.

교회와 목사를 싸잡아 욕하고 기독교의 맹점을 오징어 씹듯 잘근잘근 씹으며 비판하고 공격하던 나였는데, 그랬던 내가 몇 년 만에 목사가 되었다고 하니 믿어지지 않는 모양이었다.

"참으로 세상 요지경이네......!"

우선 그에겐 다른 사람도 아닌 내가 목사가 되었다는 것 자체가 충격이었다. 우리는 한동안 소식이 뜸하다가 6년 만에 다시 만났다. 그런데 그 입에서 불쑥 나온 말이 '세상이 요지경' 이라는 거였다.

그러나 그가 알까? 하나님을 모르고 사는 것이 얼마나 고달프고 힘든지를. 하나님과 함께 하는 믿음의 생활 그 자체가 사랑과 평화다. 그래서 육적인 생각은 늘 남을 비판하고 서로 시기하며 질투하지만, 하나님이 주는 생각은 생명과 기쁨 그 전부다.

뿐만 아니라 이 땅에 오신 예수 그리스도가 우리의 죄를 대신하여 고난을 당하고 피 흘려 죽음으로써 영생이라는 영원한 생명을 우리에게 안겨주셨다. 그러한 하나님의 사랑을 깨닫고 그 사랑이 나에게 투영되었을 때의 그 은혜 충만함과 내가 하나님과 합일 되어 구원 받았을 때의 감격은 깨달아보지 않은 사람은 그 누구도 모른다. 그 무엇과도 바꿀 수 없는 복 중에서 가장 큰 복이 영생이란 복이다.

과연 얼마만한 사람들이 이 감격을 느낄 수 있을까. 현재 교회를 다닌다 하더라도 은혜받기 전의 사람들은 아마 이 감격을 모를 것이다. 그 분의 창조 목적이 인간 사랑에 기인된 것을. 그리하여 당신의 아들들을 하나님 나라로의 이 땅에서 천국을 맛보게 하시는 그 성령의 은혜를 말이다.

그 아들의 나라로 옮겨주시기 위해 하나님께선 지금도 쉬지 않고 이 우주를 붙잡고 계시고 성령의 감동으로 지켜주고 있다는 것을 믿지 않을 것이다.

그동안의 나는 나름으로 신앙생활을 잘 하고 있다고 자부했다. 그러면서 마음 한 켠에선 하나님의 은혜를 깊이 있게 깨닫지 못했었다. 그러다가 에베소 1장 5절에 '그 기쁘신 뜻대로 우리를 예정하사 예수 그리스도로 말미암아 자기의 아들들이 되게 하셨으니'

의 말씀에서 깊은 감동을 받았다.

하나님께서 창세전부터 첫 사람인 아담의 죄를 씻어서 하나님의 아들들을 삼은 것이 아니라, 그의 사랑하는 자 안에서 우리에게 거저 주시어 그의 은혜의 영광을 찬미케 하기 위해 예수 그리스도를 통해 아들들이 되는 것을 미리 예정하셨다.

또 그리스도께서 너희 안에 계시면 몸은 죄를 인하여 죽은 것이나 영은 의를 인하여 산 것이니라(롬8:10)

그러나 죄 사함을 받은 자에게는 그리스도가 영 안에 들어오시기 때문에 영은 살았지만 몸은 여전히 죄 가운데 있다. 신자가 죄 사함을 받았어도 그리스도가 내 안에 없다면 이런 신자는 죄 사함 받았어도 구원의 요원함이 멀다.

사도바울의 '우리가 그리스도 안에서 그의 은혜의 풍성함을 따라 그의 피로 말미암아 구속 곧 죄 사함을 받았으니'란 구절에서 순간 천둥이 내 머릿속에 쾅하고 울리는 듯했다. 아니 잠들어 있던 내 영혼의 감각들이 한꺼번에 들고 일어났다고 하는 표현이 맞을 게다.

'그리스도 안에서' 이 구절이 나를 강렬하게 압도했을 때 그동안 고민했던 문제의 열쇠가 거기서부터 풀리기 시작했다. '그리스도 안에서'의 진리는 인간을 향한 신의 사랑이 결집된 그 자체였다.

하나님께서는 잃어버린 파트너인 인간을 찾아 이 세상으로 오셨고, 우리 안(하나님의 영)에 성령세례를 주시기 위해 십자가를 창세전에 계획해 놓으셨다. 그러므로 그리스도와 교회가 연합된 우리야말로 지금 이 세상에서 천국의 삶을 살아가고 있다고 해야 맞는 것이다.

나는 그러한 그리스도의 진리 앞에 무릎을 꿇었다. 그리고 진정으로 그런 나를 품어 안아 주시는 하나님 은혜 앞에 찬송을 불렀다. 그럼에도 나는 그리스도의 사람으로서 변모를 갖추지 못하고 여전히 옛사람에 머물러 있었다. 그런 내가 늘 불만이었다. 내 안에 똬리를 틀고 있는 옛사람의 흔적이 너무 강하게 자리하고 있다 보니 늘 또 다른 나와 치고받고 싸우는 게 일과였다. 그래서 어느 때는 스스로한테 자문자답 할 때가 있다.

'왜 내 안에선 여전히 사랑이 없는 걸까?'

마음 속 번뇌가 깊어 혼잣소리로 주절 대면...

'자아가 처리되지 않아서 그래'

또 다른 마음 안에서 아직은 옛사람의 몸을 입고 있기에 그렇게 쉽게 없어지지 않는 것이니 조급해 말라며 위로해 주었다. 어떤 때는 그건 성령의 힘이 아니고는 어렵다고 성경말씀을 통해 나타내 보여주기도 했다.

영적생활에서 제거해야 될 가장 무서운 독소가 '자아' 다. 자아는 타락한 인간 정신 속에 사탄의 인격이 자리 잡아 하나님을 대적하는 성품으로 바뀌게끔 한다. 그런 면에서 나처럼 자아가 강한 사람도 드물다.

'자아' 야 말로 사탄과 가장 친한 친구가 되고 하나님과의 관계를 끊어지게 하는 마귀의 노림수가 됨에도 생각처럼 자아가 쉽게 죽지 않았다. 자아를 죽일 수 있어야 자기를 부인하고 그리스도의 말씀을 좇을 수 있는데, 내 안에선 여전히 자아가 시퍼렇게 살아 날마다 꿈틀대고 있었다.

그렇다면 자아가 어떻게 형성되는가? 인간이 무언가를 요구할 때 그것이 뜻대로 이루어지지 않으면, 그때 사탄이 개입하여 자기 것으로 만들어 버린다. 내가 바로 그 사탄에 의해 철저하게 이용된 대표적 인물이었다. 흰 것을 검게 만드는 것은 쉽지만 검은 것을 희게 만드는 것은 너무나 어렵다. 이미 검어져버린 나를 희게 변화시킨다는 것 자체가 얼마나 힘들고 고역스런 일인지 그 누구도 모른다. 그럼에도 하나님께선 이런 나를 끝까지 붙들고 계신 것을 보면 인내의 하나님이신 것은 틀림없다.

어찌하였거나 교만하고 겉과 속이 다른 가증스러운 나 같은 패역한 인간을 이렇듯 주님의 은혜의 십자가 뒤로 숨게 만드셨으니 그 크신 사랑을 어찌 필설로 다 표현하랴!

인간은 자기 영혼의 성숙을 위해 살아가게 된다. 남을 의식하여 자신의 존재가치를 높이기 위해 사는 것이라면 그것처럼 어리석은 일도 없다.

어리석은 자는 남의 영혼에 신경 쓰다 곧 자신의 영혼은 죽게 만든다. 그런데 오늘날의 교회는 서로가 자아의 영역을 지키기 위해 사탄의 도구를 사용하여 서로를 질타하고 시기하며 무너뜨리는데 혈안이 되어 있다.

아주 오래 전으로 기억된다. 대순진리교에 몸담고 있는 사람들인데 그들은 검정색치마에 흰색저고리를 입고 두세 명씩 무리지어 다녔다. 지나가는 사람들을 아무나 붙잡고 '복 있게 생겼다' 느니, '조상이 도와주는 얼굴이다' 느니, 이런 식으로 말을 걸어 유인하곤 했다.

그때도 뭔가 심기 사나운 일이 있어 속을 달래느라 천천히 걷고 있는데 누군가 내 팔을 붙잡고 말을 걸었다. 유독 내가 근무하는 사무실 근방에 그런 사람들이 많다보니 어쩌다 한두 번은 그들한테 꼭 붙들리게 되는 셈이다.

처음엔 그들의 정체를 몰랐을 때는 뭣도 모르고 부르는 소리에 반응을 보였었다. 그러나 그 후론 불러도 모른 척 그냥 지나쳤다. 그런데 그날도 누군가 나를 부르는 것 같았다.

"넷......저요?"

길을 몰라 묻는가 싶어 뒤돌아 쳐다보았다.

"하나님이 당신을 사랑하시네요?"

뜬금없이 이런 말을 했다. 다른 때 같았으면 웬 뚱딴지같은 소린가 싶어 무시하고 그냥 지나 쳤을 텐데, 은근히 그들과 언쟁을 하고 싶다는 생각이 들었다. 그때 마침 그 주변서 전도지를 돌리고 있던 중년여성이 슬며시 다가오더니 내 귀에 대고,

"저 사람들 대순진리교 사람들이에요"

그러니 저 사람들과 말 섞지 말라는 거였다. 그러면서 건너편 커피숍을 가리키며 자기와 차 한잔하자며 눈짓했다. 그때 전도지 위에 '수고하고 짐진 자들아 다 내게로 오라. 내가 너희를 쉬게 하리라' 라는 큰 글씨체가 눈에 잡혔다. 전도지 한 장을 내 손에 쥐어주며 ㅇㅇ교회만이 하나님께 축복받은 교회라며 천여 명이 넘는 교인 수를 자랑했다. 시큰둥하게 쳐다보자 ㅇㅇ교회가 왜 축복받은 교회인지 자세히 설명해 주겠다며 내 팔을 잡아 당겼다.

그렇잖아도 울화가 치미는 게 있어 억지로 속을 달래고 있는 터에, 그들의 하나님과 갑론을박으로 그 속을 풀고 싶었다. 그러면서

한편에서 그들이 믿는 하나님과 침이 마르게 칭찬하는 그 교회 목사의 코를 납작하게 해 주어 본때를 보여줘야겠다 싶은 생각으로 커피숍을 따라 들어갔다.

대부분의 교인들의 사고는 신도수가 많아야 축복받은 교회, 성장하는 교회, 부흥되는 교회로 인식했다. 그러나 교회는 부흥을 일으키는 것이 아니라 생명이 저절로 확장되어져 세상의 빛인 존재로 비쳐가는 곳이다.

빛이 있으면 생명은 절로 퍼져 나갈 것이고 빛이 없으면 억지로 인위적 방법을 동원하여 교회로 끌어 들여도 결국 그들의 영혼은 병들어 버리게 한다. 따라서 진리의 말씀이 없는 교회는 생명이 없는 존재들이 모이는 것이기 때문에 그건 복음이 아니고 하나님 사업이다.

전도도 마찬가지다. 생명과 빛이 있으면 그것을 통하여 저절로 알려지는 것이 교회이지, 전도지 돌리면서 억지로 교회로 오라고 외친다고 그것이 전도가 되는 것은 아니다.

"천국을 믿으세요?"

비웃듯이 그 중년의 여인한테 물었다. 그랬더니,

"그럼요. 믿고 말구요"

조금의 망설임도 없이 바로 답했다.

"그걸 무엇으로 증명할 수 있지요?"

천국을 갈수 있다는 것은 당신 생각일 뿐이지, 죽어서나 알 수 있는 걸 어떻게 장담할 수 있겠냐며 따져 물었다.

"제가 ㅇㅇ교회를 다니고 나서부터 환경이 많이 좋아졌거든요"

실업자인 아들이 취직 되었고, 당뇨병을 앓고 있던 자신이 많이 호전되었으며 그 무엇보다 승진에서 매년 누락되던 남편이 그 교회를 다니고 나서부터 하나님의 은혜로 승진이 되었다는 자랑이었다.

만약 지금과 같은 진리의 말씀이 밑바탕이 된 상태서 그 전도지 중년 여인을 대했더라면, 교회는 물질의 복을 구하는 곳이 아니라, 하나님의 말씀으로 천국으로 인도받는 곳이지, 목사가 능력이 있어 복을 주는 것이라면 그런 교회야말로 무당교회라고 일침을 가했을 것이다.

인간의 환경은 하나님의 손안에 달려있다. 환경이 누구에 의해 결정되느냐 하면 바로 하나님의 손안에 있다는 것만 알아도 교인들이 삶의 문제에 그다지 연연하지 않을 수 있다.

하나님께서는 당신의 백성을 그 나라로 인도하기 위해 이 땅에 집착하는 모든 것들을 도리어 끊어내신다. 그런데 교회 다니는 대부분의 사람들은 하나님을 마치 이 땅에서의 삶의 문제를 기도만 하면 해결해 주는 샤머니즘의 무당 정도쯤으로 취급하고 있다.

그러나 하나님께서 말씀으로 인도하는 것은 조금 성숙된 단계에서 하시는 방법이고 미숙할 때는 환경으로 말씀하신다. 교회나 목사가 이러한 하나님의 뜻을 제대로 전달하지 않기 때문에, 아니 오도하기 때문에 미숙한 많은 영혼들이 진리도 모른 체 외형적인 환경에 치우쳐 영적 소경이 되어버리고 있다.

하나님의 존재와 삶의 본질을 정확하게 직시한다면 인간은 그다지 삶의 문제에 연연하거나 환경에 요동하지 않을 수 있다. 나 또한 믿음이 성숙되지 않았을 때는 환경에 의해 가치를 평가하고 믿음의 척도도 가늠하였다.

그러나 한 줄기 하늘의 빛이 나의 영혼에 비치자, 말씀이 육신이 되어 오신 그리스도가 바로 나의 영생의 길을 안내하는 지도자라는 것을 깨우치게 되었다. 그로인해 구원의 확신이 생기자 그분만 바라보게 되고 모든 것을 맡기며 모든 것을 순종하며 때로는 세상 것을 적당히 포기할 줄도 알게 되었다.

물론 믿음을 가졌다고 해서 모든 것을 다 포기하라는 것이 아니다. 믿음은 세상을 새롭게 인식하므로 내 마음대로 내 뜻대로 살던 것을 다시 하나님의 의식으로 바꾸어 살아가는 것을 말한다. 그러기에 주님도 이렇게 말씀하셨다.

아무든지 나를 따라오려거든 자기를 부인하고 자기 십자가를 지고 나를 좇을 것이니라. 누구든지 제 목숨을 구원코자 하면 잃을 것이요 누구든지 나를 위하여 제 목숨을 잃으면 찾으리라. 사람이 만일 온 천하를 얻고도 제 목숨을 잃으면 무엇이 유익하리요 사람이 무엇을 주고 제 목숨을 바꾸겠느냐. 인자가 아버지의 영광으로 그 천사들과 함께 오리니 그때에 각 사람의 행한 대로 갚으리라. 진실로 너희에게 이르노니 여기 섰는 사람 중에 죽기 전에 인자가 그 왕관을 가지고 오는 것을 볼 자들도 있느니라(마16;24-28)

야곱도 인생말년에 고백했듯이, 이 세상은 잠깐 머물다 가는 험악한 나그네 인생길이다. 그래서 주님께서도 이 세상 것에 연연하지 말고 너희가 영생을 잃으면 무엇이 유익하겠는가. 하시면서 십자가를 지고 나를 좇으라고 말씀하신 것이다. 이 세상에 연연하지 않는 삶. 아니 이 세상 것보다 하나님 나라의 백성으로 살아가는 것에 소망으로 두고 살아가는 그것이 바로 믿음의 실체다.

그러기 때문에 삶을 뛰어 넘어 천국에 소망을 두고 살아야지 이 삶에만 머물러 있으면 아무 유익이 없다. 이 세상의 삶은 잠시 머물다 가는 모델하우스에 불과하다. 천국 나라가 이렇다는 것을 현실에서 경험하며 살아가는 것이 인생이다. 잠시 머물다 갈 이 세상 것에 연연하는 것처럼 어리석은 일은 없다.

그래서 많은 시인이나 철학자들이 인간 연구에만 파고들다가 더 이상 길이 없자 미쳐서 죽고, 스스로 자살하여 죽는 이유가 바로 여기에 있다.

그러기 때문에 나의 경우를 비추어, 이 거짓된 교회의 개념을 어떻게 이해시키고 어떻게 복음을 전하는 것이 가장 좋을까? 종말의 때에 이 시대의 모든 불쌍한 영혼들을 사망의 늪에서 건져 올릴 영원한 생명의 안식으로 진리의 복음을 어떻게 전하는 것이 가장 나은 방법일까 고민하고 또 고민했다.

지난해 출간한 '더 이상 목사한테 속지말라'의 책은 교회를 다니는 사람들을 대상으로 쓴 책이다. 즉 신앙생활을 하더라도 분별력을 갖고 다니라는 뜻에서 남긴 글이다. 그러나 정작 초심자들에겐 책 내용이 어렵고 이해가 쉽지 않은 책이었다. 그래서 어떻게 쓰는 것이 초심자들한테 편하게 읽힐까 생각을 수없이 했지만 구체적인 방법이 떠오르지 않았다.

하나님이 누구신지, 예수그리스도가 무엇 하러 이 땅에 오셨는지, 이러한 하나님을 왜 믿어야 하는지를 그들한테 쉽게 전하고 싶었다. 물론 처음에는 성경이야기를 만화로 구상해 보기도 하고, 또

웹툰도 알아보았지만 이는 남의 손을 빌려야만 되는 작업이었다. 시작이 번거로우면 진행도 어렵기에 쉽게 포기하게 되었다.

그래서 아직은 엄두도 내지 못하고 있지만 언젠가 그 구상도 기회가 되면 진행해볼 요량이다.

그러던 중에 그때 내 신앙 여정의 이야기가 복음에 가장 좋은 소재가 아닐까 하는 생각이 들었다. 하나님 보시기에 나 같은 패역한 인간도 없는데, 이런 내가 하나님의 일꾼으로 일한다는 것 자체가 얼마나 드라마틱한 일인가. 다행히 내겐 글 쓰는 작업이 그리 어렵지 않게 느껴졌다. 남들처럼 글 쓰는 재능이 있는 것은 아니지만 그동안 글 쓰는 훈련을 많이 해왔기 때문이다.

필자는 정말이지 글 쓰는 재능이라곤 눈곱만큼도 없던 사람이었다. 그런데 1999년부터 모 일간지에 '성명학칼럼'을 십년 이상 연재하다보니, 자연스레 글 쓰는 일이 생활화 되었고 그런 습관이 오늘 이렇게 은혜로운 일에 쓰임 받게 되었다. 아니 어떻게 보면 이 또한 하나님께서 미리 계획해 놓은 일인지도 몰랐다.

그동안 십 여권 이상의 책을 출간 했고 교재도 여러권 출간하다 보니 전문가 수준은 아니지만 신문사나 잡지사 측에서 원고 청탁이 쏠쏠하게 들어올 정도는 되었다. 그러나 지금은 그동안 내가 써왔던 글 때문에 도리어 양심에 화인이 되어 나를 괴롭히고 있다. 지금 내가 느끼는 고통의 화인은 단순히 이 세상 것에 대한 죄책감이 아니고 영적인 내 안에서 느끼는 고통이다.

인간에겐 누구나 기본적인 욕구와 욕망이 있다. 그 대표적인 것이 타인으로부터 자기애(愛)를 향한 과시를 받고 싶어 한다는 사실이다. 처음 인간의 기본 욕구 속에는 모든 것이 자기 자신을 위하여 잘 되어줄 것 같은 마음이 자리 잡게 된다.

그러나 반대로 이것이 뜻대로 되지 않을 때는 환경의 역작용이 일어나 도리어 자신을 괴롭히게 된다. 그러므로 그것에 대한 반작용으로 보복 심리와 원망이 자아 속에 자리 잡게 된다. 자아는 진리도 아니고 생명도 아니며 바른 판단도 아니다. 그냥 잘못 형성된 자기 고집이다.

인간적 측면에서 자아는 하나의 자존감으로 자기를 이끌어가는 원동력이 될지 모르나, 영적인 진리의 분별력으로 살펴볼 때 이것처럼 어리석고 무지한 존재는 없다.

그러기에 그동안의 나는 아무것도 아닌 것을 그럴듯하게 포장하는 것에 희희낙락하며 즐겼고, 허접한 이론들을 진리처럼 잘도 포장했다. 어느 때는 마치 내가 경험하여 얻은 것처럼 꾸미는데도 능수능란했다. 이런 나의 위장된 술수에 잘도 속아 넘어가 주는 독자들 덕분에 나의 삶은 한층 윤택했고 한층 더 풍요로웠다.

그랬었기 때문에 막상 주님을 만나고 나자, 내 안에서 뼈가 깎이듯이 세상에서 행했던 행동들이 고통으로 다가오기 시작했다. 진리가 아닌 것을 마치 진리인양 위장해 왔던 나의 실체가 하나님 앞에서 낱낱이 벗겨지고 나자, 내가 쳐놓은 나의 그럴듯한 위장의 덫에 나 스스로가 그 덫에 걸리고 만 셈이 되었다.

그랬기에 과거적 나의 삶 전체가 몽땅 고통으로 엄습해 왔다.

한센병 환자들은 통증을 모른다. 모르기 때문에 온 몸이 썩어 나가는 데도 아무런 고통을 느끼지 못하다가 결국 죽게 된다. 그래서 하나님께서는 우리가 영적 한센병자가 될까봐 이를 막기 위해 이와 같은 마음의 고통을 허락하시는가 보았다. 그래서 고통까지도 범사에 감사하라는 말씀이 있다.

그러기에 이 땅의 많은 예술가나 철학자들이 그렇게 많은 고뇌를 하고 인류문제나 인간실존 문제를 위해 몸부림 쳤어도 종국에는 그 삶이 무너져 버리는 이유도, 외형상 그들이 진리를 찾는 것같이 보여도 사실은 자기 자아나 자신을 내세우기 위해 지극히 이기적인 수고라서 그렇다. 인간은 누구나 다 영혼이 메마르면 그들 스스로가 말라 죽게 된다.

그러다보니 언제부턴가 이런 생각이 들기 시작했다. '자아' 라는 틀에 가둬두고 훈련시킨 이유가 바로 그 틀에서 스스로 박차고 나와 자아라는 독성의 뿌리가 얼마나 깊고 강한가를 느끼게 하기 위한 하나님의 배려라고. 또한 자아야 말로 구원의 여정에 큰 걸림돌이 된다는 것을 깨우치게 하기 위함이란 걸 느꼈다.

그러기 때문에 과거적 나의 삶 자체가 믿지 않는 자들의 표상이고 모델이 되기에, 삶 자체를 복음의 소재로 삼게 하기 위해 그렇게 멀고 먼 인생길을 돌게 하셨는지 모른다는 생각이 들었다.

그렇다면 나의 인생여정이 그리 헛된 것만은 아니라는 위로도 받게 되었다. 따라서 글을 통해 세상과 소통하며 복음을 전할 수 있게 한 계기가 어떻게 보면, 필자 같은 패역한 인간도 흑암에서 건짐을 받게 되면 하나님의 은혜를 찬양할 수 있게 됨을 보여주기 위함에서라고 생각되었다. 그러니 그 어떤 것도 감사하지 않을 수가 없다.

무엇보다 말씀을 통해 하나님과 소통할 수 있는 성경 66권을 주신 것도 축복 중에 가장 큰 축복이라는 것을 근래 들어 자주 깨닫게 된다.

순종과 불순종

요즘 들어 남편이 성경읽기에 열심인 것을 보게 된다. 가끔 유치원 수준의 질문을 할 때가 많지만 그래도 그때가 남편이 더없이 순수해 보인다.

"구약을 읽으면 하나님이 사람을 수없이 죽이는데, 왜 그렇게 죽이기만 해?"

마치 꼬맹이가 질문하듯 궁금한 점이 생기면 그때마다 물었다.

"그건 인간들이 하나님말씀보다 우상을 숭배하기 때문에......"

그 이유를 설명하자니 어디서부터 어떻게 설명해야 할지 몰라,

"일단 차분하게 성경을 처음부터 끝까지 읽어봐."

어떤 식으로 설명하는 것이 가장 알아듣기 쉬울까 고민하고 있는데,

"아무리 그래도 하나님이 인간을 그렇게 많이 죽여도 되는 거야?"

따지듯 묻는다기보다는 인간을 만든 하나님이라면서 그렇게 수만 명씩 죽이는 것에 대한 불신이 깔려 있는 어투였다.

"글쎄......"

그때 남편이 마침 창세기를 다 읽은 상태라 순간적으로 아브라

함이 생각났다.

"아브라함과 사라가 기근 때문에 애굽으로 내려간 적이 있어."

순종과 불순종이 차이가 얼마나 큰 죄인지를 설명하기 위해 아브라함의 행적에 대해 설명했다. 기근 때문에 애굽으로 내려간 아브라함은 미인인 아내가 불안하여 바로 왕에게 누이라 속이므로, 애굽 왕 바로가 사라를 취하려 하므로 하나님께 혼 줄이 났다.

그 사건으로 바로가 아브라함을 후대하여 대가로 준 노비 중에 '하갈' 이라는 여종이 있었다. 아브라함은 '내가 너로 큰 민족을 이루고 네 자손이 이와 같으리라' 라고 하신 하나님의 약속이 있었음에도 아내인 사라가 경수(생리)가 끊어지자, 그 약속을 믿지 못하고 부인의 말을 듣고 하갈을 첩으로 취하는 실수를 범했다.

"하갈이 잉태하자 여주인을 멸시하기 시작 했어."

하갈한테 멸시를 받게 되자, 사라는 그 모든 원인을 남편한테 돌렸고 그때부터 하갈을 학대했다. 사라의 학대가 혹독해 지자 여종 하갈이 도망치고 말았는데 그 때 하나님께서 애굽으로 도망가는 하갈한테,

"네 여주인에게 돌아가 그 수하에 복종하라"

이는 하갈을 사라 수하에 들어가도록 하여 엉클어진 영적 질서를 바로잡고 사라를 통한 언약을 이루고자 하는 하나님의 뜻이 담긴 분부였다. 그리고 하갈한테도, '네 자손이 크게 번성하여 그 수가 많아 셀 수 없게 하리라' 라는 약속도 해주셨다.

그야말로 그동안의 너의 허물과 너의 모든 실수를 네 여주인한테 사죄하고 너의 본분을 다하여 순종하고 따르면 너한테도 자손의 복을 주시겠다는 약속이었다.

이와 같이 아브라함은 하나님의 약속을 끝까지 믿지 못하고 아내의 말을 듣게 된 결과로 스스로 인생 노정을 험난하게 보냈고, 자신뿐만 아니라 온 가족이 고통을 겪으며 방황하게 만들었다. 아브라함이 하갈을 통해 이스마엘을 낳은 때가 그의 나이 86세였다.

"네 몸에서 날 자가 네 후사가 되리라"

이렇게 약속하신 말씀을 믿지 못한 결과로 하나님은 13년 간 아브라함 앞에 모습을 나타내지 않으셨다. 이러한 하나님의 뜻을 아브라함은 인간적인 방법으로 성취하려 했지만 종내는 하나님의 약속은 하나님의 방법을 통해서만 이루어진다는 설명도 덧붙여 해주었다.

따라서 아브라함과 사라의 불신으로 하갈을 통해 이스마엘을 낳게 한 것이 가정의 불화는 물론 나라와 나라의 분쟁의 불씨가 되었음을 알아듣기 쉽게 설명해 주었다.

여종 하갈은 여주인 사라의 핍박을 피해 브엘세바에서 방황할 때, 하나님의 사자로부터, '너로 큰 민족을 이루게 하리라' 고 말씀하신 하나님의 음성을 들었다. 그리고 약속하신 그 뜻이 성취되었다. 따라서 하갈은 아들인 이스마엘이 자기와 같은 종족인 애굽 여인과 결혼하게 하여 그를 며느리로 삼았고, 그 아들들이 열두 부족의 지도자가 되었다.

그 이후부터 하나님의 말씀을 순종하는 자와 불순종하는 자, 두 부류로 나누었다고 설명했다. 이와 같이 하나님의 약속을 믿지 못하고 거역하는 자들은 민족이든 개인이든 가차 없이 죽이시는 약속의 하나님이심을 알게 했다.

"하갈이 낳은 이스마엘은 오늘날 아랍 족속의 조상이구, 또 중동 전쟁은 유대인과 아랍인의 싸움인데 유대인은 이삭의 후예요, 아랍인은 이스마엘의 후예야"

결국 오늘날 중동 전쟁은, 약속의 자손을 주실 때까지 아브라함이 믿음으로 인내하지 못하고 하나님의 약속을 불신하고 인간적인 방법으로 시도한 결과임을 설명해 주었다. 그런 불신앙이 구약 시대 내내 이루어진 것이고 그때마다 그 결과로 전쟁이 끊이지 않았고 지금까지 이어지고 있는 거라고 부연 설명까지 해 주자, 그제야 이해가 되는지 수긍하는 눈치였다.

몇 년 전, 책 출간을 목적으로 여의도 사무실서 2년 동안 칩거생활하면서 써 두었던 책이 세권 가량 되었다. 막상 주님을 영접하고 나자 그동안 출간되어 나온 책도 양심의 화인으로 불편한 맘인데, 이 책들을 출간하자니 마음이 썩 내키지 않았고 그렇다고 버리자니 2년 넘게 공들여 쓴 세월이 아까웠다.

그래서 지금까지 7년 넘도록 컴퓨터에 그대로 사장되어 있다. 이게 바로 인간들의 마음인 것이다. 세상 것에 대한 미련을 완전히 버리지 못하는, 그게 시간이든, 돈이든, 명예든, 혈육이든, 학문이든 간에 그리스도의 말씀이 내 안에 성령으로 거하기 전에 스스로 끊어낸다는 것이 그만큼 어려운 것이다.

어찌하였거나 나를 아는 사람들 중엔 내가 목사가 될 거라고 생각한 사람은 아무도 없었고, 아니 그 누구도 생각지 않았다. 그래선지 내가 목사가 되었다고 하면 이구동성으로 재차 확인하는 투였다.

다른 사람도 아닌 기독교의 교리를 그렇게 불신하고 부정했던 필자가 목사가 되었다고 하면 그 누구도 믿지 않는 건 당연지사다.

하긴 그도 그럴 것이다.

그러나 모든 인생 문제에 있어 나 때문에 혹은 하나님의 섭리 때문에 발생하게 되는 일들이 어디 한 두 가지겠는가. 그러나 이 또한 하늘의 뜻을 깨닫고 하나님의 섭리임을 깨닫게 되면 누구나 다 공감될 수 있는 부분이다. 이 모든 것이 하나님의 백성들을 바로 세우기 위한 하나님의 계획과 뜻임을 자연을 통해, 또는 인간사 인연을 통해 이런 저런 모습으로 우리에게 나타내 보이시고 있다.

그러나 대부분의 교인들은 하나님께서 우리에게 성경으로 영적 지식을 터득할 수 있도록 성령(말씀)을 주셨음에도 이를 깨닫지 못해 믿음 밖에서 맴 돌고 있는 경우가 다반사다.

간혹 필자를 아는 사람 중에 노골적으로 이렇게 묻는 사람들도 있다.

"요즘은 아무나 목사가 되는가 보죠?"

그렇다. 누구든 신학교만 나오면 목사가 될 수 있다. 아니 요즘은 형식적으로 신학교에 등록하고, 학비 밀리지 않고 년 수만 채워도 학위주고 목사안수도 받게 해준다. 그러므로 아무나 목사가 될 수 있다. 내 경우도 예외는 아니어서 확실하게 말할 수 있다.

그렇지만 마음 한켠에선 성경의 결론이라 할 수 있는 요한계시록만큼은 집중하여 연구하고 싶어 꼬박 2년 동안 '아시아 일곱 교회를 통해 바라본 한국교회의 문제점과 해결방안에 관한 연구'를 박사논문으로 준비했다. 그리고 한국교회의 문제점을 계시록 전체 연구를 통해 하나하나 밝혀 나갔다.

그러니까 이십 여년이 훨씬 지난 아주 오래전의 일이다. 그 때 필자는 퇴계로 남대문 시장에서 귀금속점을 운영하고 있었다. 바로 옆 점포에서 같은 보석상을 하는 사장의 아들이 대학마다 전부 떨어졌다. 당시 그 사장 부부는 김영삼대통령이 다니던 충ㅇ 교회를 열심히 다녔는데 마땅하게 갈 대학이 없자 신학전문대를 보냈다. 경제적으로 여유 있는 집이다보니 아들이 졸업하면 교회라도 지어줄 요량으로 서울 외곽지역에 전답 천 평을 사두었다.

그런데 그 지역이 뜻하지 않게 도시개발로 선정되어 매입가의 수배 이상을 받고 시에 넘겨주었다. 그야말로 하루아침에 횡재한 셈이다.

그 때 그 사장 부부가 들떠서 하는 말이,

"우리 아들 목사 만들려고 사둔 땅이니까 하나님이 복 주신거야"

당시는 그 소리가 그럴 수도 있겠다는 생각이 들어 솔직히 부러웠다. 그러나 지금은 그게 복이 아니라 도리어 재앙(禍)이 될 수 있다는 생각이다. 하나님은 그의 사랑하는 자식이 세상 것에 마음을 빼앗겨 하나님을 멀리하면 그가 갖고 있는 것을 모두 빼앗아버린다. 그러기에 늘 노심초사하며 간섭하시는 하나님을 알기에 하는 생각에서다.

지금은 그곳을 떠나 온지 오래되어 그 아들이 목사가 되었는지 어떤지는 모르겠지만 어쨌든 예전부터 공부 못하면 신학교요, 취직 안 되거나 삶의 풍파를 많이 겪으면 신학교에 들어가 목사가 되는 것이 다반사다. 그러니 사람들 입에 개독교니 사기꾼들은 전부 교회에 모여 있느니 이런 소리가 나오는 것이 당연하다.

실제적으로 돈 떼어 먹고 도망간 사람 대부분이 교회 다니는 사람들인 것을 보면 기독교가 욕먹는 것은 싸고도 남는 일이다.

그러나 하나님의 영 안에서의 목사는 아무나 하는 것이 아니다. 오직 예수 그리스도의 말씀(영)으로 강력하게 세워진 사역자들만이 수행할 수 있는 영역이다. 성령 깊은 곳에 진리의 빛을 받은 자만이 거룩한 성(믿음)사역을 할 수 있다.

아직 정확한 성경(영적) 지식을 갖지 못한 자가 성경만 읽고 파악하면 그것이 모두 영적 지식이고 하나님의 뜻인 줄로 착각한다. 그러나 전혀 그렇지 않다. 마귀(사탄)도 얼마든지 좋은 내용을 흉내낼 수 있고, 광명의 천사로 위장할 수 있다. 남을 도와준다든지, 지나친 인정을 베푼다든지, 선교에 앞장선다든지 혈육의 정에 깊이 빠지게 한다든지, 이 모든 것이 인간의 혼을 통해 흘려보내는 사탄의 속임수일 수 있다.

따라서 인간은 가다가 넘어지는 존재들이다. 그러기에 필자 또한 목사가 된 후에도 부끄러운 나의 성정을 숨기기 위해 거짓된 속내를 마음속 깊은 곳에 똬리를 틀듯이 깊숙이 감추고 살아왔다.

겉으로는 욕심을 다 버린 사람처럼 그럴듯한 모습으로 흉내는 잘 내었지만 실상을 그렇지가 못했다. 이러한 나의 위선적인 모습을 남들은 몰라도 나 자신은 너무나 잘 알고 있다.

그렇지만 하나님의 인내하심과 진리의 말씀이 각각의 심령 안에 그리스도의 영과 합해지면 자아의 혼란과 사탄의 궤계는 결국 무너지게 된다. 그로인해 생명의 실제와 만나는 축복이 넘치도록 일어난다. 그 예가 바로 존 뉴턴이다.

어메이징 그레이스의 작사가 존 뉴턴 목사도 지난날의 그 불량한 삶을 돌이키고 난 다음 18년간 기다리는 세월 속에 작은 동산을 거닐면서 하나님의 섭리를 그 몸에 덧입었다. 그러기에 그는 글로

써 수많은 영혼들을 감동시키는 위대한 서간집을 펼쳐 내었다. 그는 마침내 어두워져 가는 이 시대에 한 줄기의 생명의 빛으로 탄생하면서 글을 통해 그리스도의 빛을 세상에 환하게 밝혔다.

이와 같이 생명의 비밀은 자연을 통해서든, 글을 통해서든 스며들기 마련으로 이 또한 신(神)의 고요와 침묵 속에서 암묵적으로 나타나는 현상들이다.

따라서 하늘에서 준비된 자가 흑암의 세상에서 출현하게 되면 하늘의 비밀이 그 사람을 통해 그 시대의 영혼들을 구원하게 되므로 이제는 안심이 된다. 보이지 않는 영적세계를 정확한 약도도 없이 더듬어가며 찾아간다는 것처럼 어리석은 일은 없다.

이는 마치 절벽 밑으로 발을 헛디디는 것과 똑같은 무모하고 위험한 짓이다. 예전의 내가 바로 그랬다. 그랬기에 참 진리이신 예수 그리스도를 성경의 말씀(성령)을 통해 만난 지금이 너무도 행복하다.

지금도 그때를 생각하면

어린 시절의 우리 집은 부자도 그렇다고 가난하지도 않는 고만고만한 정도의 수준이었다. 친정아버지는 목공 기술자였다. 주로 집안에서 쓰는 물품을 생산해 내는 일을 했다. 제기동서 거주하는 우리 집은 도로변에 있었는데 앞면은 아버지 공장으로 사용하고 있었고 안채는 살림집으로 사용했다. 그리고 뒤 곁은 단독으로 독채로 되어있어 나와 동갑내기인 복순네가 세로 살고 있었다.

복순 엄마는 지금 기억해도 심성이 매우 착하고 순한 사람이었다. 남편을 병으로 일찍 여의고 과부가 된 복순 엄마는 혼자 사남매를 키우느라 늘 바쁘게 동동대며 살았다.

그런 복순 엄마에 비하면 우리 엄마는 고집스럽고 활달했으며 매우 극성맞았다. 거기에 두뇌까지 비상해 매사를 앞질러 가는 편이었다. 당시 모든 요건이 뒤쳐진 시대상황에서 엄마는 항시 한발 앞질러 생각했고, 그 생각을 곧바로 실행해 옮기는 행동파였다.

즉 시대의 흐름을 빨리 파악해 신속하게 대처하는 놀라운 능력을 타고났다고 하는게 맞다. 그러다보니 매사를 예사로 보아 넘기는 법이 없었다. 당시 아버지가 운영하던 나무 제품 생산은 프라스틱 제품에 밀려 점차 사양길로 접어들고 있었다.

"난 시집가면 엄마처럼 안 살고 집에서 살림만 할거야"

학교서 돌아오면 엄마가 없는 것이 싫어 투정하듯 이렇게 말하면,

"야! 이것아. 그나마 내가 버니까 니네들 공부라도 하는거야"

이런 문제로 엄마와 다투었던 내가 도리어 결혼하자마자 바로 일찍 생활전선에 뛰어들었다.

"어이구. 결혼하면 집에서 살림만 한다더니...... 쯧쯧!"

아들출산 후 일 년 정도 살림하고 바로 밖에서 활동하는 나를 보고 친정엄마가 혀를 차며 한 소리였다. 어쨌든 머리 비상한 엄마는 그러한 아버지의 영업적 조짐을 미리 간파하고 탈출구를 모색했다.

남보다 적극적인 성향의 엄마는 아버지 사업을 믿고 있다가는 사남매 공부시키기 어렵다고 판단하여 무작정 남대문 시장으로 나갔다. 시장주변을 돌면서 무엇을 할까 일거리를 찾던 중에 인조 꽃을 도매로 사다가 몇 푼의 이익을 남기고 파는 노점장사를 시작했다.

그런데 바로 옆에서 미제 초콜렛과 카라멜, 사탕, 양담배 등을 팔고 있는 사람을 눈여겨보니 수입이 제법 쏠쏠해 보였다. 커다란 고무 다라이(양푼)에 다양한 물건들을 담아 팔고 있는 사람의 이익이 엄마가 파는 인조 꽃과는 비교도 되지 않을 정도로 많이 남았다. 그래서 바로 옆에서 똑같은 품목의 장사를 시도했다.

그랬더니 장사의 이윤이 월등 나았다. 노점에서 알차게 장사하던 그 시절, 지금의 대도 상가와 중앙 상가의 건물이 완공되어 분양을 하고 있었다. 지금이야 손바닥 만한 점포라도 몇 억씩 되지만 당시는 미분양이 많던 때라 여러 개의 점포를 분양 받았다.

그때부터 엄마의 장사 수완은 본격적으로 발휘되기 시작했다.

"너 내일 새벽 삼각지 ○○의 집에 엄마랑 함께 가자."

시험이 끝나거나 주말이면 엄마 심부름으로 용산, 이태원, 삼각지 등에 살고 있는 양색시 집에서 밀수품을 책가방이나 배낭에 실어 나르는 일을 했다.

"싫은데......언니가 가면 안돼?"

경찰의 눈을 피해야 하기 때문에 움직이는 동선이 새벽 아니면 주로 캄캄한 밤중이라 가기 싫어 투덜거리면,

"언니는 몸이 약하잖아"

사년 위에 언니는 나보다 체구도 작았지만 우선 몸이 약했다. 그리고 두 살 위인 오빠는 공부 때문에 심부름을 일절 시키지 않았다. 그래서 물건 실어 나르는 일은 주로 내 담당이었다.

지금이야 어느 가게를 가든 수입제품이 차고 넘치는 시대지만 당시는 전부 밀수였다. 그래서 외제물품을 구하기란 하늘의 별 따기였다. 따라서 귀한 외국제품을 구하려면 남대문 시장을 와야지만 구할 수 있었다. 그리고 돈 많은 사람들만 구입하던 때였다.

양담배는 특권층의 전유물이고 모리나가 우유나 거버(Ger ber) 이유식 등은 내노라 하는 유명인사들만 사가던 시절이었다. 엄마의 고객 중에 가장 큰 단골은 가회동 H그룹 장남 집과 당대 최고의 미인이라 칭한 영화배우 김○○씨 등이 있다. 지금이야 외국제품이 수입되어 아무데서고 구입할 수 있지만 남대문 도깨비시장이 아니면 구하기 어려운 당시의 상황이었다.

지금도 기억나는 것은 우리집 다락방은 온통 외제물건으로 가득 차 있었다. 당시 엄마 몰래 훔쳐 먹던 땅콩 박힌 이다초콜렛이나 비

스켓 과자는 그야말로 별미 중에 쾌미였다. 엄마 장사수완 덕분에 궁핍함을 그다지 느끼지 못하고 살았지만, 그건 그거고 어찌하였거나 학창 시절 엄마가 집에 없는 것이 늘 불만이었다. 방과 후 집에 가면 간식거리를 준비해 부뚜막 가마솥에 먹거리를 넣어 놓고,

"솥 안에 누룽지랑 감자 삶아 놓았다."

꺼내 먹으라고 소리치는 엄마의 음성이 그리웠다. 어쨌든 생활력 강한 엄마 덕분에 경제적 어려움은 별로 겪지 않고 학창시절을 보냈지만 간경화로 병들어 누워있는 아버지를 볼 때면 늘 마음 한 켠이 짠하고 안쓰러웠다.

아버지는 앞서도 잠깐 언급했지만 매우 선하고 착한 심성을 지닌 분이었다. 그런 순둥이 아버지에 비해 엄마의 기질은 타의 추종을 불허할 만큼 매사가 적극적이고 용의주도하며 공과 사가 분명한 딱 부러지는 성격이었다.

지금은 두 분 모두 돌아가셔서 그립고 보고 싶지만 어쨌든 부모님 유전인자를 그대로 물려받아 적극적인 성향의 엄마 기질과 순한 아버지의 착한기질을 모두 물려받은 셈이었다. 아무리 착하고 순한 성향을 타고 났더라도 환경에 따라 타고난 성향도 바뀌는 법이다.

결혼 전의 나의 꿈은 한 남자의 아내로 사는 것보다 전도사가 되어 불쌍한 사람들을 도와 그들과 함께 공동체 생활을 하면서 사는 것이 꿈이었다. 그런 생각을 갖게 된 것도 고등학교 시절 성당에 다니는 미경이란 친구 때문이었다.

그 친구는 레지오(Legio) 서클에 가입되어 봉사활동으로 명동에 있는 성모병원에서 했다. 또 다른 한 친구와 함께 늘 셋이서 어울려 다녔는데 그때 미경이의 제의로 함께 봉사활동을 시작했다.

그 시절의 성모병원 환자 위로 방문은 생각보다 삶의 의미를 되새기게 했고 전신이 마비되어 누군가의 도움이 없이는 거동조차 못하는 아니 밥 한술도 자기 손으로 떠먹을 수 없는 그런 환자들을 보면서 삶의 의미를 더욱 굳혔다.

그중에 지금도 기억나는 사람은 당시 50대의 환자였는데 탄광촌에서 일하다 광이 무너지는 바람에 목뼈를 다쳤다. 전신이 마비되어 2년여 이상을 회전침대에 누워 간병인의 도움으로 겨우 목숨만 유지하고 살아가는 환자였다. 그런 남편을 두고 부인이 집을 나가 버렸다.

처음엔 그 환자한테 불행한 가정사가 있는 줄도 모르고 우리는 재미나는 얘기꺼리를 준비해 조잘조잘 잘도 수다 떨었다, 그런데 유독 그 환자의 얼굴에 수심이 가득했다.

나중에 부인이 바람나 집을 나갔다는 얘기를 옆 환자한테 듣고 그 중증의 환자한테 더욱 마음이 쓰였다. 그때 결심한 것이 한 남자의 아내로 살기보단 불쌍한 많은 사람들의 어버이가 되어야겠다는 결심이었다. 그리고 그 결심을 구체적인 실천단계로까지 실행에 옮겼다. 그러나 그러한 꿈과 계획도 결혼으로 모두 무산되었다.

지금도 가끔 마음 한 켠에선 젊은 시절 못다 핀 꽃송이가 아니라 못다 핀 젊은 꿈을 피우고 싶다는 생각이 들 때가 있다. 그러나 그건 그저 생각에 불과할 따름이다. 어찌하였거나 나의 기억으로 착한 기질은 그때까지였던 것 같다.

결혼생활 이후론 생활전선에서 바쁘게 살다보니 누구를 돌아볼 여유조차 없었다. 앞서도 잠깐 얘기했지만 엄마의 기질을 닮은 탓인지 결혼하고 아들 젓 먹이던 일 년을 제외하곤 집에서 살뜰하게 살림해 본 적이 없다.

산업은행 현역 농구선수였던 남편과 결혼하여 살뜰하게 살림해 모아둔 돈으로 결혼 후 처음으로 단독주택 2층 집을 장만했다.

나는 그때나 지금이나 돈 버는 머리는 비교적 잘 돌아가는 편이다. 운이 따라주지 않아서 그랬지. 아니 그보다 엄마 기질을 닮아 그런지 매사 남보다 한발 앞서는 경향이 있었다. 당시의 산업은행이 지금의 명동 롯데백화점 자리에 있을 때라 신혼 생활은 주로 서울에서 했다.

아들을 출산하고 강동구 성내동서 전세 살 때의 일이다. 큰 길을 두고 그 맞은편 둔촌 종합상가에서 수입품 인테리어 소품을 판매할 때다. 장사는 그럭저럭 잘 되는 편이어서 은근히 집을 사고 싶다는 생각이 들었다.

다음해 3월 남편이 든 적금 오백만원이 만기가 되는 때라 집을 알아봤다. 그때 마침 우리가 살고 있는 집 근방에 새로 신축한 2층 단독이 4300만원에 나왔는데 융자 조금 받고 전세 끼면 잘하면 살 것도 같았다.

지금 같았으면 무리해 사고도 남았을 텐데 그 때만 해도 빚을 내는 게 내키지 않던 시절이었다. 그래서 몇달 기다렸다 적금타면 사야지 벼르고 있었는데 웬 걸, 해가 바뀌고 1월이 되자 자고나면 집 값이 치솟기 시작했다. 그러다보니 4300만원이면 살 수 있었던 집 값이 불과 서너달 만에 1억으로 껑충 뛰었다. 전두환 시절인 80년대 초는 한창 부동산 붐이 일 때 였다. 그래서 갖고 있는 돈으로 서울은 엄두도 내지 못했다.

지금은 대단지 아파트가 들어서 어마어마한 도시를 이루고 있는 중동시가지가 당시는 농사를 짓던 땅이었다. 부천역 근방의 부동산에 들어갔더니 그 논이 조만간 대단지 아파트가 들어설 계획이라며 근방의 새로 지은 단독 2층집을 소개했다. 그렇게 해서 결혼 후 삼년 만에 처음으로 부천에 집을 장만하였다.

집을 장만했다는 설레임도 잠시, 그 다음해 봄, 남편은 뇌수막증 진단을 받았다. 당시는 현역 농구선수로 활동하던 때라 남편의 뇌수술은 사망 내지는 수술이 잘된다 하더라도 신체장애가 따르는 위험한 상황이었다. 지금 생각해봐도 매우 아찔한 순간이다. 의료수술이 고도로 발달한 지금이야 암도 거의 완치 되는 수준이지만 그때는 뇌수술하면 생존 불가능한 상태였다.

곰곰 생각해 보니 하나님께서는 우리 부부를 그때 돌아오라고 채찍질 하셨던 것 같다. 나도 얼마 전에 들은 얘기다.

"나 있잖아. 그때 수술 당시에..."

"수술당시라면... 뇌수술?"

남편이 뜬금없이 지난 얘기를 꺼내었다. 어느 날 시아버지가 남편더러 목사님한테 심부름을 보냈다고 했다. 그런데 교회 앞에 서 있는 십자가를 보자, 그만 자신도 모르게 눈물이 왈칵 쏟아지더라는 거였다. 영문도 모르게 쏟아지는 눈물 때문에 교회 안으로 들어가 눈물이 그칠 때까지 기다렸다고 했다.

"그랬어? 처음 듣네......"

그리고 며칠 후 병원에서 뇌수막증 진단을 받았다. 지금 영적으로 깨어보니 그때 하나님께서 우리 부부에게 찾아오신 듯했다. 그런데 우리가 영성이 어둡다보니 이를 알아차리지 못했다. 하나님이 인간에게 천혜의 은총을 베푸는 것이 있다면 바로 영적인 선물이다. 그러므로 영이 아니면 우주의 비밀을 깨달을 수 없고 인간의 생명적 신비도 알 수 없다.

우주의 모든 생명계는 바로 이 영을 통하여 설명되어지고 깨달아진다. 그러나 육신은 유전이 되지만 영은 절대로 유전되지 않고 창조만 된다. 난 젊은 시절부터 이런 영적인 일에 관심이 꽤 깊었다. 그러나 영성을 깨닫는 시기도 다 때가 있는 것 같다.

나는 어려서부터 교회를 다녔고 학창시절엔 전통 깊은 미션스쿨이다 보니 해마다 학교에서 실시하는 성경암송대회 덕분에 성경 구절도 달달 외우다 시피 했다. 교회활동도 학생회장을 맡아 매우 열성적이었다. 그런데 이상한 것은 결혼을 하고 나자, 교회 가는 게 그렇게 싫었다. 주일을 철저하게 지키는 시부모 때문에 결혼하고 한동안은 효도 차원에서 싫은데도 억지로 나갔다. 그렇지만 일주일 내내 밖에서 일하다 솔직히 일요일 하루쯤은 쉬고 싶었다.

예배자리에 앉으면 신의 계시는 낌새도 없었고 설교를 들으면 졸립고 하품만 나왔다. 예수의 그림자가 그 어디에도 비치지 않았으니 목사의 설교가 귀에 들어 올리 만무였다. 믿음이 생겨야 교회를 다니든 헌금을 내도 아깝지 않거나 하겠는데 다양한 종류의 헌금봉투가 신경 쓰이게 했고, 거기에 은근히 헌금을 강요하니 짜증만 났다.

평소엔 밖의 활동으로 일요일 하루만이라도 밀린 빨래며 남편 양복과 와이셔츠 다림질이며 집안 청소를 해야 하는데 하품만 나는 예배시간이 자꾸 아깝게 느껴졌다. 그래서 어느 날은 작전을 짰다. 시부모가 다니는 교회는 조그마한 상가 2층 건물에 있었다.

예배 마치고 층계를 내려갈 때면 목사 부부나 장로들이 앞에 서서 인사를 나누곤 했다.

"아주버님! 오늘 주(酒)일인데 한잔 해야죠?"

하고 목사 부부 들으라고 큰 음성으로 소리치면,

"죠...오..죠"

곧바로 응수가 따랐다. 그러면 옆에서 시어머니가 내 옆구리를 쿡 찌르며, '쉿' 목사부부가 들을까봐 손가락을 입에 대고 눈을 깜빡이면, 더욱 큰 소리로,

"오늘 술안주 뭘로 할까요?"

전부 들으라고 일부러 더 크게 얘기했다. 이런 방법을 몇 번 시도했더니 시부모도 교회 사람들 보기 민망한지 그 담부터 교회가자는 얘기를 하지 않았다. 그러한 잔꾀 덕분으로 일요일 하루를 넉넉하게 보낼 수 있어 좋았다.

그 후로 나는 삼십 여년 이상을 그리스도 밖에서의 생활에 흥미를 느끼며 살아왔다. 그때 가장 관심을 갖게 된 것이 역학이었다. 막상 배워보니 역학이야말로 학술적으로 연구할 가치가 있다고 생각되었다. 제대로 알지 못하는 사람들이 말하는 것처럼 황당무계한 것은 아니었다.

그것은 일종의 과학으로 규명하지 못한데서 미신이라고 배척당하고 있는 것일 뿐, 상당히 논리적이고 체계적인 학문이었다. 대부분의 보통 사람들은 자기의 운명을 거스르지 못하고 운명에 지배당하며 살아가고 있다. 그러한 사람들이 역학의 깊은 배경도 모르면서 미신이라고 무턱대고 배척하는 것이 어리석게 느껴졌다.

사람의 운명은 놀라울 정도로 광대무변하고 심오하다. 그 운명의 천리(天理)를 추적하고 밝혀내어 보려는 인간의 노력이, 아주 오

랜 옛날부터 동서를 막론하고 꾸준히 탐색된 우주 자연의 법칙이었다.

필자는 오랫동안 세상적인 일에 관심을 갖고 최선을 다해 살았다. 그러나 그러한 내 안의 내면은 늘 외롭고 고독했다. 뭔가 채워지지 않는 영혼의 목마름 같은 그런 갈증을 느끼고 있었다. 그야말로 겉은 화려한데 내면은 고뇌와 방황뿐이었다. 그리고 그 고뇌의 방황의 끝에는 늘 죄의 뿌리가 자리하고 있었다.

지금 생각해 보면 당시 남편한테 하나님께서 찾아 오셨던 것 같다. 그런데 우리 부부는 아니 내가 세상 밖으로 마음을 빼앗기고 사느라 그런 것에 관심을 기울일 생각조차 안했다. 남편이 죽을지도 모르는 긴박한 상황 앞에서도 하나님을 찾기보단 도리어 하나님을 점점 더 멀리했다.

그럴수록 그런 나를 향해 하나님께서 돌아오라고 끝없이 손짓하셨지만 늘 모른척 했다. 그랬더니 제일 처음 남편한테 싸인을 보내셨고, 그래도 듣지 않자 경제적 파탄으로 처참한 환경으로까지 처박아 두셨다. 그럴수록 나는 안간힘을 쓰며 나의 의지와 집념을 더욱 불태웠고 현실을 타개하기 위한 계획을 한층 더 공고히 다졌다.

곤경에 처하면 처할수록 역학이란 학문에 일로 매진했고 경제적 어려움을 극복키 위해 치열하게 투쟁했다. 당시의 나는 전투적인 의지의 한국인이었다. 그런 나를 향해 하나님께서 내게 매질을 가하면 가할수록 내 안은 오기와 독기로 똘똘 뭉쳐 더욱더 사탄과 하나가 되었다.

우리의 삶이 풀리지 않는 이유 중에 하나를 분석해 보면 자신 속에 내재돼 있는 삐뚤어진 의식과 건전치 못한 사고를 개선하지 않아서다. 그러나 이러한 삐뚤어진 의식이나 사고는 그야말로 사탄이 주는 마음이다. 그러기에 이 세상에서 가장 더럽고 추악한 것이 인간의 마음이라 성경에서 분명히 밝혔다.

마음은 생각에서 오는 악의 변형이다. 그러나 나는 그것을 깨닫지 못했다. 죄로 인해 본래의 모습을 상실한 엉클어진 모습 그대로 내 자신 안에 스스로 지옥을 만들고 살아가고 있었다.

그 속에 갇혀 신음하며 고통스럽게 살아가면서도 하나님을 찾기보단 늘 외면했다. 남편이 죽을 지도 모를 투병생활에도 하나님 보다는 역학에서 그 원인을 분석했고, 사업부도로 경제적 곤경에 처박혀 있었을 때도 도리어 그 원인을 다른 곳에서 찾기만 했다.

그러나 이제는 하나님의 인내하심이 없었다면 나 같은 패역한 인간이 어떻게 구원을 받을 수 있었겠는가. 그것만 생각하면 감격의 찬송이 절로 흘러나온다.

하나님께서는 하나님의 뜻에 합당하게 쓰기 위해 때론 사망의 골짜기로 혹은 죽음의 문턱으로까지 몰고 가신다는 사실을 이제야 깨닫고 보니 모든 게 그저 감사할 따름이다.

죄의 본질을 깨달아야

이러므로 한 사람으로 말미암아 죄가 세상에 들어오고 죄로 말미암아 사망이 왔나니 이와 같이 모든 사람이 죄를 지었으므로 사망이 모든 사람에게 이르렀느니라(롬5:12)

필자가 하나님 앞에 무릎 꿇게 된 것은 스베덴보리의 천국과 지옥이란 책을 읽고 나서이다. 그 책엔 천국과 지옥에 대해 너무 상세하게 나와 있었고, 젊은 시절 의구심 투성이었던 성경의 내용이 하나하나씩 이해되는데 상당한 도움이 되었다.

지난 해 kt에 근무하는 젊은 애 아빠가, 젊은 시절 내가 가졌던 의문에 대해 질문을 했다.

"하나님을 모르던 시절의 사람들은 죽으면 지옥 가요?"

우리는 죽어보지 않아 정말 천국이 있는 것인지, 아님 지옥이 존재하는 것인지 잘 모른다. 아니 모르는 게 아니라 믿지 않으려한다. 만약 천국과 지옥을 우리 눈으로 볼 수 있다면 지금과 같은 교회나 목사들이 성경을 왜곡하여 엉터리 교리로 날조할까? 이런 생각이 들었다.

천국과 지옥의 세계를 직접 다녀와 그 영계의 세계를 가장 자세하게 써 놓은 사람이 스베덴보리다. 그는 어떤 사람이 천국을 가고, 어떤 사람이 지옥으로 가는가에 대해 매우 자세하게 밝혀 놓았다. 앞서도 잠깐 언급했지만, 지옥은 목사가 제일 많이 들어간다. 그 책에서 가장 인상 깊었던 장면 중에 하나가 떠올랐다.

이 세상에서 구제와 자선을 많이 한 목사가 사후(死後)에 영계의 세계로 왔다. 그 목사는 자기가 먹고 싶은 것도 안 먹고, 하고 싶은 것도 안하며 구제와 봉사를 많이 했기 때문에 당연히 천국에 갈 것이라 믿고 있었다. 그런데 재판관이,

"너가 갈 곳은 지옥이다"

라고 하니까 그 목사가 발끈했다.

"살아생전에 착한 일을 많이 했는데 내가 왜 지옥에 갑니까?"

하고 따졌다. 그랬더니 재판관이 그 목사의 살아 생전의 모습을 스크린 비취듯이 그대로 보여주었다. 장면이 바뀔 때마다 자신이 구제의 행동을 할 때마다 드러난 자신의 위선적인 모습이 하나씩 드러나자 얼굴이 차츰 차츰 악마의 얼굴로 변하기 시작했다. 그러더니 추악한 마귀의 얼굴로 변하면서 바로 지옥으로 떨어졌다. 성경에서도 이와 비슷한 내용이 있다.

나더러 주여 주여 하는 자마다 천국에 다 들어갈 것이 아니요 다만 하늘에 계신 내 아버지의 뜻대로 행하신 자라야 들어가리라. 그날에 많은 사람이 나더러 이르되 주여 주여 우리가 주의 이름으로 선지자 노릇하며 주의 이름으로 귀신을 쫓아내며 주의 이름으로 많은 권능을 행치 아니하였나이까 하리니 그때에 내가 저희에게 밝히 말하되 내가

너희를 도무지 알지 못하니 불법을 행하는 자들아 내게서 떠나가라 하리라.(마7:21-23)

　이와 같이 '천국과 지옥'이란 책은 목사가 반드시 읽어봐야 하는 책이다. 그래야 외식이 얼마나 무서운 것인가를 깨닫고 지옥이 무서워 올바른 복음을 전할 수 있게 된다. 그러나 그 책이 매우 어려워 이해하는 게 쉽지 않다.

　그렇다면 천국 가는 사람은 어떤 사람들이 가느냐 하면, 본래의 속성대로 살아가는 사람들이다. 반면에 지옥 가는 사람은 앞서의 목사와 같이 자기 의(義)를 쌓기 위해 위선적으로 행동한 사람들이다. 인간의 본래의 모습이란 바로 죄를 짓기 전의 아담의 모습으로 하나님을 닮은 성품이다. 아니 하나님과 같은 성품이다.

　하나님의 성품을 닮은 사람은 천국가고 그 반대의 삶을 산 사람들은 지옥 간다. 최초의 인간인 아담이 바로 하나님의 형상인 본래의 모습 그 자체였다. 그런데 뱀(사탄)으로 인해 죄가 세상에 들어왔다.

　그렇다면 아담은 누구인가? 아담은 하나님이 세상을 창조하시고 맨 마지막 날 하나님의 형상을 따라 흙으로 빚고 그 안에 생기를 불어 넣은 최초의 생령으로 탄생된 인간이다. 그리고 그에게 에덴동산을 만들어 하나님과 함께 영원히 죽지 않고 살아갈 수 있는 지상의 낙원에서 최고의 복을 누리며 살았던 사람이다.

　죄를 짓기 전의 아담은 최고로 지상의 복을 누리고 있기 때문에 더 이상 바랄 것이 없는 존재였다. 그게 바로 하나님과 함께 사는 하늘나라의 존재특성이며, 하나님의 본래의 속성이다.

아담과 하와가 하나님의 말씀을 지키고 그 선악과만 따 먹지 않았다면 우리는 사망을 모르고 하나님과 영생토록 에덴동산에서 영원히 살았을 것이다. 그런데 아담이 그만 사단인 뱀의 유혹에 넘어가 그 선악과를 따먹는 바람에 거기서부터 선악을 알게 되어 하나님과 분리된 삶을 살게 되었다. 그 바람에 죄의 삯으로 우리에게 사망이 주어졌다.

여기서의 선악(善惡)이란 바로 인간의 두 가지 마음을 가진 자가 되었다는 뜻이다. 그래서 인간은 늘 두 가지 마음을 갖고 산다. 인간은 늘 두 마음인데 오직 하나님만 한 분 하나님이시고 한 마음이시다. 유독 인간만 두마음을 가졌기 때문에 이러한 두마음이 바로 하나님과 분리된 죄의 본질이다. 두 마음이 바로 하나님과 같은 한 마음으로 바뀌지 않으면 누구나 다 심판의 대상이 된다.

한 마음이란 하나님과 같은 마음인데 우리는 절대 하나님과 같은 마음을 갖고 살수가 없다.

그 일예가 바로 구약 4000천년 내내 인간의 죄악성을 선명하게 나타내었고 말라기에서 그런 우리의 모습을 폭로시키고 나서 구약의 문을 닫아 버렸다. 그리고 이 땅에 하나님이신 예수께서 육체를 입고 말씀으로 오셔서 은혜의 신약시대를 열었다.

예수님은 공생애 동안 어떻게 해야 천국에 가는가를 가장 낮은 자리에서 말씀으로 그대로 전하고 십자가에 달리셨다. 누구 때문에 달리셨냐하면 하나님을 가장 잘 안다는 유대인과 바리새인들에 의해서였다. 그리고 사흘 만에 부활하셨다.

예수 그리스도는 인간이 갖고 태어난 죄성을 모두 떠안고 즉 인간의 죄를 대신 떠맡고 십자가에 달리신 사건이야말로 인간의 죄를 대신 담당 하신 하나님의 놀라운 은혜의 사랑이다.

그렇다면 하나님께서는 왜 이 선악과를 만들어 인간에게 죄를 짓게 하셨는가? 인간은 죄를 짓지 않고는 살수 없는 존재라는 걸 깨우치게 하기 위해서다. 자기는 절대 죄짓지 않고 산다는 사람이 있다면 그런 사람이 바로 죄인이다. 바울은 이 세상에 의인은 한 사람도 없다고 했다.

하나님과 분리된 삶이 바로 죄인된 우리의 모습이고 사단의 삶이다. 그래서 우리는 늘 사단에 지배를 받고 살아간다. 우리가 사단 마귀하면 주로 험악한 인상의 악마를 연상하는데 탐심을 갖고 사는 우리의 마음 자체가 바로 사단이다.

하나님이 천지를 창조하실 때는 반드시 그 목적을 갖고 창조하셨다. 그 목적이 바로 인간을 하나님의 마음으로 바꾸어 천국백성으로 영원히 살게 하기 위함이다. 이러한 목적은 창세전에 모든 계획을 세워놓고 역사라는 공간 속에서 지금까지 시간이라는 역사를 만들어가고 있다.

그러기에 인간은 본래 하나님이 택한 백성과 택함 받지 못한 두 부류의 인간으로 나뉨을 받게 된다. 따라서 하나님의 택한 백성은 반드시 시간이라는 역사 속에서 하나님의 백성들을 끌고 가셨다. 그렇다면 누가 하나님의 택한 백성이고 누가 택함 받지 못한 사람들인가 했을 때, 믿느냐 믿지 않느냐로 십자가의 원리를 알게 하셨다. 십자가의 원리란 바로 예수 그리스도시다.

성경은 하나님의 은혜를 떠나 스스로 왕이 되고 싶어 하는 아담의 자리가 얼마나 어리석은 자리인지를 깨닫고 하나님의 은혜의 장중으로 희귀하게 하는 것을 그 목적으로 하고 있다.

우리는 그것만 믿으면 영원히 하나님 나라에서 영생을 약속받게 된다. 그런데 말이 쉽지 눈에 보이는 것도 믿기지 않는데 보이지 않는 하나님 나라가 어떻게 쉽게 믿어지겠냐는 거다.

그러기 때문에 하나님과 같은 마음이 되기 위해선 반드시 예수그리스도가 내 안으로 찾아 오셔야 했다. 그러기 위해 하나님이신 예수께서 육신의 옷을 입고 이 땅에 직접 오셔서 천국복음을 선포하시고 우리에게 성령으로 다시 오시겠다고 약속하고 부활하셨다.

우리 인간은 육과 혼과 영으로 이루어진 하나님의 피조물이다. 육은 물질이기 때문에 길게 사용해봤자 100년 안팎이다. 그러나 영생은 영원한 것이다. 우리는 누구나 육의 옷을 벗으면 그때부터 우리의 영혼은 저 영계의 세계로 올라간다. 인간이 살아 한 행위대로 거기서 심판을 받게 되어 있다.

구원받은 사람은 즉 예수님의 마음으로 살아간 사람은 그리스도의 영에 의해 천국으로 향하고, 구원받지 못한 사람은 지옥의 혼으로 떨어진다. 그래서 저 영계의 세계가 바로 영혼인 것이다.

그런데 그 영혼은 반드시 죽어야만 느끼는 것이 아니라 살아서도 느낄 수 있다는 점이다. 그러나 영은 아무한테나 있는 것이 아니다. 그건 예수그리스도를 나의 구주로 삼는 사람들한테 하나님이 살아계심을 증거물로 세상 속에 살고 있는 우리에게 그리스도의 영을 마음속에 심어주셨다.

그걸 바로 성령이라 한다. 성령을 입은 자만이 천국백성으로 거듭난다. 이러한 성령의 임재는 인간이 살아 있을 때만 가능한 것이지 죽으면 그것으로 끝이다.

그렇다면 우리가 성령을 받았다는 것을 무엇으로 아는가?

그것은 실제적인 삶에서 그리스도의 영이 믿는 자 안으로 침투해 들어와 우리를 이끌어 가므로 하나님의 살아 계심을 몸으로 증거 하는 것이다.

내가 그리스도와 함께 십자가에 못박혔나니 그런즉 이제는 내가 산 것이 아니요 오직 내 안에 그리스도께서 사신 것이라 이제 내가 육체 가운데 사는 것은 나를 사랑하사 자기 몸을 버리신 하나님의 아들을 믿는 믿음 안에서 사는 것이라 (갈2:20)

내가 있는데 내가 아니라 내 안에 예수 그리스도가 사시는 것이 믿어지면 그게 바로 구원으로 거듭남이다. 나와 그리스도가 내 안에서 공존하므로 나는 신부가 되고 내 안에 사시는 그리스도는 신랑이 된다. 그러기 때문에 거듭나기 전에 나는 마귀(죄)와 하나 된 나였다.

성령으로 거듭나기 전의 나는 마귀와 하나 된 나였기 때문에 마귀의 속성을 그대로 나를 통해서 내보냈다. 거듭나기 전의 사람은 사탄의 자식이요 마귀다.

그러기 때문에 하나님과 분리된 사람은 자신도 모르게 성냄과 분냄과 원망과 시기와 질투가 수없이 일어나 화가 끝없이 일어난다. 이러한 좋지 못한 감정들이 바로 사탄이며 우리는 늘 사탄에 이끌려 산다.

그러나 거듭난 후의 나는 하나님(義)과 하나 된 나이다. 사람이 마귀가 되었다는 것은 사람의 영, 혼, 몸에 마귀의 생명으로 가득

차 그 사람이 움직일 때마다 마귀의 생명을 내놓는 사탄이 된다. 그러나 거듭난 후에 사람은 거듭난 자의 영, 혼, 몸이 하나님의 생명인 하나님의 의가 가득차서 이러한 사람이 움직이면 그 사람을 통해서 하나님의 의인 성령의 아홉 가지 열매가 나타난다.

그의 심령이 하나님의 것이면서도 그 사람의 것이 되어 자연스레 사랑, 희락, 화평, 오래 참음, 자비, 양선, 충성, 온유, 절제와 같은 하나님의 생명이 그 사람을 통해 자연스레 흘러나온다.

따라서 성령 받은 그 마음 자체가 바로 하나님의 마음이기에 억지로 노력해서 되는 것이 아니라 자연스럽게 자신 안에 넘쳐 흘러나는 사랑을 그 이웃들에게 그냥 흘러 보내게 된다.

천국에 갈 줄 알았던 그 목사가 왜 지옥으로 떨어졌는가 하면 하나님의 마음으로 선을 행한 것이 아니었기 때문이다. 남을 의식해서하거나 혹은 하나님이 무서워 억지로 하는 행위는 아무리 구제와 봉사, 선교와 전도를 많이 한 선행이라도 전부 심판의 대상이 된다.

그래서 스베덴보리는 남을 의식하고 행하는 위선적인 행위를 목사가 가장 많이 하기 때문에 그래서 지옥에 제일 많이 있다고 했다. 따라서 율법의 행위에 사로잡혀 선행을 자처한 위선의 천재인 바리새인들한테 예수께서도 마귀의 자식이고 독사의 새끼라고 거침없이 욕을 쏟아내셨다.

하나님께서는 우리의 행위를 보지 않으신다. 마음 안을 감찰하시고 그 마음의 중심이 어디 있는가를 보셨다. 그러고 나서 내 아들이라 생각되면 그때부터 하나님의 보호령인 천사들이 오르락내리락 하면서 우리를 항상 지켜주신다.

그러니 이보다 더 큰 빽이 있을까?

이와 같이 하나님만 온전히 믿고 있으면 이 세상에서 가장 큰 빽을 우리가 든든하게 차지하며 살고 있는 것이 된다.

스베덴보리는 전무후무하게 살아 있는 사람으로서 27년 동안 천국과 지옥을 수시로 오가며 영계의 세계를 자세하게 밝혔다.

필자가 스베덴보리를 통해 다시 성경을 탐독하게 되었지만 지금 다시 생각해도 하나님을 외면했던 그 시간들이 끔찍하게 느껴지고 있다. 그래서 시간만 나면 하나님을 알게 해주신 그 은혜에 감격하여 성경을 읽고 또 읽는다.

필자야 말로 지난 시절을 돌이켜 생각해보면 나처럼 죄악덩어리로 살아온 사람도 없다 할 정도로 패역한 인간이었다. 세상적인 잣대에서의 윤리, 도덕적인 면에서도 그랬지만 하늘나라에서 바라본 영적인 시각에서의 나의 실체는 더욱 더 죄악 덩어리였다. 참선을 통해 우주의 중심이 되고자 했고, 역학이란 학문을 통해서는 천기를 한눈에 꿰고 있다고 자만했으며, 세상적인 성공에 있어서는 교만을 맘껏 즐겼다.

그렇다면 죄란 무엇인가? 우리가 흔히 도덕적, 윤리적으로 죄를 평가하는데 그건 세상적인 잣대에서의 죄의 종목이다. 즉 간음을 했다. 도적질을 했다. 살인, 강도짓을 했다. 남의 것을 훔쳤다. 이런 것을 성경에서는 죄라고 하지 않는다.

물론 세상적인 잣대에선 당연히 죄가 되고 범죄의 수준이다. 그러나 이러한 것들은 세상적인 법률안에서 죄 값을 치르면 그만이다. 그러나 성경에서의 죄는 그렇지가 않고 하나님을 믿지 않는 것이 죄가 된다.

그렇다면 죄가 왜 생긴 걸까? 앞서도 언급했지만 죄의 본질을 정확하게 깨달아야 죄에서 해방될 수 있다. 아담이 스스로 하나님의 명을 어겼기 때문이다.

여호와 하나님의 지으신 들짐승 중에 뱀이 가장 간교했다. 뱀이 여자에게 물었다.

"하나님이 참으로 너희더러 동산 모든 나무와 실과를 먹지 말라 하시더냐." 그랬더니 여자가 뱀에게 이렇게 말했다.

"동산 나무의 실과를 우리가 먹을 수 있으나 동산 중앙에 있는 나무의 실과는 하나님의 말씀에 너희는 먹지도 말고 만지지도 말라 너희가 죽을까 하노라."

그러나 하나님께서는 먹으면 정녕 죽는다고 분명하게 경고하셨다. 그렇지만 여자는 끝만 살짝 왜곡시켜 죽을까 하노라. 이렇게 왜곡했다. 이게 우리의 실체이다. 자기한테 유리하게 해석하는 우리의 본 모습이 탄로되는 장면이다. 그랬더니 뱀이 여자에게 너희가 죽는 것이 아니고 그것을 먹는 날에 도리어 너희 눈이 밝아 하나님과 같이 되어 선악을 알게 된다고 꼬드겼다.

이와 같이 뱀이 사단이다. 사단은 이렇게 인간을 달콤하게 유혹한다. 하나님 같이 된다는데 거기에 넘어가지 않을 사람이 누가 있겠는가. 그렇기 때문에 이단은 지금도 하나님의 말씀을 살짝 변형시켜 인간을 죄악으로 이끌어 내고 있다. 그랬더니 여자가 보기에 그 나무가 먹음직도 하고 보암직도 하고 지혜롭게 할 만큼 탐스럽게 보였다. 여자가 먼저 그 실과를 따먹고 남편에게도 주었다.

전에 이런 얘기를 들은 적이 있다. 여자는 선악과를 바로 먹어 그 죄로 임신을 하게 된 것이고, 남자는 먹는 도중 하나님이 먹지 말라는 생각이 나서 그만 목구멍에 걸려 턱 밑이 볼록해졌다는 우스개소리다.

인간들이 선악과를 따먹고 제일 먼저 한 것이 무엇인가? 자기들의 벗은 몸이 부끄럽게 느껴진 것이다. 하나님께서는 당신의 형상을 담은 인간을 만들어 놓고 보시기에 심히 좋았더라 하셨는데, 인간들은 선악을 알자 바로 스스로 부끄러움을 느꼈다. 이게 바로 죄악인 것이다.

그렇다면 하나님께서 선악과만 없다면 인간이 죄를 지을 일이 없을 텐데 왜 그 실과를 만들어 인간들로 하여금 죄를 짓게 하셨는가?

이는 인간이 죄를 지을 수밖에 없는 우리의 실체를 폭로시켜 깨닫게 하기 위해서다. 죄를 짓고 하나님의 은혜 뒤에 숨으라는 뜻에서다. 그게 하나님이 이 천지를 창조하신 근본 목적이다. 따라서 인간은 하나님의 은혜가 아니면 아무것도 아닌 존재임을 스스로 깨달아야 한다.

만약 먹으면 안된다고 생각되었다면 눈에 띄지 않는 곳에 감추어 두지 왜 선악과를 동산 중앙에 보기에 탐스럽도록 만들어 놓으셨겠는가? 바로 따 먹고 죄를 지으라는 거였다. 아니 죄를 지을 수밖에 없는 존재라는 것을 확인시켜 폭로하기 위함에서다.

인간이 죄를 짓고 가장 먼저 한 것이 자기의 부끄러움을 감춘 것이다. 이게 바로 하나님을 대적하는 것이다. 하나님은 보시기에 좋았던 것을 인간 스스로가 판단해 부끄러워하는 그 자체가 죄다. 그들의 선악과를 먹고 눈이 밝아지자 자기들의 몸이 벗은 줄을 알고 무화과나무 잎으로 앞을 가렸다.

무화과나무 잎은 바로 말라비틀어진다. 인간이 자기의 죄를 감춘다고 해봐야 고작 금방 말라버리고 만다. 이는 자기의 죄를 감춘다고 하더라도 일시적인 눈 막음에 불과하다. 그래서 하나님께서 손수 가죽 옷을 지어 입히셨다. 가죽 옷은 희생제물인 예수 그리스도를 뜻한다. 즉 인간의 죄를 덮을 수 있는 것은 오직 십자가 사건이라는 사실이다.

우리는 늘 죄를 지을 수밖에 없는 존재들이다. 이런 맥락에서 볼 때 필자야말로 죄인 중에 가장 큰 죄인이었던 사람이다. 우리는 늘 죄와 함께 살아가는 사람들이다. 죄를 짓지 않고는 살아갈 수 없다.

이와 같이 죄의 본질을 정확하게 깨달아야 자연발생적으로 회개가 된다. 죄의 실체를 깨닫지 못하면 세상적인 죄 문제를 놓고 눈물 흘리고 콧물 흘리면서 회개랍시고 한다. 그러나 그렇게 회개하고 나더라도 다시 또 죄를 짓는 자신들의 실체를 똑똑히 보았을 것이다.

우선 나부터 고백하건대 죄의 본질을 깨닫기 전에는 회개가 잘 되지 않았다. 회개 또한 하나님이신 그리스도가 우리 심령 안에 찾아오셔야 이루어진다는 사실을 깨달을 때, 비로소 구원의 확신도 느낄 수 있다.

왜 목사가 되었을까?

아주 오랜 시간 먼 길을 돌고 돌아 다시 하나님의 섭리 안으로 회향해 돌아와 보니 감개가 무량하다. 막상 돌아와서 보니 세월의 무게만큼 성서에 관련된 책들이 무수히 많이 나왔고, 성경강해들이 국내서는 물론 번역서들도 많이 출간되었다. 덕분에 그동안 난해했던 젊은 시절의 의구심들이 모조리 해소되었다.

박ㅇㅇ 목사님의 구속사 시리즈 9권은 생명의 양식으로 다가왔고, 김ㅇㅇ 목사님의 수십권에 달하는 강해 집들은 난해한 성경들을 일목요원하게 정리하는데 상당한 도움이 되었다.

또한 주ㅇㅇ 목사님의 강해는 구원에 이르는 성령세례의 의미와 뜻을 확실하게 파악할 수 있어 믿음의 깊이를 더해 주었다. 아울러 정ㅇㅇ목사님의 책은 성도가 왜 영성으로 가야 하는가에 대한 의미를 깨닫게 했다. 그리고 실제적으로 영성에 많은 도움이 되었다.

그에 앞서 탕자의 비유처럼 집 떠난 자식이 집이 그리워 다시 집을 찾듯이 스베덴보리의 '천국과 지옥'은 나에게 바로 그런 책이었다. 그동안 세상 것이 좋아 하나님을 멀리하고 떠나갔던 탕자였던 내가 '영계의 일기(6권)나 ' 묵시록해설(10권) 등을 읽고 의문투성이였던 성경을 이해하는데 엄청난 도움이 되었고 하나님 품으로 돌아오는데 크게 기여했다.

그러기 때문에 나 또한 그리스도의 말씀을 온전히 전하기 위해 매일 쉬지 않고 성경을 읽고 또 연구하면서 진리를 탐구해 나가고 있다. 말씀 속에는 세상 모두가 우리를 버려도 하나님은 우리를 버리지 않는다는 믿음의 확신이 있다.

그러기에 성경을 읽다 감동에 벅차 눈물을 흘렸던 적이 한두번이 아니었고 또 성경을 읽고 눈물을 흘려보지 않는 자들은 이러한 은혜의 깊이를 깨달을 수 없다고 감히 말하고 싶다. 그러기에 영혼의 새벽을 깨우는 일에 내 남은 인생을 다 바쳐야겠다 다짐하고 목회를 시작했다.

목회를 결심하게 된 직접적인 동기도 미국 남가주에서 교회를 개척한 김ㅇㅇ목사님의 영향 때문이었다. 한 사람의 영혼을 구원하는 일처럼 크고 값진 일은 없다. 그게 바로 복음의 진정성이라고 본다. 복음을 깨닫고 제일 먼저 생각한 것이. 살아 있을 동안 그리스도의 말씀 안에서 사람들을 섬기는 일에 최선을 다하겠다는 마음이다.

인간은 한번 죽으면 다시 태어날 수 없다. 그래서 하나님은 당신의 백성들을 하나님이신 예수 그리스도 안에 넣어 버리셨다. 그리고 그리스도의 영을 우리 안에 성령으로 넣어주셨다. 그리하여 우리 안에서 주님의 은혜가 쌓이고 쌓여 마치 하늘의 보화를 쌓는 것같이 될 때, 그러한 하늘의 보화가 우리의 소유인 이 세상의 것에 대한 가치 부여를 하나씩 거두어들이게 한다.

거기에서 진짜 나눔이 나오고, 진실된 섬김이 나오며, 진정한 헌금이 나온다. 그렇지만 자기 의(義)를 위해 헌금을 내면 도리어 그

헌금으로 인해 지옥 간다.

십일조 또한 소득의 십일조를 하나님께 드리는 것이 아니라 십(10)이란 숫자는 완전의 뜻으로 나의 모든 것을 온전히 하나님께 다 바친다 라는 의미에서 십일조인 것이다. 그런데 마치 수입의 십분의 일을 내는 것이 교인의 의무한 양, 그걸 내야만 천국이 보장되고 하나님이 축복을 주신다고 생각해 내게 되면 목사나 교인 모두가 십일조 내고 지옥 간다. 헌금의 진정한 뜻을 모르다보니 그렇게 설교하는 목사들한테 열심히 갖다 바치고 있다.

헌금이란 온전한 믿음으로 은혜가 충만할 때 자연 발생적으로 내게 될 때, 그 때 비로소 하나님도 기쁘게 받으신다.

"이ㅇㅇ원장은 왜 교회 안다녀?"

인천서 제일 큰 종합병원 원무과장이 바로 그 병원장의 육촌동생이라 물었다.

"십일조 내는 게 아깝다고……"

수입이 어마어마하니 그 중 십분의 일을 계산하면 우리가 생각해도 상상을 초월하는 엄청난 금액이다. 그러기 때문에 예나 지금이나 헌금으로 인해 교회 다니는 걸 꺼리는 사람들이 많다. 특히 부자일수록 더하다. 헌금 때문에 고민하고 그것 때문에 영혼의 갈등으로 방황하는 무리들을 볼 때마다, 젊은 날, 내가 느꼈던 그 기억이 매번 떠오른다.

그래서 교회를 건축하면 헌금의 올바른 뜻부터 바르게 정립 시켜야겠다 생각했다. 실제로 서머나 교회는 헌금시간이 따로 없다. 또한 믿음이 없는 사람들이 교회에 눈치가 보여 헌금을 내고자 하면 도리어 야단쳐서 보낸다. 헌금도 하나의 신앙고백이다. 그러기에 우선 믿음이 충만하고 나서, 하나님 은혜에 감동되어지면 그때 하라고 일러준다.

그러나 오늘날의 교회는 딱 그 반대로 가르친다. 먼저 헌금과 십일조를 잘 내야 하나님이 복을 주신다고 설교한다. 그러면서 하나님의 것인 십일조를 떼어 먹으면 도리어 하나님의 저주가 내린다고 거의 협박하며 강요하다시피 한다.

이 개들은 탐욕이 심하여 족한 줄을 알지 못하는 자요 그들은 몰각한 목자들이라 다 자기 길로 돌이키며 어디 있는 자이든지 자기 이만 도모하며(사56;11)

이와 같이 탐욕이 심한 자가 몰각한 목사라고 했다. 이들은 탐욕이 심하여 자기 이익만을 탐하는 자들이다. 그들은 족한 줄을 알지 못한다. 그러다가 결국 몰락하게 되고 그 무리 전부를 지옥으로 끌고 간다. 또한 탐심이나 탐욕 자체가 우상숭배인데 이를 골로새 3장 5절에서 잘 나타내고 있다.

그러므로 땅에 있는 지체를 죽이라 곧 음란과 부정과 사욕과 악한 정욕과 탐심이니 탐심은 우상숭배니라(골3;5)

이와 같이 탐심 자체가 우상숭배이며 땅에 것을 탐하는 정욕 모두가 우상숭배라고 분명히 밝히고 있다. 또한 우상숭배는 하박국 2장 18절에 거짓 스승이 우상이다. 라고 얘기했다.

새긴 우상은 그 새겨 만든 자에게 무엇이 유익하겠느냐 그 부어 만든 우상은 거짓 스승이라 만든 자가 이 말하지 못하는 우상을 의지하니 무엇이 유익하겠느냐(합2;18)

우리가 거짓된 목사를 따라가면 그게 곧 멸망으로 가는 지름길이고 우상숭배이며 거짓 스승한테 영혼을 도적질 당하는 것이 된다.

이러한 목사들의 생리를 너무나 많이 가까이서 보아 온 터라, 목사 안수도 직업인으로서가 아니라, 그리스도의 사랑을 실천하겠다는 마음에서 목사를 결심했다. 이는 몰각한 목사들이 우글거리는 한국교회에 좌우의 날선 검(말씀)이 되어 충성된 증인 안디바로 살아가기 위함에서다.

네가 어디 사는 것을 내가 아노니 거기는 사단의 위가 있는 데라 네가 내 이름을 굳게 잡아서 내 충성된 증인 안디바가 너희 가운데 곧 사단의 거하는 곳에서 죽임을 당할 때에도 나를 믿는 믿음을 저버리지 아니하였도다(계2;13)

좌우의 날선 검이 곧 말씀이다. 지금의 종교세계가 바로 사단의 회다. 그리스도의 말씀(검) 안에 우뚝 서지 않으면 전부 사단들한테 잡혀 먹힌다.

필자 또한 거듭나기 전에는 마귀(죄)와 하나 된 나였다. 성령(말씀)으로 거듭나기 전의 나는 마귀와 하나 된 나였기에 그 누구보다 마귀의 속성을 너무나 잘 알고 있다.

왜냐하면 그 마귀가 바로 나를 통해 그대로 내보냈기에 마귀분석은 나름대로 자신이 있다. 누구나 거듭나기 전의 사람은 다 마귀의 자식이요, 사탄의 전유물들이다.

내가 그리스도와 함께 십자가에 못박혔나니 그런즉 이제는 내가 산 것이 아니요 오직 내 안에 그리스도께서 사신 것이라 이제 내가 육체 가운데 사는 것은 나를 사랑하사 자기 몸을 버리신 하나님의 아들을 믿는 믿음 안에서 사는 것이라(갈2:20)

그러나 거듭난 후의 나는 하나님(義)과 하나 된 '나' 다. 사람이 마귀가 되었다는 것은 사람의 영, 혼, 몸에 마귀의 생명으로 가득차 그 사람이 움직일 때마다 마귀의 생명을 내놓는 마귀가 된 것 같이, 거듭난 후에 사람은 거듭난 자의 영, 혼, 몸이 하나님의 생명인 하나님의 의가 가득차기 때문에 이러한 사람이 움직이면 그 사람을 통해서 하나님의 의인 성령의 아홉가지 열매가 나타난다.

그건 하나님의 것이면서도 그 사람의 것이 되어 자연스럽게, 사랑, 희락, 화평, 오래 참음, 자비, 양선, 충성, 온유, 절제와 같은 하나님의 생명이 그 사람에게서 우러나온다. 그러므로 내가 있는데 이는 내가 아니라 내 안에 사시는 예수 그리스도가 나를 이끌어 가신다는 것을 믿으면 나와 그리스도가 내 안에서 공존하는 것이 된다. 즉 나는 신부가 되고 내 안에 사시는 그리스도가 신랑이 되어 나와 연합한 것이다.

따라서 신앙 안에서 반드시 고쳐야 할 것들이 있다는 것을 알아야 한다. 그것은 당면한 문제에 부딪쳤을 때, 본인 스스로 노력해 해결을 강구해야지 목사한테 세상적인 문제 해결을 위한 기도를 부탁하지 말라는 뜻이다.

만약 내가 이겨내야 할 문제를 하나님께서 대신 해 버리시면 그때부터 나는 영원히 영적 불구자가 되고 만다. 누구나 죽음의 골짜기까지 갔을 때 그때 비로소 하나님의 뜻을 헤아릴 수 있게 되는 것도 어떻게 보면 성령의 체험일 수 있다.

내 심령 안에서부터 근본적으로 죄의 문제가 해결되고 성령으로 변화되어야 하나님께서 내 기도도 들어주시지, 그렇지 않음 그 어떤 기도도 외면하신다.

하나님이 죄인을 듣지 아니하시고 경건하여 그의 뜻대로 행하는 자는 들으시는 줄을 우리가 아나이다.(요9:31)

이와 같이 하나님은 죄인의 기도를 듣지 않으신다. 그래서 베드로도 사도행전 2장 38절에 먼저 회개를 촉구했다.

베드로가 가로되 너희가 회개하여 각각 예수 그리스도의 이름으로 세례를 받고 죄사함을 얻으라 그리하면 성령을 선물로 받으리니(행2:38)

회개가 이루어지지 않는 사람은 반드시 이 장을 먼저 읽고 깨달아야 한다. 필자도 한동안 내 안에서 회개가 이루어지지 않아 전전긍긍했다. 그 이유는 회개의 진정한 뜻을 몰랐기 때문이다.

세상적인 죄를 뉘우치는 일에만 급급하다보니 기도할 때 잠깐 눈물 흘리며 회개하다가도 또 다시 죄를 짓고 있는 나를 발견하면서 난 왜 이렇게 진정한 회개가 되지 않을까? 늘 고민했었다.

그래서 스스로 반문하며 나의 믿음을 의심하곤 했다. 그러나 회개란 뉘우쳐 고치는 것인데, 이는 세상적인 잘못을 뉘우쳐 회개하는 것이 아니라 육의 생각을 돌이켜 하나님 말씀 안으로 들어가는 것이 바로 진정한 회개이다.

말씀을 깨닫게 되면 회개가 자연스럽게 이루어지고 그리할 때 우리는 죄사함을 얻게 되고 죄사함을 얻고 나면 그리스도의 영이 내 안에 들어와 나와 함께 하시므로 내 기도도 들어주신다.

이와 같이 성령을 선물로 받게 되면 하나님의 거룩한 영이 생명과 마음 안에 들어가 있다. 그런 사람들은 기도할 때 자기가 당면한 문제를 해결하기 위해 기도하지 않는다.

그리스도의 영이 내 안에 있는 사람은 그런 것을 구하게 되지 않을뿐더러 하나님 또한 그가 필요한 것을 먼저 아시기 때문에 구하기 전에 전부 채워주신다. 그러므로 자기 소욕을 위한 기도는 하지 않게 된다.

죄인들은 모두가 땅의 것을 구하게 된다. 지옥보다 더 나쁜 곳이 이 땅의 탐심이다. 그러기 때문에 믿음의 사람들이 때로 죽음의 골짜기에 들어가서 다함이 없는 기도를 쏘아 올려도 하나님께서 단 한 번도 들어주지 않는 것도 사실 알고 보면 그를 살리기 위해서다. 사도바울의 고백처럼 그를 강하게 만드시기 위해 가시조차 의도적으로 그렇게 방치하시는 것을 성도는 깨달아야 한다.

믿음을 가질 때 낭만적인 종교생활로 하지 말고, 나의 잘못된 신앙습관을 바로 잡아 고치는 노력을 해야 한다. 그럴 때, 주님께서 밝은 영으로 비춰주신다는 사실이다. 그게 바로 은혜로운 삶이고 영생이 보장되는 구원의 복음이다.

그러기에 아직 여러모로 부족한 필자를 여러 인생 경로를 통해 훈련시키고 연단시켜서 충성된 증인으로서의 삶을 허락하신 것이 아닌가 싶은 생각이 든다.

종말의 때에 영적(말씀)으로 무장시켜 서머나 교회를 세우시게 한 것도 어떻게 보면 하나님의 계획일 수도 있다.

신앙의 실체를 깨닫고 보니

"이건 아니잖아요?"

함께 생활하고 있는 김목사 부부한테 어떻게 한 울타리 안에 살면서 교류를 끊고 그렇게 지낼 수 있느냐며 답답한 속내를 털어놓았다.

"나도 우리 남편이 그렇게까지 심한 줄 몰랐네요."

2017년 여름은 다른 해에 비해 유독 날씨가 더웠다. 그 더운 복(伏)중에 사방에 창문이란 창문은 전부 커튼으로 가리고 모든 문마다 꼭꼭 걸어 잠그고 생활하는 모습을 볼 때, 내 속이 답답해 미치고 환장할 노릇이었다.

"이 공기 좋은데 살면서 창문에 커튼이라......?"

시커먼 천으로 가려진 컴컴한 넓은 창을 보면서 사람마다 이렇듯 한마디씩 했다. 그럴 때면 그렇잖아도 답답한 속내에 기름을 끼얹는 그런 느낌이었다. 그동안 지극히 비정상적인 목사 부부의 생활상을 보면서 여러 각도에서 이해하려고 노력했다. 이를 보다 못한 남편도 옆에서 한수 거들었다.

목사의 남편이 자신한테 우울증이 있어 그러니 이해해 달라고 했다는 거였다. 그러면서 그런 사람이 어떻게 사사건건 극히 작은 것에도 신경질적인 반응을 보이는지 모르겠다며 남편도 몹시 짜증스러워 하는 표정이었다.

사실 그렇다. 목사부부가 이사 오기 전까지 항상 감사하면서 소망을 품고 주님을 찬송하며 기쁘게 살아간다고 생각했다. 그래서 나 자신 스스로가 잘 믿고 있다고 생각했다. 그런데 그 목사부부를 통해 나의 신앙의 실체를 똑똑히 보게 되었다.

인간에겐 마음이란 게 있다. 마음이 있기에 인간인 것이고 인간이기에 마음을 소유해서 그 마음 때문에 그 마음을 거느리기 위하여 종교가 형성되고, 마음을 지키기 위하여 말씀의 법이 세워지고, 마음을 살리기 위하여 은혜가 도입 되었다.

그러나 사람은 한 때 선해질 수 있지만 그 변화가 평생토록 바뀌지 않는다는 것을 나를 통해 실감했다. 그리고 사람이 때론 회개하고 새 출발 했어도 자신의 사상이나 기본 성품이 완전히 바뀌지 않는다는 것도 확연히 깨달았다.

사람은 누구나 은혜 받고 감동 받을 당시에는 천사라도 될 것 같지만 그런 감동과 다짐이 시간이 흐르면 다시 약해지는 것을 보면서 마음에 대한 마음을 다시 연구하게 되었다.

그동안의 필자는 하늘에 있는 더 나은 본향을 사모하기에 아무 것에도 매이지 않고 누구에게도 거리낌 없는 그런 행보로 살아가고 있다고 생각했다. 그러나 그게 아니었다. 모든 원망과 미움, 이런 것들은 사탄이 주는 마음이라 생각하고 가능한 평정과 기쁨과 온유와 화평 속에서 살겠다고 스스로한테 다짐했었다.

그런데 목사 부부를 보자 나 자신도 모르게 옛날 성품이 그대로 드러나는 것을 보면서 섬뜩 놀랐다.

무엇보다 인간에겐 인간 스스로가 마음을 이끌고 가는 영혼의 세계가 있고, 하나님이 이끌어 가는 성령의 세계가 있다. 둘 다 눈에 보이지 않는 세계이다. 그러나 인간한테 잠재해 있는 혼이라는 생각이, 바로 그 자체가 습관의 덩어리로 또한 습관이 꽉 뭉친 것이 혼의 세계다.

이 습관 뒤에는 항시 사탄이 불같은 눈으로 그 존재를 노려보고 있다. 때문에 인간이 습관을 고치려 시도하면 사탄은 이에 눌리지 않기 위해 더욱 기승을 부린다. 즉 분노하는 습관, 혈기 내는 습관, 미워하는 습관 이 모든 것이 다 마귀의 장난이다. 마귀가 인간의 감정위에 장난만 치면 인간은 그 감정에 따라 행동하고, 누군가 자신의 세계를 건드리면 벌떼처럼 덤벼들어 대응한다.

따라서 혼의 세계는 마귀의 습관을 불러들이는 기능이고 영의 세계는 하나님의 은혜를 도입시키는 기능이다.

그러므로 목사 부부를 통해 다시 한 번 더 나를 뒤돌아보게 되었다. 가장 작은 것에서부터 실천하고 내 가까운 이웃부터 사랑으로 대하겠다는 마음이었다. 그러나 그러기에 앞서 하나의 습관이 고쳐지려면 엄청난 싸움이 필요 했고 그 과정에서 힘겹게 전투하는 과정을 겪어야 했다.

우선 나의 영성을 가로막는 내 안에 가득 담긴 자아를 죽이는 연습부터 시도했다. 물론 지금도 그 자아는 시퍼렇게 살아 내 안에서 매 순간 꿈틀되고 있지만 영적(말씀)인 훈련만이 혼의 전제적 습관을 완전히 몰아낼 수 있기에 나를 이끌어 가는 자아를 물리치는 일에 열중했다.

무엇보다 십자가로 극적인 사랑을 확증시켜 주신 하나님께서 어떤 사랑인들 아까워 주시지 않겠는가. 십자가의 승리로 사랑을 보여주신 영원하신 하나님만이 이러한 나의 옛적 자아를 완전히 뜯어고쳐 바로 세워 줄 수 있다고 생각해 성경 안에서 하나님 만나기를 간절히 원하고 있다. 그러다보면 찰나의 순간 기쁨도 주시고 힘도 주시며 용기도 주신다고 확신했다.

그렇지만 지금까지도 내 안에선 여전히 자아가 완전히 제거되지 않아 매번 사람으로 인한 갈등으로 힘들어하고 있다. 하기사 그게 어찌 하루아침에 해소 되겠는가. 오죽하면 사도바울도 인생 말년에,

"오호라 곤고한 몸이로다. 누가 이 사망의 몸에서 나를 건져내 주랴"

이렇게 탄식하며 부르짖었겠는가!

하나님은 당신 백성들이 하나님만을 의지하며 절대 의존적 존재로 완성되어지길 원하셨다. 그러기에 말씀을 지극히 사모하는 자에게는 한순간도 하나님의 말씀에서 이탈하지 않도록 흑암 중에도 빛으로 인도해 주셨다.

"지금까지 육십 평생 살면서 예수를 믿는 것이 가장 어렵더군요"

마침 교회 다니는 지인이 놀러왔기에 그에게 하소연하듯 속내를 털어놨다.

"아니. 왜요?"

그의 눈에 비쳐진 필자의 모습은 성공한 사람, 또 그 성공에 연연하지 않고 첩첩산중인 곳에서 여유로운 노후를 보내고 있는 나를 부럽게 여기던 차였다.

그렇다. 그동안 세상적인 일에 있어 내가 노력하면 노력한 만큼의 결과가 성공이라는 열매로 나타났다. 하지만 하나님을 섬기는 일은 내가 노력해서 되는 일이 아니기에 녹녹지 않은 마음을 솔직하게 털어놨다.

"하나님 믿는 일이 뭐가 그리 어려워요?"

그냥 예수의 십자가 보혈을 믿으면 구원을 받는 일인데 뭐가 그렇게 어렵냐는 투였다. 마음 안에 하나님이 계시고 우주가 있으며, 마음 안에 지옥이 있고 사탄이 있다. 또한 마음 안에 지성소(성령)가 있고 그 지성소 안에 내가 있다. 따라서 모든 것이 다 마음의 문제이고, 마음에서 모든 존재가 시작된다. 그러기에 이 마음을 다스리는 일이 내게 가장 큰 짐이었다.

태초에 말씀이 있었고, 말씀 안에 하나님의 마음이 있었으며, 그러기에 말씀 그 자체가 바로 하나님의 마음의 표현이다. 그래서 모든 것에는 마음이 연결되어 있어 이 마음이 하나님의 마음으로 다스려 지느냐, 사탄이 주는 마음으로 움직여지느냐로 늘 고민하고 있었다.

"예수만 잘 믿으면 되잖아요."

그러나 예수 잘 믿는 것처럼 어려운 일이 또 어디에 있겠는가. 이 우주에서 살려주는 영은 오직 예수 그리스도 한 분밖에 없다. 그분만이 우리를 정확하게 살려주는 영이시다. 그러기에 하나님의 영을 소유하지 못하고 살아가는 사람들에게 있어 이 마음을 다스리는 문제처럼 어려운 것이 없다. 차라리 아무것도 모르고 사탄이 주는 생각대로 살아갈 때는 그래도 편할 수 있다.

그러나 성도라면 이걸 알아야 한다. 모든 것이 형성되기 전 하나님께서 이 우주에서 무언가를 구상하기로 작정하셨던 마음을. 그 중에서 인간을 만드시기로 마음을 굳히셨던 그날에 그 하나님의 뜻을 더욱 깊이 되새길 필요가 있다.

그러나 인간의 마음은 생명나무를 떠나 선악과로 향했고, 그러므로 인간의 선한 마음이 사탄의 마음이 되었다. 그때부터 인간의 마음이 제 기능을 잃고 사탄의 노예가 되었다. 그러므로 그때나 지금이나 방황하는 영혼들이 곳곳에 진을 치고 있다. 그나마 진리에 갈급한 영혼들이 교회로 찾아들긴 하나 이를 제대로 인도해 주는 목자가 없는 것이 오늘날의 교회현실이다.

목회자가 이들에게 진리 그 자체인 예수(말씀)를 제대로 만나게 해주어야 영혼이 살아날 수 있는데 도리어 이들을 지옥으로 이끌고 있다. 오늘날의 목사 자체가 사탄이니 어디서 목마르지 않는 생명수(말씀)를 얻는단 말인가. 특히 한국교회처럼 말씀이 고갈된 나라도 아마 없을 것이다.

들에 있는 나의 산아 네 온 지경의 죄로 인하여 내가 네 재산과 네 모든 보물과 산당들로 노략을 당하게 하리니(렘 17:3)

이와 같이 오늘날의 교회 자체가 우상이고 거짓 스승이다. 거짓말로 세상 것을 구하게 하는 것이 우상숭배다. 그러므로 계시록에 세 가지 더러운 영이 있는데 용의 입과 짐승의 입과 거짓 선지자(목사)의 입이라고 분명하게 밝혔다. 입이라는 것은 귀신의 영이다.

그러므로 목사가 깨닫지 못하면 이런 사람들한테 짐승(뱀)이 들

어간다. 거짓 선지자가 바로 짐승(뱀)이다. 이들한테 귀신이 들어가
니 나오는데 전부 속이는 것뿐이다. 그러나 믿음이 들어간 자들한
테는 그리스도의 말씀이 들어가므로 그들의 입에서 나오는 것은 전
부 그리스도의 대언만 한다.

이러한 목자한테 진정한 성도는 그들의 영혼을 통째로 바칠 준
비가 되어 있다. 그러나 교회는 그들에게 예수는 보여주지 않고 돈
을 바쳐라, 목사를 섬겨라. 봉사해라 이것만을 강요하고 있다. 그러
다보니 의식 있는 불쌍한 영혼들은 그 때문에 실망하고 교회를 떠
나 세상 밖으로 나간다.

그러기에 오늘날의 교회는 목사를 쳐다보고 복 받아 잘살겠다는
사람들만 남아 있다. 필자 역시도 예외는 아니다.

내가 복음을 부끄러워 아니하노니 이 복음은 모든 믿는
이에게 구원을 주시는 하나님의 능력이 됨이라. 복음에는
하나님의 의가 나타나서 믿음으로 믿음에 이르게 하나니
오직 의인은 믿음으로 말미암아 살리라(롬1:16-17)

나는 이 성경 구절을 읽으면서 바울과 같은 이런 확신이 내 영혼
속에 깃들여 지길 간구했다. 그렇게 된다면 비록 가시 발길을 걸어
갈지라도 행복해질 수 있다고 생각했다. 예수께서 병든 자를 위해
오셨듯이, 목자도 병든 자를 위해 있어야 했고, 교회도 어느 때나
병든 자들과 약한 자들 곁에서 그들에게 치료의 손길을 뻗쳐야 한
다고 생각했다.

무엇보다 지금 이 시대는 과학과 의학이 날로 발전하고 있으면

서 몸과 마음이 병든 사람들이 갈수록 늘고 있다. 그래선지 우리 가까운 주변에서부터 질병에 시달리는 사람들을 너무나 많이 본다. 무엇보다 돈이 있는 사람들은 병원에서 치료 받으면 되겠지만 그럴 처지가 되지 못하는 사람들이 의외로 많다. 또한 돈이 있어도 난치병이나 불치병으로 시달리는 사람들도 있다.

어찌하였거나 이런 병든 자들한테 구원의 소식이 절실히 필요하다. 그런데 교회는 이런 사람들한테 도리어 거짓성령으로 돈을 우려낼 생각만 가득하다.

돈 없고 병든 가난한 자들은 모른 척 방치하고 있고, 그나마 재력이라도 있어야 관심을 보였다. 정작 힘없고 위로가 필요한 사람한테 속수무책으로 방관만 하고 있는 교회들을 볼 때면 마음이 답답하고 안타까웠다.

무엇보다 교회가 할 일은 이렇게 병든 자들을 위로하고 돌보는 일에 힘써야 하고, 심령이 갈급한 자들에겐 영혼이 목마르지 않게 그리스도의 말씀을 온전히 전해야 한다.

무엇보다 마음이 병든 자들을 교회가 발 벗고 나서서 이들을 위로하고 치료해야 하는데 도리어 돈 많고 건강한 자들에게 온갖 관심을 더한다. 교회가 병든 이웃과 주변을 돌보는 일에 관심을 기울이지 않는다면 그런 교회는 이미 병든 교회이고 죽어 있는 교회이다.

예수께서도 공생애 동안 '건강한 자에게는 의사가 필요 없고 병든 자들에게 라야 의사가 필요하다. 나는 건강한 자들을 위해 온 것이 아니라 병든 자를 위해서 왔다'라고 선포하셨다.

때문에 보이는 천지는 다 없어져도 하나님의 말씀은 영원하기 때문에 그 말씀에 순종하며 살아야 진정한 교회가 될 수 있다.

"나 같은 목사만 조심하면 돼요."

자신이 다니던 교회에서 건축헌금으로 목사와 장로가 서로 의혹을 갖고 다투는 것을 본 교인이 서머나교회의 블로그의 글을 보고 찾아왔다. 필자가 다른 목사들보다 뭔가 다르게 느껴졌는지 위로를 받고 싶어 찾아온 사람 같았다.

그런 사람한테 뜬금없이 도리어 필자를 조심하라 일렀으니 순간 당황하는 눈치가 역력했다.

나도 그 교회 목사랑 별반 다를 게 없으니 그 누구의 말도 믿지 말고 오직 예수 그리스도만 스승으로 삼고 성경 말씀 안에서 하나님을 만나라고 일러 주었다. 그래야 새 하늘과 새 땅을 바라보며 하나님의 말씀만 붙들고 의지하고 살 때, 탐욕이 심한 목사들한테 휘들리지 않고 바르게 신앙생활 할 수 있다.

믿음은 각자 자신의 내면에 있다. 이 믿음이 밖으로 나타날 때에는 섬김이 된다. 즉 자기 속에 있는 믿음이 인간관계를 통해 밖으로 나타날 때에는 섬기는 삶으로 드러난다. 그래서 믿음의 사람들은 그 믿음으로 다른 사람들을 섬겨 자신은 물론 다른 사람까지 믿음으로 인도한다.

그러나 필자는 내 마음 하나조차도 감당 못할 때가 너무나 많다. 섬기거나 사랑은커녕 미운 대상을 보면 속에서 울화가 치밀고 욕부터 나오는 나를 본다. 그래서 솔직히 그녀한테 누구나 다 인간이면 그 마음 안에 거짓과 탐욕이 가득하니 필자를 비롯해 모든 목사를 조심하라 일렀던 것이다.

사람은 다 거짓되되 오직 하나님은 참되시다 할지어다. 기록된 바 주께서 의롭다 함을 얻으시고 판단 받으실 때에 이기려 하심이라 함과 같으니라(롬3:4)

나의 솔직한 고백에 상당히 놀라는 기색이었지만 곧 수긍하는 눈치였다.

행복한 삶은 바른 믿음에서 비롯된다. 믿음이 행복하게 살아가도록 하는 원동력이 된다. 예수 그리스도에 대한 믿음, 그의 말씀에 대한 믿음, 그리고 그가 죽을 때까지 사랑한 인간에 대한 믿음이 사람을 행복하게 하는 바탕이 된다.

믿음이란 바로 섬기는 믿음이다. 사랑은 받는 자가 행복할 것이라는 생각을 하나 예수께서는 섬기는 자가 복된 사람이라고 가르쳤다. 그래서 우리가 행복을 누리는 믿음을 지켜나가려면 섬김을 받는 자가 아니라 섬기는 자로서 살아가야 한다.

섬기는 마음이 생길 때, 하나님의 은혜가 심연의 가슴속 깊이에서부터 솟구쳐 오르고 그런 행복이 이웃에 전이되어 하늘나라 천국을 이 땅에서 미리 맛보며 살게 된다. 이 땅에서 천국을 미리 맛보지 못하면 죽어서의 천국도 보장받기 어렵다.

흔히 기독교인들은 예수만 믿고 사람은 믿지 않아도 된다고 생각한다. 그러나 예수님의 교훈은 그렇지 않다. 예수에 대한 믿음은 사람에 대한 믿음이고 예수를 믿는 만큼 사람을 믿는 믿음이 행복으로 이끄는 근본이 된다.

삼가 이 소자 중에 하나도 업신여기지 말라 너희에게 말

하노니 저희 천사들이 하늘에서 하늘에 계신 내 아버지의
얼굴을 항상 뵈옵느니라(마18:10)

　우리가 참된 크리스천이냐 아니냐의 기준은 작고 보잘 것 없는
사람일지라도 얼마만큼 그들을 잘 섬기느냐에 믿음의 척도를 가늠
한다.
　또한 환경과 삶의 조건이 어려움에도 주님을 따르는 그것만으로
행복을 누리며 사는 사람들이 성령 받은 사람들의 특징이다.
　복음이 우리를 행복하게 하지 못한다면 아직 복음이 무엇인지
조차 모르는 사람들이다. 따라서 영적인 해결책은 육신적으로 살고
일하던 지금까지의 삶을 버리고 영적으로 돌아가 영적인 삶에서 육
신적인 삶을 다스리는데 있다.
　꿈과 현실 사이에는 큰 간격이 있다. 때로는 가장 이기적인 삶을
살 때도 있고 협력이란 말을 하면서도 다툼을 일삼을 때가 있다. 무
엇보다 십자가 없이 말씀을 전하면, 전하는 자나 듣는 자 모두가 사
탄이 되어 버리고 그들의 삶에는 열매가 없고 생명력이 없고 기쁨
이 없어 결국 사망에 이르게 된다.
　성령은 바라고 노력한다고 오는 것이 아니고 심령이 갈급하여
간절히 바랄 때, 그때 그리스도의 영이 찾아오신다. 인간이 준비하
지 않고 하늘의 것을 탐하면 그게 생명도둑들이기 때문에 그들의
삶에 역사가 일어나지 않는다.
　"날씨 한번 차암 좋다!"
　하늘이 맑고 따스하게 부는 바람이 화사한 햇살과 함께 봄이 찾
아오자, 옆집에서 놀러온 이웃사촌이 기지개를 펴면서 공기 좋음을

감탄했다. 그는 지난해 새로 집을 짓고 이사 온 가장 가까운 이웃이다. 지난해 봄은 유독 눈이 많이 온 탓에 4월인데도 하얀 잔설이 두텁게 남아 있어 경치 좋음을 더욱 실감나게 했다.

"여긴 우리 집보다 경치가 더 좋네요."

그 하얀 눈에 반사된 하늘빛이 더욱 파랗고 공기 또한 신선해 누구라도 오면 자아내는 감탄사다.

"당연하죠. 하늘과 이렇게 가까운데……"

천국이 따로 없다. 바로 이곳이 천국이다. 겨울 내 둥지를 떠났던 새들도 봄이 되면 다시 찾아와 새들의 지저귐으로 복음을 선사하고 간다. 하물며 인간들이야 오죽하랴!

예수 그리스도를 바로 알아야

지난해다. 우리 마을 권ㅇㅇ는 이제 갓 오십을 넘긴 중년의 남성
이다. 아직은 젊다면 젊은 사람인데 안타깝게 그가 졸음운전하다
사고로 저 세상 사람이 되었다. 사고 나기 얼마 전,

"신도는 형님 한명 뿐이네......"

그가 교회 건축하고 있는 현장에 나타나 우리 남편을 두고 농담
반, 진담 반으로 놀려 댄 소리가 지금도 귓가에 맴돈다. 나 역시 놀
려대는 그를 향해,

"형님만 교회 나오면 되지 뭐"

첩첩산중에 누가 오겠냐 싶어 걱정되는 마음으로 농담 삼아 건
넸지만, 그의 맘속에는 외진 곳에 교회를 짓고 있는 내가 한심해 보
였던 모양이다. 그래선지 놀리는 투로,

"니랑 교회 오면 독선생 과외가 된다. 그치?"

함께 놀러 온 이웃사촌한테 웃으면서 말했다.

"그러니까 두 사람 모두 교회 나와요."

안ㅇㅇ 보고 교회에 나오라 눈짓 했더니, 정색하며 손사래를 쳤
다.

그때는 그저 농담 삼아 한 얘기였지만, 막상 교통사고 소식을 들

자, 왠지 가슴이 철렁했다. 왜 좀 더 적극적으로 구원의 필요성을 설명해 주지 않았을까? 하는 후회가 밀려왔다. 그랬다면 그가 한번쯤은 영생에 관해 곱씹어 보기라도 했을 텐데... 하는 아쉬움과 자책감이 들었다.

믿음은 생명을 향한 종합적 지식이다. 영원이라는 개념 때문에 오늘을 이기게 되고 영원이라는 가치 때문에 자아를 죽이고 영원이라는 의미 때문에 오늘을 곱씹으며 살아간다. 영원은 모든 시간의 주인이요, 순간을 재촉하는 생명의 연속성이다.

사람은 하나님의 생명을 택함 받기 위해 태어났다. 그런데 첫 사람 아담은 생명과실(여호와의 생명)를 먹지 않고 선악과(사망)를 먹음으로 모든 인류에게 사망을 유전으로 넘겨주었다. 먹지 말라는 선악과를 먹었기 때문에 죄를 범한 것이요, 죄를 범한 결과의 삯으로 사망이 주어졌다.

에덴동산의 생명과실을 먹어야 할 아담이 생명과는 먹지 않고 선악과를 먹으므로 전 인류는 전부 죄인들이 되었고, 그러므로 한 사람의 의인도 없게 되었다. 그 이유가 첫 사람 아담이 선악과 먹고 죄인 되었기에 그 다음에 출생한 전 인류도 다 죄인이 되었다.

하나님께서 사람을 지으실 때 그 목적이 생명나무를 먹게 해서 영원히 하나님과 함께 하기 위한 목적에서였다. 그러나 첫 사람 아담은 생명과실을 먹지 않고 선악과를 먹으므로 죄인이 되었고, 그러한 죄인들은 스스로 생명나무를 먹을 수가 없다.

만약 죄를 그대로 놓아두어 사람이 생명과를 먹으면 선악과(마귀)와 생명과(하나님)가 서로 사람 속에 섞이게 된다. 그래서 하나님께서는 이것을 구분하기 위해 예수 그리스도로 이 땅에 오셨다.

그러므로 믿는 자들 속에 하나님의 생명을 넣어주시고 영생을 주기 위해 십자가로 온 세상 죄를 담당하고 죽으셨다.

보라 세상 죄를 지고 가는 하나님의 어린 양이로다(요 1;29)

예수는 우리 죄를 위한 화목제물이니 우리 죄만 위할 뿐 아니요 온 세상의 죄를 위하심이라(요일2;2)

예수께서는 하나님의 본래 사람을 창조하신 목적을 이루기 위해 선악과 따먹고 하나님께 범죄 한 인류를 위해 손수 십자가에서 죽으시므로 전 인류의 죄가 사함을 받았다. 예수 그리스도 한 사람이 죽었는데 전 인류가 죄를 사함 받은 이유는 인류를 창조하신 창조주가 바로 예수 그리스도시기 때문이다.

따라서 죄 사함이란 예수 그리스도께서 온 인류의 죄를 사하시고 죽으셨기 때문에 나의 죄도 사함 받았다고 믿으면 이것이 곧 죄 사함 받는 것이다. 사람이 죄 사함 받았어도 여전히 첫 사람 아담에 머물러 있다. 예수께서 전 인류의 죄를 담당하시고 죽으신 목적은, 생명이고 영생이신 그리스도의 영(말씀)을 주셔서 믿는 자들로 영생을 얻게 하기 위함이다.

이는 저를 믿는 자마다 영생을 얻게 하려 하심이니라(요 3;15)

영생은 육체의 영생이 아니고 여호와 하나님이 영생이라 했다. 그렇다면 예수를 믿으면 영생을 얻는다고 했으니 곧 아버지의 생명 인 영생을 얻게 되는 것이다.

하나님이 그 아들을 세상에 보내신 것은 세상을 심판하러 하심이 아니요 저로 말미암아 세상이 구원을 받게 하려 하심이니라(요3;17)

영생 얻는 것이 구원이라고 말씀했다. 많은 기독교인들이 영생 에 대해 잘 모르기에 영생은 죽은 다음에 얻는 줄 생각한다. 그러나 성경은 죽어서 영생 얻는다고 말씀하지 않고 살아서 얻는다고 말씀 하셨다.

내가 저희에게 영생을 주노니 영원히 멸망치 아니할 것 이요 또 저희를 내 손에서 빼앗을 자가 없느니라(요 10;28)

예수님을 믿는 자들에게 영생을 주시려고 오셨고, 육체가 살아 있을 때에 영생을 얻는다고 말씀하셨다.

또 증거는 이것이니 하나님이 우리에게 영생을 주신 것 과 이 생명이 그의 아들 안에 있는 그것이니라. 아들이 있 는 자에게는 생명이 있고 하나님의 아들이 없는 자에게는 생명이 없느니라(요일5;11-12)

영생과 생명을 같이 취급했는데 믿는 자들 속에 아들이 있어야 영생이 있고 또한 생명이 있다고 말씀하시므로 영생은 육체가 살아 있을 때에 얻는다고 성경은 말씀한다.

영생과 예수님이 서로 다른 존재가 아니고 예수님이 영생이시고 영생이 예수님이시기 때문에 예수 그리스도를 믿으면 사람들이 영생을 얻는 것이요, 이것을 구원이라 한다.

그러기에 이 땅의 모든 지식을 뛰어넘는 그 어떤 달관된 지식도 영원한 생명의 절대성인 영생을 뛰어 넘지 못하고 있다.

구원은 교회를 오랜 다닌다고 받는 것도 아니요, 짧게 믿는다고 믿음이 약한 것도 아니다. 구원은 하나님의 영이 침투해 들어오는 순간 누구든 구원의 대상이 될 수 있다. 예수님 십자가 우편에 있던 강도가 찰나의 순간에 구원을 받았듯이 말이다.

아버지께서 자기 속에 생명이 있음같이 아들에게도 생명을 주어 그 속에 있게 하셨고(요5:26)

예수 그리스도 속에는 아버지 하나님의 생명이 들어가서 하나님의 아들이 되신 것이지 영원부터 계신 아들이 오신 것이 아니다. 그래서 이것을 하나님이 하나님의 아들이 되셨다고 하신 것이다.

하나님의 아들이신 예수 그리스도께서 믿는 자 속에 들어오셔서 사시면 이들도 믿는 자 속에 들어오신 하나님의 아들이기 때문에 하나님의 아들들이 되는 것이요, 하나님의 아들들이 되는 것을 구원받았다고 하는 것이다.

초림하신 예수님은 육체로 있기 때문에 사람 속에 들어오실 수가 없고 그 육체로 온 세상 죄를 담당하시고 죽으시고 부활하셔서 보좌에 앉으신 일까지만 할 수 있다.

첫 사람 아담이 구원을 받으려면 반드시 그리스도께서 영으로 믿는 자 속에 들어오셔서 믿는 자를 대신하여 사셔야 되고, 이것을 성경은 구원을 받았다고 하는 것이다.

또한 예수님은 아버지의 생명을 받아서 아들이 되셨기 때문에 맨 처음의 사람으로 하나님의 맏아들이 되셨다. 하나님께서 천지를 창조하신 목적이 예수 그리스도로 말미암아 하나님의 아들들을 얻기 위해서 천지만물을 창조했다고 말씀하셨다.

또한 예수께서 오신 목적이 믿는 사람들에게 영생을 주어 구원 얻게 하기 위함이라고 했다. 그러므로 예수께서 아버지의 생명을 받아 영생이듯이, 영생이신 예수 그리스도께서 믿는 자 속에 들어와 사시므로 믿는 자의 실제가 되시고, 믿는 자들도 하나님의 아들이 되므로 영생이 되는 것이다.

따라서 죄 사함 받는 것은 구원이 아니고, 아버지의 아들이 되는 것이 구원이고 영생이다. 따라서 하나님아버지의 생명을 받는 것이 천국이요, 구원이며, 영생이다.

인간은 누구나 다 죽는다. 아니 생명이 있는 피조물은 모두 기한이 차면 죽게 되어 있다. 그러나 유독 인간만 죽음의 순간에서 죽음과 동시에 역사라는 시간의 영원 속으로 들어가게 된다.

무엇보다 인간은 영과 혼과 육으로 지어진 존재이다. 육은 몸이고 혼은 우리의 사고와 생각이다. 유일하게 인간에게만 영과 혼이 있는데 동물이나 가축에는 없고 움직이는 기능만 있다. 그러기에 동물은 고통은 있어도 고뇌는 없다.

그러나 인간에겐 고통뿐만 아니라 고뇌와 번민이 있는데 이것이 바로 초월적 인격의 개념으로 형성된 혼의 존재성 때문이다.

따라서 이 영혼(靈魂)은 육의 옷을 벗으면 그때부터 우리의 영혼은 저 영계의 세계로 올라간다.

육은 물질이기 때문에 길게 사용해봤자 100년 안팎이다. 이세상과 결별할 때 육체는 이 땅에 놓고 가지만 영혼은 영계의 세계로 올라가 거기서 심판을 통해 혼과 영이 구별되어 지옥 또는 천국으로 영원히 갈린다.

그러므로 천국도 영원하고, 지옥도 영원한 것이 된다. 즉 성령(천국)과 혼령(지옥)으로 구분되어 영원히 살게 된다는 뜻이다.

아울러 영은 하나님과 소통할 수 있는 유일한 통로 역할로 주어지는데 살아 있을 때 성도에게만 주어지는 하나님의 선물이고 인간만의 특권이다. 따라서 살아 있을 때 그리스도의 사랑(천국)을 경험하지 못하면 죽어서도 마찬가지다.

그러기에 인간에겐 단 한 번의 삶만 있는 것이 아니라 두 차례의 삶이 있다. 하나는 육의 삶인 옛사람의 삶이고, 두 번째는 영의 삶인 새사람의 삶이다. 옛 사람의 삶은 악령이 이끄는 삶이요, 새 사람의 삶은 성령이 이끄는 삶이다.

따라서 인간이 살아 한 행위대로 영계에서 심판을 받게 되는데, 구원받은 사람은 즉 예수님의 구원 사역을 믿었던 사람은 그리스도의 영에 의해 천국으로 향하고, 구원받지 못한 사람은 지옥의 혼으로 떨어지게 된다. 따라서 저 영계의 세계가 바로 영혼인 것이다.

우리의 마음속에 느끼는 염려 걱정이나 불안, 초조함, 두려움 또 어떤 잡념들 모두는 대부분 사탄이 주는 생각들이다. 그러므로 사탄이 늘 내 생각과 마음에 붙어 장난치고 있다는 것을 알아야 한다.

사탄이 인간을 공격하는 가장 교활한 방법 중에 하나가, 자신이 인간의 생각과 감정 속에 들어가 마치 인간이 괴로워하는 것처럼 사탄 자신이 괴로워하고 죽고 싶은 마음을 넣는다는 사실이다.

사탄이 이런 작전을 개시하면 인간 측에서는 모두 다 그 작전에 속아 자신도 모르게 똑같이 그 감정을 받아들여 동일하게 행동한다. 이것이 바로 인간 세계에서 염려, 걱정, 불안, 시기, 질투, 좌절, 절망이 떠나지 않게 되는 이유이다.

인간에게 하나님의 간섭이 없는 것처럼 불행한 일이 없다. 하나님의 간섭과 그 개입은 오직 하나님의 예정과 긍휼하심으로 되어지는 천상의 배려이다.

그러므로 정신을 차리지 못하고 처절한 어두움의 착각 속에 살아가는 인간이 살아나기 위해서는 하나님의 손길이 역사되어야 하고 그분의 관심이 사건으로 구체화되어야 되는데 그것이 바로 하나님께서 주시는 징계이다.

이 모든 인간의 감정 대부분의 기본적인 감정은 인간 스스로의 감정이 아니고 사탄이 인간을 통하여 속이는 사탄 자신의 감정이다. 인간들이 이것을 전혀 알지 못하기 때문에 사탄이 시키는 대로 그대로 따라하게 된다.

이와 같이 우리의 생각에서 사탄의 생각을 분리시키고 우리의 감정에서 사탄의 감정을 떼어놓기만 하면 더 이상 속지 않게 된다.

영혼과 육체가 떨어진 것을 육체의 죽음이라 한다. 하지만 살아 생전에도 영과 혼이 분리되면 영적인 죽음을 맞이하게 된다.

그런데 그 영혼은 반드시 죽어야만 느끼는 것이 아니라 살아서도 느낄 수 있다는 점이다. 그러기 때문에 하나님과 떨어진 인간은 영원한 죽음, 즉 지옥의 죽음으로 던져진 것이다. 그러나 영생은 영원하다.

앞서도 잠깐 혼에 대해 언급했지만 혼은 우리의 사고나 생각을 말하는데 또 다른 말로 하면 넋이라 한다. 그래서 우리가 흔히 '혼이 나갔다', '넋이 빠졌다' 라는 말을 즐겨 쓴다. 혼은 짐승이나 생물한테는 없고 오직 인간에게만 주어져 있다.

영 또한 아무한테나 주어지는 것이 아니라 오직 예수그리스도를 나의 구주로 삼는 성도들한테만 영(성령)이 주어졌다. 그것은 하나님이 살아계심을 증거물로 세상 속에 살고 있는 우리에게 그리스도의 영을 심령 속에 심어주므로 하나님의 존재성을 느끼게 하기 위해서다. 그걸 바로 성령이라 한다.

성령을 입은 자만이 천국백성으로 거듭날 수 있다. 이러한 성령의 임재는 인간이 살아 있을 때만 가능한 것이지 죽으면 그것으로 끝난다.

인간은 태어나면 두 가지로 분류된다. 하나는 하나님을 믿는 자와 믿지 않는 자다. 그러므로 두 가지 선택이 항상 놓여 있다. 바로 하늘의 선택이냐, 땅의 선택이냐 이다.

하늘의 선택은 영(말씀)의 선택이고 생명의 선택이지만, 땅의 선택은 육의 선택이요 사망의 선택이다. 하늘의 선택은 보이지 않는 가치관의 선택이지만, 땅의 선택은 눈에 보이고 느껴지는 본능의 선택이다.

이는 창세전에 창조의 목적과 함께 이미 정해진 하나님의 백성들로 이루어진 하나님방식의 사랑 분류법이다.

하나님의 사랑 안에 거한 자들이 간혹 세상 것에 마음을 빼앗겨 하나님의 뜻을 따르지 않고 다른 것에 마음을 두고 살게 될까봐 그 모든 것들을 가차없이 빼앗아 버린다. 그게 바로 하나님의 징계이다.

하나님은 하나님보다 다른 것을 더 사랑하는 모든 것들 즉 재물이나 자식, 명예, 인기, 권력 등에 집착하면 그리하여 그런 것들 때문에 하나님을 멀리하고 경외하지 않으면 파산이나 질병 혹은 가족의 죽음을 통해 징계하신다.

그러나 이도 알고 보면 하나님의 자식사랑 표현 방식이다. 인간도 남의 자식에는 관심이 없다. 오직 자기 자식이 잘못된 길을 가고 있으면 사정없이 야단을 치듯 하나님도 마찬가지시다.

그런데 그들을 왜 택하셨는가 하면 '하나님의 형상'을 본받게 하기 위해서다. 따라서 우리를 구원하신 목적을 달성키 위해 오늘도 그 하나님은 당신의 형상대로 우리를 원상 복귀해 놓기 위해 끊임없이 예리한 칼날로 감찰하고 계시고 있다.

그러나 우리 인간은 아담으로부터 죄의 성향을 이미 받고 태어났기 때문에 하나님의 계획과 의도대로 살아갈 수없는 존재들이다. 따라서 우리가 이 세상의 것들로부터 하나님을 우선으로 더 사랑하고 있다고 장담할 수 있겠는가?

하나님 보다 더 사랑하는 모든 것을 우상숭배라 했다. 하나님의 제 1계명이 '나 외에 다른 신을 섬기지 말라' 이다. 그런데 그게 잘 되던가? 자식이나 물질이나 명예보다 하나님을 더 사랑 할 수 있느냐고 묻고 싶다.

필자 역시 솔직히 고백하면 아직도 물질에서 자유롭지 못한 사람이다. 그래서 예수 그리스도를 이미 창세전에 예비해 두셨던 것이다.

인간이 갖고 태어난 죄성을 모두 십자가에 의해 도말하시고 인간의 죄를 대신 담당케 하신 하나님의 놀라운 은혜의 사랑을 깨달아야 한다. 우리는 그것만 믿으면 영원히 하나님 나라에서 영생을 약속받고 살아감은 물론 이 땅에서도 그 천국을 만끽하며 살 수 있다.

하나님의 자녀로 선택받은 성도들은 하나님의 징계를 받기 전에 이 세상 것에 탐닉하지 말고 순종하고 하나님 전에 나와야 한다. 하나님의 백성으로 하늘나라 입성에 동참하는 우리가 되어야 한다. 이런 말이 있다.

'1년 만에 거두려거든 곡식을 심고, 10년 만에 거두려거든 나무를 심고, 100년 만에 거두려거든 사람을 심고, 영생을 거두려거든 예수를 심으라'

참으로 공감 가는 진리의 말이다.

그리스도가 누구라 생각하느냐

신앙의 갈등을 심하게 겪고 있을 때였다. 그 갈등은 바로 가까운 곳에서 일어났다.

"저한테 뭐라 말씀하셨어요?"

이곳에 이사 오자마자 얘기한 사실이 있어 따지듯 물었다.

"기도 중에 영혼 구할 자가 있으니 여기로 가라했다면서요?"

하나님이 보내서 왔다고 한 말이 생각 나, 금방 떠나게 할 것이면 하나님께서 이곳에 왜 보냈냐는 거였다. 그래서 떠나겠다는 김ㅇㅇ목사한테 한치 앞도 보지 못하는 그런 하나님이라면 믿지 말라고 쏘아 붙였다.

목사 부부가 우리 집으로 오기 전까지 그래도 필자가 하나님을 제대로 믿고 있다고 생각했다. 그러나 그게 착각이었다. 일 년 넘게 지내는 동안 그야말로 영적 전쟁을 어마어마하게 치렀다. 그래서 열심히 말씀을 묵상하면서 나의 믿음을 점검하면서 재차 확인하였다.

내가 성경을 잘못 이해하고 있는 것은 아닌가? 그렇다면 잘못 믿고 있는 것일 텐데, 그렇다면 어떡하나. 참으로 고민이 많았다. 아니 그에 앞서 김목사를 보면 기도원의 이ㅇㅇ목사가 떠올라 자꾸 신경이 쓰였다. 기도원의 목사는 교회도 함께 운영하는데 설교의 내용을 들어보면 구원의 예수 그리스도는 온데간데없고 무당예수가 설교하는 것 같아 들을 적마다 늘 심기가 불편했다. 그래서 그 목사의 영혼이 안쓰러웠다. 시간이 지날수록 김목사의 신앙관이 의심이 들기 시작했다. 그동안 먹고 사는 문제로 늘 분주하게 지내왔던 김목사의 생활 패턴을 알기에 하나님의 응답이라 말한 그것들이 전부 거짓으로 느껴졌다. 아니 거짓이다.

너희가 사람의 미혹을 받지 않도록 주의하라. 많은 사람들이 내 이름으로 와서 이르되 나는 그리스도라 하여 많은 사람을 미혹케 하리라(마24:4-5)

이게 거짓 선지자들의 표상이다. 성령 갖고 장난치는 자들이 바로 거짓목사들이다. 그러기 때문에 이들의 입에는 거짓말을 달고 산다. 그저 자기 심상에 떠오르는 생각을 마치 주님의 응답인양 생각하고 말하는 그 자체가 바로 사단의 짓이다. 그래서 그런 김○○목사만 보면 왠지 의심부터 들어 마음이 불편했다.

의심도 알고 보면 마귀가 주는 생각이다. 그래서 일년 넘게 예배보러 교회에 나오지 않는 김○○목사 남편 때문에 마을 사람들을 전도하고 싶어도 자신이 없었다. 그래서 오랜 시간을 기다린 끝에 예배 참석을 강하게 요구했다. 그랬더니 다른 곳으로 이사 가겠다고 해서 쏘아붙이듯 한 소리였다.

그때 비로소 알았다. 내 안에 진정한 자유가 없다는 것을. 그 이유가 죄 사함에만 머물러 있었기 때문이다. 회개를 통한 성령세례의 진정한 의미를 몰랐다.

회개하고 죄 사함 받는 것이 구원이 아니라 성령을 받는 것이 구원이다. 회개란 하나님을 떠나 죄의 길에 서 있는 사람이 죄의 길에 있는 자신의 현 위치를 인정하고 그 사실을 하나님께 고백하고 죄 사함을 받아 하나님께서 처음 사람을 지으신 위치로 원 위치 하는 것이 회개와 죄 사함의 위치이다.

많은 기독교인들이 회개와 죄 사함과 구원에 대하여 혼동을 많이 하고 있다. 아담과 하와가 선악과 따먹기 전에는 죄가 하나도 없었다. 그러므로 회개하고 죄 사함 받은 자들 또한 하나님 편에서는 죄가 하나도 없다고 인정해 주셨다.

그러나 사람 편에서는 여전히 죄가 남아 있다. 사람 편에서는 죄 사함 받기 전이나 회개하고 죄 사함 받은 후나 똑같다. 회개하고 죄 사함 받아도 죄가 그대로 있는데 선악과 먹기 전 아담의 위치로 갈 수 있는 것은 예수님 때문에 그렇게 될 수가 있는 것이다.

너희가 회개하여 각각 예수 그리스도의 이름으로 세례를 받고 죄 사함을 얻으라 그리하면 성령을 선물로 받으리니(행2:38)

죄 사함을 받았으면 성령을 선물로 받아야 구원을 온전히 받는 것이 된다. 성령이 믿는 자 속에 들어오셔야 비로소 그 사람이 하나님의 아들이 된다. 예수님은 성령으로 세례를 주시려 오셨다.

사람이 성령세례를 받으면 성령에 잠기게 되고 성령으로 거듭나게 된다.

성령으로 살면 성령으로 행하라(갈5:25)

성령이 된 사람만 아홉 가지 열매를 맺을 수 있다. 오늘날 기독교인들이 성령이 되지 않았기 때문에 성령의 아홉 가지 열매를 입으로만 맺지 행동으로 맺지 못한다. 아니 맺을 수가 없다. 사람이 성령을 선물로 받아 성령으로 거듭난 자만이 성령의 열매를 맺을 수 있다. 성령의 아홉 가지 열매를 맺지 못하면 결국 심판을 받는다.

여호와 하나님 아버지는 예수의 형체를 하고 계시고 예수의 형체이신 여호와 하나님 아버지는 생명으로 계시고, 생명 안에 생각이 있고 생각을 통해서 하나님의 뜻이 입으로 발음이 되면 말씀이고, 입으로 발음한 것을 행동으로 옮기면 성령이다.

성령과 말씀이 형체를 가지고 있는 여호와 하나님 아버지 밖으로 나오면 성령과 말씀이 된다. 성령과 말씀이 현 위치하면 생각이고, 생각이 원 위치하면 생명이고, 그러므로 생명은 예수의 형상을 하고 계시는 아버지 하나님의 생명 자체이다.

그러기에 예수 그리스도는 아버지의 생명으로 통일하러 오신 분이다. 예수께서 사람이면서 하나님이듯이, 믿는 자들도 사람이면서 하나님이 된다. 이것이 한 분 하나님 아버지의 생명 분배이다.

그러므로 말씀 안에서 구원받는 자는 하나님이요, 성령이다. 즉 성경에 기록된 말씀대로 믿으면, 믿는 자들은 곧 하나님이고 그리스도이고 성령이 된다. 따라서 실제적인 체험 안에서 그리스도께서 믿는 자 안으로 성령이 거하면 그 심령 안에 바로 하나님으로 계신다. 이런 자들한테 다윗의 고백이 절로 나온다.

여호와 앞에 잠잠하고 참아 기다리라 자기 길이 형통하며 악한 꾀를 이루는 자를 인하여 불평하여 말지어다. 분을 그치고 노를 버리라 불평하지 말라. 행악에 치우칠 뿐이라 (시37:7-8)

모든 것이 하나님께 있으니 그들을 축복하는 것이 마땅하다는 다윗의 시다.

그러나 난 입술로는 축복하지만 마음으로 받아들이는 게 쉽지 않았다. 죄 사함의 은총을 체험한 것과는 별도로 여전히 옛 자아를 사랑하는 모습이 너무 강했다. 그것은 그리스도의 말씀에 순종하려는 것이 아니라 내 자아의 의지대로 행하려는 의지가 더 강했다.

생각으로는 십자가에 죽었다고 하면서 자아는 여전히 누군가로부터 오해를 받거나 부당한 대우를 받으면 분노가 일었다. 이와 같이 내 안에 자아가 좀처럼 바뀌지 않아 가끔 나의 믿음을 의심하곤 했다. 그러던 중에 생각으로만 느꼈던 바울의 고백이 진정으로 내 안에 스며들었다.

내가 그리스도와 함께 십자가에 못 박혔나니 그런즉 이제는 내가 사는 것이 아니요 오직 내 안에 그리스도께서 사시는 것이라 이제 내가 육체 가운데 사는 것은 나를 사랑하사 나를 위하여 자기 자신을 버리신 하나님의 아들을 믿는 믿음 안에서 사는 것이라(갈2:20)

오늘날 대부분의 기독교인들이 초림하신 예수님만 믿고 필자가 그랬던 것처럼 죄 사함 받아서 구원을 받았다고 생각했다. 그건 자기 혼자서 구원 받은 것이지 실제로는 구원을 받지 못했다. 사람들이 구원을 받고 영생을 얻기 위해서는 그리스도께서 두 번째 영으로 오시는 것을 믿어야 구원이라 말씀하셨다.

그런 자들은 자기를 부인하므로 십자가의 도를 좇는다. 그 안에 그리스도만 살아계시고 자기는 죽는 것이다. 그게 믿음이고 영생이다.

하나님 아버지께서 천지를 창조하신 목적 또한 예수 그리스도로 말미암아 아들들이 되게 하기 위해서다. 그래서 천지만물을 창조하고 사람을 하나님 아버지의 형상대로 만드신 것이다. 따라서 구원이란 예수께서 죽고 부활하셔서 다시 그리스도의 영으로 믿는 자들 속에 오시는 것을 믿는 것이 영생이다.

따라서 첫 사람 아담은 아들이 아니고 아들을 담는 그릇이고 밭이고 집이다. 또한 첫 사람 아담은 집이지 주인이 아니다. 집 주인은 그리스도시다. 아울러 옛 사람 아담은 그릇이지 그릇 속에 담겨지는 보배가 아니다. 주님만 죽으신 것이 아니라 내가 주와 함께 죽었다. 그러면 죄만 씻겨진 것이 아니라 죄의 뿌리인 자아도 주와 함께 죽었다.

이것이 순간적으로 깨달아지자 영혼의 자유가 깊은 곳에서 샘솟기 시작했다. 죄 사함의 은혜를 체험하면서도 여전히 해결할 수 없었던 자아가 그때부터 서서히 죽기 시작했다. 부당한 것을 보면 참기 어려워 따지고 판단하려 했던 그 모든 것들이 주님과 함께 소멸되어가는 것을 느꼈다.

그야말로 영적갈등의 회오리가 한바탕 휘몰아치듯 휘감고 나자 말씀의 진위가 점점 깊어갔다. 그리고 하나님의 비밀인 예수 그리스도의 말씀이 깨달음으로 읽혀졌다.

그동안 예수 그리스도와 하나님을 성부와 성자 두 분의 하나님으로 구별하여 보았던 말씀들이 그 후부터 동일한 하나님으로 읽혀졌다. 그랬더니 모든 게 확연하게 드러났다.

예수께서 하나님아버지의 아들이신 이유는 아버지의 생명을 받았기 때문이다. 예수님이 하나님이시면서 아들이신 이유는 예수님은 아버지의 생명을 받아서 예수 그리스도가 되었기 때문에 하나님의 아들로 이 땅에 오실 수 있던 것이다.

요한은 1장 18절에 본래 '하나님을 본 사람이 없으되'라고 했고, 사도바울은 디모데전서 6장 16절에 '하나님을 아무 사람도 보지 못하였고 또 볼 수 없는 자시니'라고 했지만, 하나님은 볼 수 없어도 아버지 하나님은 볼 수 있었다.

그러기 때문에 구약은 예수는 없고 그리스도만 있는 것이고, 신약에 와서야 비로소 예수 그리스도가 있는 것이다.

여호와께서 마므레 상수리 수풀 근처에서 아브라함에게 나타나시니라 오정 즈음에 그가 장막 문에 앉았다가 눈을 들어 본 즉 사람 셋이 맞은 편에 섰는지라(창18;1-2)

즉 여호와 아버지는 볼 수가 있다. 여호와께서 상수리 수풀 근처에서 아브라함에게 나타나셨다. 세 사람으로 나타나는데 둘은 천사이고 한분은 여호와이시다. 8절에 보면 아브라함이 송아지를 잡아서 음식을 만들어드리자 잡수시기까지 하셨다.

그런데 오늘날 신학자들이 여호와 하나님은 형체가 없고 의와 진리와 거룩한 속성으로만 계신다고 했다. 어떻게 속성이 사람으로 나타나며 거룩한 속성이 음식을 잡수시겠는가? 라고 말하지만, 실상은 여호와는 형체가 있기 때문에 볼 수가 있는 것이다.

그날에 사람이 자기를 지으신 자를 쳐다보겠으며 그 눈이 이스라엘의 거룩하신 자를 바라보겠고(사17;7)

그 날에 사람이 그 눈으로 이스라엘의 거룩하신 자를 바라보겠다고 했다. 이스라엘의 거룩한 자는 아브라함에게 나타나신 여호와 아버지시다.

여호와의 영광이 나타나고 모든 육체가 그것을 함께 보리라 대저 여호와의 입이 말씀 하셨느니라(사40;5)

이와 같이 여호와의 영광이 나타나면 모든 육체가 그것을 함께 본다고 했다. 하나님을 본다고 하지 않고 어호와를 본다고 했다. 하나님은 형체가 없을 때 사용하지만 여호와는 형체가 있는 하나님으로 말씀 할 때 사용하는 이름이다.

예수께서 외쳐 가라사대 나를 믿는 자는 나를 믿는 것이 아니요 나를 보내신 이를 믿는 것이며 나를 보는 자는 나를 보내신 이를 보는 것이니라(요12;44-45)

예수께서는 여호와 하나님께서 직접 오셔서 육신을 입으시고 사람이 되셨기 때문에 이와 같이 말씀하셨다. 바울의 말씀처럼, 만일 우리가 그리스도와 함께 죽었으면 또한 그와 함께 살줄을 믿노라 했듯이, 그리스도는 하나님의 생명이 사람 속으로 들어가 사람이 된 영을 그리스도라 했다.

그래서 예수 그리스도는 사람이기에 죽을 수 있다. 즉 그리스도란 사람에게 성령을 주어서 그리스도가 되게 한 것을 기름 부음을 받은 자라고 한다. 기름은 성령을 말씀한다.

모세는 그리스도를 위하여 받는 능욕을 애굽의 모든 보화보다 큰 재물로 여겼으니 상 주심을 바라봄이라(히 11:26)

이 구원에 대하여는 너희에게 임할 은혜를 예언하던 선지자들이 연구하고 부지런히 살펴서 자기 속에 계신 그리스도의 영이 받으실 고난과 후에 얻으실 영광을 미리 증거하여 어느 시, 어떤 때를 지시하는지 상고하니라(벧전 1:10-11)

이와 같이 예수님으로부터 1500년 전의 모세도 그리스도를 위하여 일했으며 고난을 받았고 구약의 선지자들도 그리스도의 영이 자기 속에 있었다고 말씀했다.

그리스도는 아버지의 생명을 그리스도라 하기 때문에 모세도 구약의 선지자들도 그리스도를 위하여 고난을 받았다. 그 속에 그리스도의 영이 있었기 때문이다. 사람으로서 그리스도는 구약에 없었다. 구약의 그리스도는 말씀으로 있었다. 구약은 말씀이 곧 그리스도이다.

너희가 성경에서 영생을 얻는 줄 생각하고 성경을 상고하거니와 이 성경이 곧 내게 대하여 증거하는 것이로다(요 5:39)

구약 성경 전체는 예수 그리스도에 대한 이야기이다. 그런데 이 말씀을 하시는 예수께서는 구약에는 없었고 말씀인 그리스도로 계셨다. 선지자들 속에 그리스도가 계셨다는 것은 그리스도가 말씀으로 계셨다는 뜻이다. 그러기 때문에 예수님은 말씀이 육신이 되어 이 땅에 예수 그리스도로 오신 것이다.

말씀이 육신이 되어 우리 가운데 거하시매 우리가 그 영광을 보니 아버지의 독생자의 영광이요 은혜의 진리가 충만하더라(요1:14)

구약에서는 그리스도가 아버지의 생명(말씀)으로 계셨기 때문에 만질 수 없고 볼 수 없었지만 신약에서는 그리스도가 말씀으로 육신을 입었기 때문에 볼 수 있고 손으로 만질 수 있다. 그리스도는 아들로서 그리스도가 계신 것이 아니고 말씀으로 그리스도가 계셨기에 태초부터 그리스도는 계신 것이었다.

즉 그리스도는 피조되지 않았지만 예수는 피조되었다. 예수는 그리스도가 마리아의 뱃속에서 육신을 입었기 때문에 피조된 것이다. 그러나 그리스도는 예수님 속에 있는 아버지의 생명을 그리스도의 영이라 하기 때문에 피조된 것이 아니다.

> 첫 사람은 땅에서 났으니 흙에 속한 자이거니와 둘째 사람은 하늘에서 나셨느니라 (고전 15:47)

예수님을 첫 사람 아담과 똑같이 사람이라고 했는데 이는 피조물이라는 말이다, 그러나 예수님의 육체는 하나님의 씨가 그리스도이기 때문에 즉 성령의 하나님의 씨로 예수님의 생명이 된 것이기에 죄가 없는 분이시다. 따라서 예수님은 피조물의 위치에 있을 때는 하나님을 아버지라고 하지 않고 하나님이라고 불렀다.

> 나의 하나님 나의 하나님 어찌하여 나를 버리셨나이까 (마 27:46)

즉 육체를 입은 사람으로서 이와 같이 하나님 아버지를 하나님이라 불렀다.

그리스도는 성령이 사람 속에 들어와 일곱 가지 과정을 거친 영이다.

본체이신 하나님이 성육신하시고, 고난의 인생을 사시고, 죽으시고, 부활하시고, 승천하셔서, 보좌에 앉으셨다가, 그 영으로 사람 속으로 들어오시는 영을 그리스도라고 한다. 따라서 그리스도는 본체의 하나님이시다.

아들인고로 아들의 영을 마음 가운데 보내사 아바 아버지라 하셨느니라(갈4;6)

이와 같이 사도 바울도 하나님 아버지께서 많은 하나님의 아들들을 얻으시기 위하여 사람 속에 성령으로 잉태하시고, 성령으로 잉태되어 사람이 되신 예수 그리스도를 믿는 사람에게 주어, 믿는 자들을 대신하여 살게 하시니, 이것을 성경은 하나님이 하나님의 아들이 되시고 아들이 되신 예수 그리스도가 믿는 사람 속에 들어와 사시니, 이런 자들이 하나님의 아들들이 되는 것이라 말했다.

그러기에 아들의 영을 믿는 사람들에게 주기 때문에 아들의 영을 받은 자들은 아버지가 되지 않고 아들만 되는 것이다.

예수를 죽은 자 가운데서 살리신 이의 영이 너희 안에 거하시면 그리스도 예수를 죽은 자 가운데서 살리신 이가 너희 안에 거하시는 그의 영으로 말미암아 너희 죽을 몸도 살리시리라(롬8;11)

따라서 영에 들어오셨던 그리스도의 영을 몸에 까지 들어가게 하므로 그 신자의 몸도 산다고 말씀했다. 이러한 신자가 예수 그리스도의 장성한 분량까지 자란 신자들인 거다.

그리스도께서 믿는 자들에게 들어와 그 사람을 대신하여 사시므로, 이러한 자들은 안에 사시는 그리스도 때문에 하나님의 아들이 될 수 있다. 이러한 것을 믿는 것이 믿음인 것이다.

사람은 다 거짓말장이

미국에 이런 유머가 있다.

아이들 셋이 학교 앞에서 10달러짜리 돈을 주웠다. 3등분 하려니 1달러가 남아서 그중 거짓말을 가장 잘한 아이가 갖기로 했다.

"우리 엄마는 밤마다 빗자루 차고 날아다닌다."

한 아이가 말했다. 그랬더니 옆에 있는 아이는

"우리 엄마는 숙제를 대신 다 해 준다."

또 옆에 아이는

"울 엄마는 성적이 나쁠수록 환하게 웃어준다"

이렇게 말했다. 서로 자기 거짓말이 최고라며 우기고 있는데 그때 교장선생님이 지나가다 연유를 물었다. 아이들이 자초지종을 말하자,

"주운 돈은 파출소에 신고해야지 내기를 하다니, 교장선생님은 어릴 적에 거짓말을 한 번도 한 적이 없다"

고 말했다. 그러자 세 아이가 동시에 말했다.

"우리들이 졌다. 10달러는 교장선생님 차지다."

하고 휙 던져주고 갔다.

거짓말이 덕이요, 참말이 악덕인 경우가 적지 않은 세상이다 보

니 우리는 너나 할 것 양심불감증 환자들로 변해가고 있다. 그래도 앞서와 같은 거짓말은 애교스럽고 재미있기나 하지 나의 경우는 그 수위가 훨씬 높은 거짓말 일색이었다.

'나' 라는 사람이 어느 정도로 교묘한 사람인가 하면, 어느 때는 쉽게 이야기 할 수 없는 부분까지 오픈하면서 속으로는 이런 나를 대견하게 생각하며, 난 참 솔직한 사람이구나. 하지만 그 속에 담겨 있는 나의 내면의 거짓된 참상은 참으로 무서웠다.

그러니 이러한 '나' 라는 사람의 마음 안에는 늘 교만과 자만과 위선이 넘실되었다.

만물보다 거짓되고 심히 부패한 것이 마음이다(렘 17:9)

사람한테 진리가 없으면 그 안에 마귀(거짓)가 들어가므로 너나 할 것 없이 전부 거짓말만 나오게 된다. 나 또한 미소 속에 칼이 감춰져 있고, 칭찬 속에 저주가 숨어 있으며, 격려 속에 모함이 꿈틀되었다. 거의 대부분의 사람들은 철저한 나의 감추어진 위장된 모습 때문에 이러한 나의 실상을 전혀 눈치 채지 못하고 있었다.

내가 경겁 중에 이르기를 모든 사람은 거짓말장이라 하였도다(시116:11)

이와 같이 성경 곳곳에 모든 사람은 다 거짓말장이라고 했으니 오죽했으랴.

그러나 이러한 내게도 선하고 착한 심성을 가졌던 시절이 있었다. 초등학교 시절엔 당시는 특별한 놀이기구가 없던 때라 주로 고무줄이나 공기놀이, 딱지치기가 전부였다. 방과 후 운동장에 남아 친구들과 고무줄놀이를 하다보면 남자애들이 고무줄을 끊어가곤 했다.

그러다보면 여자애들과 남자애들간에 패싸움이 나기 마련인데 그럴 때면 난 늘 얻어맞는 편이었다. 얼굴에 퍼렇게 멍이 들어 상처 난 얼굴로 울면서 집에 들어오면, 영락없이 혼나기 일쑤였다.

"넌 맨날 맞고만 들어오니?"

엄마가 속상해 야단치면,

"내가 때리면 걔들이 아프잖아."

물론 어릴 적 얘기라 기억이 없다. 그러나 엄마가 나에 대한 얘기를 할 때면 습관처럼 하던 얘기였다.

내가 생각해도 어릴 적의 난 참으로 순하고 착했던 것 같다. 우리 형제는 위로 언니 둘과 오빠 한 명으로 2년 터울로 내가 막내였다. 그 시절엔 너나할 것 없이 어렵던 시절이라, 분기별로 등록금이 나오면 돈 달라는 말을 못했다.

언니나 오빠는 서로 먼저 가져가겠다고 고지서를 내밀곤 했는데 난 차마 달라고 할 수 없었다. 그러다가 날짜가 임박하면 그때서야 고지서를 슬며시 내밀곤 했는데 그때마다 혼나기 일쑤였다. 다행히 그날 돈이 있으면 괜찮은데 만약 돈이 없게 되면 미리 미리 얘기하지 않았다고 혼났다.

어린나이임에도 불구하고 부모님께 등록금 타가는 일이 왜 그렇게 미안한 생각이 들었는지.

또한 초등학교 졸업을 얼마 앞두고 이런 일도 있었다.

"우리 반에 선행상 탈만한 애들 추천해 봐"

카랑카랑한 선생님의 음성이 들리는 가싶더니, 여기저기서 내 이름이 호명되었다. 무슨 일로 벌서고 있는지 기억은 없지만 교실 한쪽 귀퉁이에서 다섯 명의 아이들과 함께 뒤돌아서서 손들고 있을 때였다.

그런데 내 이름이 여기저기서 들리더니 우리 반 전체가 나를 선행상의 대상으로 추천했다. 벌서면서 선행상 이름이 호명되는 기분은 참으로 묘하고 민망했다.

사랑은 오래 참고 사랑은 온유하며 투기하는 자가 되지 아니하며 사랑은 자랑하지 아니하며 교만하지 아니하며. 무례히 행치 아니하며 자기의 유익을 구치 아니하며 성내지 아니하며 악한 것을 생각지 아니하며. 불의를 기뻐하지 아니하며 진리와 함께 기뻐하고. 모든 것을 참으며 모든 것을 믿으며 모든 것을 바라며 모든 것을 견디느니라(고전 13:4-7)

이때는 사랑이란 개념을 알고 취한 행동이 아니었다. 물론 하나님의 사랑이 무엇인지조차 모르던 시절이었으니 당연한 일이겠지만 그래도 가끔은 어린 시절의 순수했던 내가 그리울 때가 있다.

우리 반에 고아원 출신의 못생긴 여자애가 퉁퉁 부은 얼굴로 학교를 다녔다. 나중에 안 사실이지만 먹지 못해 부은 것이라 했다. 그때는 옥수수급식 빵과 돈 주고 사먹는 밀가루 빵 두 가지를 선택해 점심을 먹던 시절이었다. 그때 난 밀가루 빵을 고아원 출신인 그 애의 옥수수 빵과 자주 바꾸어 먹었다. 처음부터 그랬던 것은 아니었다.

어느 날 밀가루 빵을 먹는 애들을 부러운 눈으로 쳐다보던 그 아이와 그만 눈이 딱 마주쳤다.

"이 빵 너 먹어"

순간 나도 모르게 내 것을 들고 그 애한테 빵을 내밀었다.

"아냐......괜찮아"

민망한지 극구 사양했지만,

"내가 옥수수 빵이 먹고 싶어 그래"

솔직히 내 입맛엔 밀가루 빵보다 거친 맛이 나는 옥수수 빵이 더 구수했다. 그 애와 3년간 한반이다 보니 빵 바꿔 먹는 것도 3년간 계속되었다. 그러다보니 그 애와 친하게 되었고 집에서 먹을 것을 가져오거나 넉넉한 학용품이 있으면 함께 나눠쓰곤 했다. 그런 모습을 줄곧 지켜본 아이들이 나를 추천했던 것이다. 어쨌든 그 애 덕에 상이라곤 밥상 외엔 그때가 처음이자 마지막이었다.

죄를 짓는 자는 마귀에게 속하나니 마귀는 처음부터 범죄함이니라 하나님의 아들이 나타나신 것은 마귀의 일을 멸하려 하심이니라(요일3;8)

이 세상 사람들이 죄를 짓는 이유 중에 하나가 육신의 생각으로 살아가기 때문이다. 그동안 내 영혼을 병들게 했던 거짓과 위선과 교만의 모든 것들이 사탄의 간계였음을 알았을 때, 나의 고뇌와 방황도 거기서 끝을 맺었다. 무엇보다 내 영혼을 점령하고 있던 죄에서 해방되었을 때 진정한 자유를 누릴 수 있다.

기쁨이 없는 것은 진리가 아니요 기쁨을 상실한 것도 신앙이 아니다. 기쁨은 생명을 가장 정확하게 설명해 주는 진리의 표준이요, 어두움은 사망을 그대로 드러내는 사탄의 무게이다. 그래서 두 마음을 가지면 안된다. 인간세계가 더더욱 혼란스러운 것은 선악의 결합성 때문이다. 사탄이 인간을 사로잡을 때 나타나는 대표적 증세가 바로 두 마음이다.

두 마음은, 두 가지 마음이 아니고 마음의 연속성이다. 선과 악이 따로 활동하는 것이 아니고 악에서 선이, 선에서 다시 악이 연속적으로 동시다발적으로 발생된다.

그러기에 매 순간 나의 숨은 거짓된 마음을 깨닫고 깜짝 놀랐다. 어느 순간부터 선한 자아의 모습 뒤에 숨어 있는 흉측한 나의 실체가 발견되자, 그때부터 내 안에 숨어 있는 내면속의 거짓과 교만이 숨이 막히도록 나를 조여 왔다.

마음에서 나오는 것은 악한 생각과 살인과 간음과 도적질과 거짓 증거의 훼방이니(마15:19)

입에서 나오는 것은 마음에서 나온다. 뱀(사탄)이 사람을 꾀어 하나님과 분리되다보니 나만 그런 것이 아니라 모든 사람한테 해당된다는 것을 알았을 때, 그때 비로소 참인 하나님을 진정으로 찾기 시작하면서 마음 안에 평화가 찾아 들었다.

은사는 사탄의 장난질

필자는 어린 시절부터 교회를 다녔다. 물론 그 때는 하나님을 알아서라기보다는 교회에서 주는 우유가루를 타 먹는 재미로 다녔다. 그리고 무슨 때가 되면 즉 크리스마스 때는 산타의 선물을 받는 재미로, 추수 감사절은 떡을 얻어먹는 재미로, 부활절은 달걀 먹는 재미로 교회를 다녔다. 그러다가 미션스쿨을 다니게 되었고 성경은 필수과목이라 무조건 공부해야 했다.

그렇지만 학창시절, 성경보다 성경을 가르치는 선생이 제일 싫었다. 우선 날카롭게 쏘아 보는 듯한 안경 너머의 눈초리가 매서웠고, 대나무 자를 곧추세워 손바닥을 때릴 때는 눈물이 날 정도로 끔찍하게 무서웠다. 그래서 그 아픔이 깊다보니 카랑카랑한 목소리조차 저승사자 같이 들렸다. 그래서 성경 과목이 제일 싫었고 호랑이 같은 선생 때문에 성경 자체가 혐오스러웠다.

그러면서도 선생이 무서워 성경을 달달 외다시피 했다. 그 덕에 성경을 어느 정도 공부하긴 했지만 어쨌든 지금도 그 때의 싫은 기억만은 뚜렷하게 남아 있다. 아무것도 준비되지 않은 미숙한 자가 무조건 성경의 글자를 외우고 배운다고 믿음이 생기는 것이 아니다. 내 경우에 비추어 보면 도리어 독이 될 수도 있다.

"목사님 설교가 어려워 귀에 들어오지 않아요."

이웃 마을에 사는 성도 1호인 안ㅇㅇ의 얘기다. 하긴 그도 그럴 것이 난생 처음 와보는 교회에 딱딱한 설교가 그의 귀에 들어 올리만무였다.

"조금만 쉽게 예화를 들어 설교해 주면 안 될까요?"

예배 끝나고 그와 나눈 대화가 맘에 걸려 설교하는 김목사한테 좀 더 쉽게 해줄 것을 부탁했다.

"하나님이 깨우치게 하셔야……"

그 말씀은 지당 옳은 얘기이다. 그러나 그 때는 성경 안에 진리를 깨닫고 나서의 얘기다. 나의 학창시절의 경우를 비추어 보아도 이해되지 않는 설교가 재미없었다. 그래서 교회가기 싫었던 경험이 아직도 기억 속에 남아 있다.

성경은 정확한 하나님의 말씀이고, 생명의 출처가 되는 가장 고귀한 책이다. 그러나 교인이라 해봐야 남편과 안ㅇㅇ가 전부인데, 이 두 사람 모두 성경에 대해서 지극히 문외한이라 염려가 되었다.

사실 맞는 얘기다. 오늘날 교회는 교인들이 듣기 좋은 복 위주의 얘기만 골라 하고 지루하지 않게 하기 위해 우스꽝스런 예화로 청중(교인)을 울리기도 하고 웃기기도 한다. 대부분 그런 교회의 목사들이 인기가 좋다.

나 역시 학창시절 선생이 무서워 성경 66권을 거의 외우다시피 했지만 그 안에 진리를 모르다보니 늘 마음 밖에 겉도는 글자에 맴돌았었다.

지금 돌이켜 생각하면 오직 성령의 인도를 받아야 성경을 읽더라도 내 안에서 영의 눈이 띄어 생명적 진리를 발견하게 된다.

그런데 오늘날 모든 교회가 성경의 문자에만 치중해 이해하고 설교하려 드니, 그 안에 진리와는 거리가 너무나 먼 예화로 청중의 비유를 맞추는 수준으로 전락되어 버렸다.

　"우리 목사님 설교는 훌륭하고 참 재미있어요"

　몇 년 전 목욕탕서 만나 여인의 얘기를 듣고 마침 사무실 근방에 있는 어마어마한 큰 교회라, 그 교회로 주일예배를 보러 갔다. 집과 사무실 중간쯤에 있는 위치여서 그 길로 매일 다녔다, 그런데 그 교회 앞은 주일이면 길 양 옆에 천막을 치고 바자회 형식의 물건을 파느라 늘 북적였다.

　"뭐야? 복잡하게시리......"

　다니는 통로에 상품을 진열해 놓고 판매하는 교회 사람들을 향해 누군가 짜증 섞인 소리로 내 뱉은 말이었다.

　"예배는 안보고 이 교회는 장사만 하나보지......?"

　그 옆을 지나가는 다른 행인도 야유하듯 교회 사람들을 빈정댔다. 그럴 때면 나 역시도 똑같은 마음으로 속으로 욕하고 지나갔던 그 교회였다. 그러나 그 때는 심령이 갈급함에 교회를 찾고 있던 중이어서 그 여인의 얘기를 듣고 대체 설교를 얼마나 잘하기에 그렇게 교회가 어마어마하게 큰가 싶어 갔다.

　제일 먼저 눈에 들어온 것은 들어가는 초입에 수십 가지 종류의 헌금봉투가 즐비하게 진열되어 있는 것이었고, 그 옆에 미소 띠며 친절하게 헌금 봉투를 내미는 사람들의 인위적인 표정이었다. 나 또한 안내자의 상냥한 미소 때문에 얼떨결에 헌금봉투 하나를 집어들고 예배실로 들어갔다.

　그런데 설교가 주로 성경말씀의 복음위주보다는 아무개 집사가 안수 받고 병원에서 못 고친다는 병이 치료되었다느니, 어떤 아무 개는 십일조 꼬박 꼬박 내어 물질의 축복을 받아 아파트 평수가 두 배로 늘어났다느니 등의 얘기뿐이다. 그리고 주보를 보니 아예 한 면은 깨알 같은 작은 글씨로 십일조와 감사헌금 낸 사람들의 이름 이 빼곡히 채워져 있다.

그야말로 설교가 아니라 하나님은 그 교회만 다니면 복을 만땅 으로 주시는 요술 같은 하나님이요, 일상의 문제를 해결해 주시는 마술 같은 하나님이었다.

그렇게 알맹이가 빠진 그런 설교에도 아멘으로 화답하는 신도들 이 거의 대부분이었다는 사실이다. 성경을 조금만 알아도 금방 알 수 있는 되지도 않는 설교임에도 불구하고, 아무개가 예수 믿고 구 원받아 아프리카에 선교 갔다고 얘기하면 여기저기서 '할렐루야', '아멘'으로 환호하는 교인들을 보면서 내 인내의 한계점이 4주 만 에 끝나고 말았다.

성경의 진리를 어느 만큼 알고 있는 수준이라면 절대 들어줄 수 없는 설교였다. 그런대도 설교 같지도 않은 설교에 아멘으로 호응 하는 신도들보다도, 기복으로 헌금을 유도하는 목사의 설교가 갈수 록 분노를 일으키게 했다. 그래서 한 달 만에 예배 보는 것을 그만 두었다.

말씀이 육신이 되어 오신 하나님이 예수 그리스도시다. 그분이 이 땅에서 전하고 가신 66권의 성경말씀만 전해도 시간이 모자랄 지경인데 엉뚱한 얘기로 설교시간을 다 채우고 있었다.

하긴 큰 교회일수록 성경과 거리가 먼 설교를 하고 있다는 것을 알면서도 막상 가서 들으니 교회에 대한 분노가 또 다시 일렁거렸다.

태초에 말씀이 계시니라 이 말씀이 하나님과 함께 계셨
으니 이 말씀은 곧 하나님이시니라. 만물이 그로 말미암아
지은 바 되었으니 지은 것이 하나도 그가 없이는 된 것이
없느니라(요1;1.3)

이는 태초에 말씀 속에 하나님의 생각이 있었다. 이 생각이 곧
하나님의 생명의 말씀이다. 그러기에 성경 자체가 곧 하나님이시라
는 뜻이다. 따라서 만물이 말씀으로 말미암아 지은 바 되었고, 만물
을 지으셨기에 하나님께서는 성경을 기준으로 우리에게 우주와 삶
의 모든 내용들을 종합적으로 말씀해 주셨다.
성경 안에는 하나님의 진리의 영이 담겨 있다. 그러기에 그 진리
의 영은 이와 같이 성경만 읽는다고 구원이 되는 것이 아니다. 영혼
이 살아서 움직여야 그 안에서 진리를 발견하게 된다. 그런 자들이
설교를 해야 온전히 말씀 안에서 진리를 전하는데 그렇지 못하다보
니 성경 말씀에 적당량 자기 생각을 첨부하여 설교를 하고 있다. 그
게 바로 거짓으로 전하는 오늘날의 목사들이다.

대저 음녀의 입술은 꿀을 떨어뜨리며 그 입은 기름보다
미끄러우나. 나중은 쑥같이 쓰고 두 날 가진 칼 같이 날카
로우며. 그 발은 사지로 내려가며 그 걸음은 음부로 나아가
나니(잠5;3-5)

여기서의 음녀(교회)는 목사이다. 그 목사의 입에 꿀을 떨어뜨려 기름보다 미끄럽다는 뜻은 감언이설로 꼬드긴다는 뜻이다.

오늘날 교회의 목사들이 십일조나 헌금을 잘 내게 하기 위해 온갖 달콤한 말로 복을 빙자하는 것을 경계하여 기록한 말씀이다. 그러한 목사들을 만나면 영혼의 죽임을 당한다.

작금의 교회는 교인 하나 얻게 되면 자기보다 더 지옥자식으로 내몰고 간다. 그러기 때문에 목사의 말보다 성경 안에서 깨달음을 얻어야 한다.

진리는 그리스도의 영(말씀)이 내 안에 성령의 인도하심에 의해 깨우침을 주어야 이해가 될 수 있다. 따라서 성경을 깨우친 사람은 성경의 글자로 해석하는 것이 아니라 삶에서 행위에서 정확한 실제를 경험하며 살아간다.

오늘날 교회야말로 그 때나 지금이나 이러한 성경의 실체를 모르고 문자에만 매달리다보니 착한 일 많이 하고, 봉사와 구제 열심히 하면 그게 온전히 믿는 걸로 착각했다. 그들은 헌금과 십일조 꼬박 잘 내고 예수를 믿기만 하면 그게 구원을 받는다고 주장하고 있으니 참으로 안타까운 일이다.

이는 목사 본인은 물론 타인의 영혼까지도 사망으로 몰고 가는 사탄의 계략이다. 지옥을 생각하면 참으로 무섭고 끔찍한 일이다.

기도원서 모(某) 집사와 나눴던 얘기다.

"예수만 믿으면 천국 가는 것 아닌가요?"

그렇다면 그들이 믿는 예수의 믿음을 무엇으로 기준을 삼는단 말인가. 그들은 천국 가는 것이 마치 이웃집 놀러가는 것 보다 더 쉽게 얘기했다.

"예수 믿음을 뭘로 나타낼 수 있는데?"

예수께서 십자가를 짐으로서 우리의 죄가 사해짐을 믿는다는 뜻에서의 말이나 그건 추상적인 생각일 뿐이다. 그저 착한 일 많이 하고 십일조와 헌금 열심히 내고, 주일성수 꼬박 지키고, 목사 받드러 섬기면 그게 예수 잘 믿는 믿음이라고 주장했다.

"새벽기도는 물론 금야철야기도도 빠지지 않아요."

집사인 그는 교회 열심히 다니고 있고 가끔가다 금식기도도 죽기 살기로 했고, 봉사 많이 한 자신의 행위에서 틀림없이 천국을 갈 거라고 자신만만하게 얘기 했다.

대부분의 기독교인들이 이와 같이 구약의 구원과 신약의 구원의 차이를 모르기 때문에 예수의 십자가 보혈로 죄 씻음 받고 좀 착하게 살면 구원을 받는 줄로 알고 있다.

그러나 하나님께서 구약은 종으로 구원을 받고, 신약은 아들로 구원을 받는다고 성경에서 분명하게 말씀하고 있다. 하나님께서 회개하고 죄 사함 받은 자들의 죄는 없다고 해주셨지만, 예수님의 십자가 보혈로 죄사함을 받은 것만 믿어서는 하나님의 아들이 될 수 없고 구원도 받지 못한다.

그들이 구원을 받기 위해서는 반드시 성령을 선물로 받아야 된다. 즉 성령 세례 받은 자만 하나님의 아들이 된다. 성령은 아버지 하나님의 활동을 성령이라 한다.

너희는 몇 날이 못 되어 성령으로 세례를 받으리라 (행 1:5)

세례란 하나님의 존재 안으로 잠기는 것이다. 사람이 성령세례를 받는다는 것은 성령(말씀)에 잠기는 것이다. 성령에 잠겼다는 것은 성령으로 거듭난 것이고 성령으로 거듭난 자들이 바로 하나님의 아들들이 되는 것이다.

예수님은 성령(말씀)으로 많은 사람들을 거듭나게 해서 하나님의 아들들이 되게 하시기 위해서 신약에서 육신의 옷을 입고 이 땅에 오셨다.

나 역시 성경을 외우다시피 읽었지만 이 진리를 제대로 깨우치지 못했기에 그동안 오해한 부분이 많았다. 즉 성령과 은사에 대한 의미적인 차이에서의 혼동이었다. 성령과 은사가 분명히 다른 것임에도 성령 그 자체를 치유 같은 이적의 행위로 착각한데서 빚어진 혼란이었다.

하나님의 말씀이 성령이고 성령이 곧 말씀인 것을 그동안 은사와 혼동한 것이었다.

초대교회 때나 지금이나 초림하신 예수님만 믿는 자들은 성령세례를 받지 못하고 구원도 받지 못했다. 그러기 때문에 초대교회 때는 믿기는 믿었는데 성령이 있음도 듣지 못했다. 이들이 믿는 것은 요한의 세례뿐이었다.

가로되 너희가 믿을 때에 성령을 받았느냐 가로되 아니라 우리는 성령이 있음도 듣지 못하였노라(행 19 ; 2)

성경은 이와 같이 믿는 것과 성령세례를 구분하고 있다. 따라서 믿는 것과 성령세례는 엄연히 구분해야 한다. 예수님을 믿는다고 할 때, 초림하신 예수님만을 믿는 것을 말한다.

아블로라 하는 유대인이 에베소에 이르니 이 사람은 학문이 많고 성경에 능한 자라 그가 일찍 주의 도를 배워 열심히 예수에 관한 것을 자세히 말하며 가르치니 요한의 세례만 알 따름이라(행18;24-25)

성령세례를 받아야만 구원을 받고 아들이 된다. 하나님께서는 당신이 직접 예수가 되어서 믿는 사람들에게 성령 세례를 주어 하나님의 아들들이 되게 하셨다. 그래서 육신의 몸을 입고 말씀이 되어 이 땅에 오신 것이다.

그런데 필자나 기독교인들이 성령세례에 대해 오해한 부분이 있다. 성령세례란 은사 받아서 예언하고 방언 통역하고 병 고치는 것이 성령세례로 착각한 데서 문제가 야기된 것이다. 또한 큰 교회의 성령부흥회를 가보면 이와 같이 병고치고 방언으로 예언하고 거기에 열광하는 사람들을 줄곧 보아와서이다.

우리가 다 방언으로 하나님의 큰일을 말함을 듣는 도다 (행2;11)

바울이 그들에게 안수하매 성령이 그들에게 임하시므로 방언도 하고 예언도 하니 모두 열두 사람쯤 되니라(행 19;6)

120여명의 신자들이 예루살렘에 모여 성령세례 받는 현장에서 나타난 증상이 방언했다고 했다. 그래서 성령세례는 구원받은 사람들에게 은사로 임하는 성령인줄 착각했다는 점이다. 그래서 은사나 방언을 성령세례로 잘못 알고 있었다.

　성령의 은사를 받아서 개인의 미래나 말하는 것은 예언이 아니고 점치는 것이다. 필자가 다니던 기도원 목사님이 어느 날,

　"안 목사님. 여기 침대에 누워 봐요."

　예배가 끝나자 한쪽벽면에 차지하고 있는 환자용 침대를 가리키며 누우라고 했다.

　"저요?"

　갑자기 왜 그러나 싶어 의아해 쳐다봤다.

　"지금 역학귀신이 잔뜩 들어있네요"

　뜬금없는 소리에 모두들 호기심어린 눈으로 나를 쳐다봤다. 내키지 않았지만 그 목사가 민망해할 것 같아 침대에 누웠다.

　"역학귀신아. 물러가라! 물러가라!"

　예수의 이름으로 명하노니 귀신아 떠나가라! 떠나가라! 그렇게 소리쳤다.

　황당한 행동에 어안이 벙벙했지만 기도원의 실체를 어느 만큼 알고 있기에 그냥 모른 척 했다. 그리곤 잠시 기도하더니 역학귀신이 이제 내 몸에서 물러갔으니 괜찮다는 거였다. 도대체 내가 뭘 어쨌다고 그런 가당찮은 안수로 사람을 황망케 하는지 지금 생각해도 우습기만 하다.

　이와 같이 필자가 다니던 기도원 원장도 수시로 안수기도를 통해 자신의 영력(靈力)을 과시하곤 했다. 뿐만 아니라 설교 중에 방

언으로 예언하고, 또 설교하다말고 아무개 머리위에 시커면 귀신이 보인다며 전형적인 무당의 모습을 보여주었는데, 어느 날은 뜬금없이 이런 소리를 했다.

"안 목사님한테 내가 은사의 능력을 줄 수 있어요"

"나한테요?"

그러면서 그런 능력을 내가 받게 되면 그야말로 대단할 거라며 은연중 나의 의중을 살폈다. 병원에서 죽는다고 포기한 사람 자신이 기도해 살아난 사람들 얘기며, 지금은 영력이 그전만 못하지만 그래도 맘만 먹으면 얼마든지 가능하다는 거였다.

그런데도 내가 듣는 둥 마는 둥 하니까 그 후로 더 이상 권하지 않았다.

은사의 능력을 사람이 줄 수 있다고 한다면 그거야 말로 사탄의 짓이다. 왜냐? 사탄도 그런 능력쯤은 얼마든지 갖고 있다. 예수께서 40일 광야 기도를 마친 후 사탄이 예수님을 시험했다.

마귀가 또 그를 데리고 지극히 높은 산으로 가서 천하만국과 그 영광을 보여. 가로되 만일 내게 엎드려 경배하면 이 모든 것을 네게 주리라. 이에 예수께서 말씀하시되 사탄아 물러가라라고 기록되었으되 주 너의 하나님께 경배하고 다만 그를 섬기라 하였느니라(마4:8-10)

그러나 알고 보면 사탄도 결국은 하나님의 피조물이란 사실이다.

아울러 예수께서 이 땅에 계실 때 많은 병자를 고치고 죽은 자를 살리고 표적과 기적을 행하셨지만 단 한 사람도 하나님의 아들들이 태어나지 않았다. 그 이유는 부활 전이라 그 누구도 성령세례를 받지 못했기 때문이다.

구약에서도 성령의 은사는 많이 있었다. 엘리야가 죽은 아이를 살리고 방언하고 예언하고, 다윗이 골리앗을 죽이고 다윗이 하나님의 음성을 듣고 전쟁에 나가 승리했다. 표적과 이적을 말하자면 예수님의 표적보다 더 큰 표적이 없다.

오늘날도 성령세례를 잘못 오해해서 은사 받은 것으로 착각해서 방언하고 예언하고 병을 고치지만, 안타깝게도 이러한 일들을 통해서 하나님의 아들이 된 사람은 단 한 사람도 없다는 사실이다.

성령세례란 아버지 하나님의 생명 안으로 잠기는 것을 말하는 것이지, 외적으로 나타나는 표적이나 이적이 아니라는 뜻이다. 예수님은 물위로 걷기고 하고 모세는 홍해 바다를 갈라서 이스라엘 백성을 다 건너게 했다.

예수님은 보리떡 다섯 개와 물고기 두 마리로 5000명을 먹이셨지만 모세는 60만명을 광야에서 40년 동안 만나를 내리게 해서 먹여 살렸다.

그러나 이러한 표적이나 기적으로는 하나님의 아들이 단 한 사람도 태어나지 않았다는 점이다. 그 이유를 예수님의 열두제자를 통해 여실히 증명하고 있다.

예수께서 그 열 두 제자를 부르사 더러운 귀신을 쫓아내며 모든 병과 모든 약한 것을 고치는 권능을 주시니라(마 10;1)

예수님의 12제자들은 주님으로부터 은사를 받아 귀신 쫓고 병고 치고 갖가지 능력을 행했으나 십자가 앞에 가서는 한 사람도 남김 없이 주님을 다 버리고 떠나가고 말았다.

그 이유가 예수께서 은사는 그들에게 주었으나, 단 한 사람에게 도 성령세례를 주신 적이 없기 때문에 죽음 앞에서 그들이 다 주님 을 떠나 도망가고 말았다. 이와 같이 오늘날 주의 종이라 하는 목사 들 또한 마찬가지다.

그러므로 은사와 성령을 혼동해선 안된다. 오늘날 목사들이 성 령세례를 빙자하여 치유하고 예언하는 것은 전부 마귀 짓이다. 따 라서 이러한 거짓 성령을 분별할 줄 알아야 목사한테 속지 않을 수 있다.

전도의 사명감을 이제야

"민ㅇㅇ교수가 쓴 '법화경과 신약성서' 읽어보셨어요?"

예수가 17년간 인도서 유학했다는 얘기가 흥미로워 잡학에 능한 지인한테 물었다. 그랬더니 그가 모르는 것 같아 자세하게 설명해주었다.

프랑스 국립박물관에 비장되어 있는 것을 민ㅇㅇ교수가 확인하고, 1988년 10월 26일 '주간중앙'에 발표하고, 책으로도 출간했다. 내용은 주로 이러했다.

남부 인도의 오릿사 지방의 왕자인 라빈나가 유태인의 제례에 참석했다가 예수를 보게 되었다. 그는 부유하고 의로운 사람이었고, 브라만 승려들을 이끌고 서양세계의 지혜를 구하러 왔었다. 어린 예수가 유태인의 제사장들 앞에 서서 읽고 말하는 것을 보고 깜짝 놀랐다.

그리고 예수에 대한 모든 사실과 예언, 태어나던 날 밤의 경이로운 사건들, 마기교(조로아스터교)의 사제인 동방박사들의 방문, 헤롯왕의 노여움으로부터 애굽으로 피난한 일, 지금 나사렛에서 그의 아버지 요셉과 함께 목수로 일하고 있는 일 등에 대해 자세히 말해주었다.

라반나는 수일동안 요셉의 집에 머물며 예수의 지혜의 비밀을 배우고자 했으나 감당키 어려웠다. 그래서 예수를 인도로 데리고 가서 브라만교의 지혜를 배우게 하고 싶다고 하자, 흔쾌히 배우길 원하게 되어 유학길에 올랐고, 거기서 예수는 베다 사상과 마누법전에 심취하였다는 얘기다.

"어때요? 이런 게 사실로 믿어지지 않나요?"

사실 그랬다. 우리나라나 중국에도 유체이탈하여 이 생과 저 생을 자유자재로 넘나드는 도인(道人)들이 고서에 많이 나와 있다. 이와 비슷한 경지에 오른 선인(仙人)들이 있는 것을 알기에 신나서 지인한테 열변을 토하면서 동의를 구했다. 이는 성경을 깨닫기 전의 일이라서 너무나 신나고 흥미로웠다.

어찌하였거나 젊은 시절의 필자 역시도 13세부터 29세까지 예수님의 행적이 빠져있는 부분에 의혹을 갖고 있던 차였기에 이러한 책들을 읽게 되자, 금방 혹했다. 그러면서 예수께서 인도에 가서 17년 동안 유학했다는 얘기가 사실처럼 믿겨졌다.

"그런 책들을 읽고 나니까 그 모든 이적행위가 이해되더군요."

그러기에 이 모두가 너무나 사실처럼 여겨져 성경을 한동안 멀리했었다. 비록 교회는 다니지 않았어도 어쩌다 한 번씩 성경을 읽곤 했는데 그 후로 아예 성경 자체를 보게 되지 않았다.

예수님은 인도에 와서 마누법전을 비롯하여 유명한 의사 우도라카에게 자연치유의 비법을 배우고, 크리슈나 신을 모신 쟈간나스 사원에서 베다경전을 익힌 뒤, 불교에 입문하여 대소승 불교를 공부하였다.

그리고 티베트에 들어가 멘구스데에게 신통술과 심령치료법을 배웠고, 본국에 돌아와서는 그 배운 것으로 성자적인 행을 몸소 실천하였다는 내용들도 덧붙여 설명해 주었다. 그랬더니 그도 매우 흥미 있어 하는 눈치였다.

지금 돌이켜 생각해 보면 타 종교는 그럴 수밖에 없다고 이해하겠지만 안타까운 것은 기독교 안에서도 이와 같은 주장에 속수무책으로 당하고 있다는 사실이다. 그러기 때문에 신령한 세계 속으로 들어가는 자가 극히 드물 수밖에 없다.

이 마지막 시대에 교회 내에서도 사탄이 급속하게 영혼들을 기만 착취하고 있는데 밖에서는 오죽하겠는가. 그야말로 기독교의 기본 뿌리가 통채로 흔들리고 있어 더욱 안타까운 느낌이다.

그러기에 예수를 안 믿는 것보다 훨씬 더 문제인 것이 이와 같이 그릇 믿는 것이다, 어떻게 보면 예수 그리스도를 온전히 알고 믿는 것이 아니라면 차라리 모르고 믿지 않는 것이 좋을 수도 있다. 그런 사람한테는 언젠가 말씀이 들어가면 바로 흡수될 수 있는 공백의 여지가 남아 있기 때문이다.

성경의 말씀은 하나님의 백성들만 알 수 있도록 전부 비유로 되어 있다. 그러기에 성령이 열어주지 않으면 절대 이해할 수 없는 것이 바로 성경의 비밀이다. 오늘날 이 시대의 많은 목사들이 성경의 비밀을 깨닫지 못해 자기의 생각으로 성경을 사사로이 풀게 된다.

그들은 예수를 그리스도로 보는 것이 아니라 그냥 예수의 차원으로만 보기 때문에 글자를 오해하고 이해 못해 그릇 판단한다.

성경은 무조건 하나님께서 그 문을 열어주시는 것이 아니고 하나의 문에서 또 다른 문이 열릴 때까지 진리의 탐구와 진실이 담겨 있어야 열어주신다.

그러다보니 목사들 자체가 말씀(성령)의 깊이를 모르고 성경에 나타난 글자 그대로를 육신의 생각으로 이해하고 해석하기 때문에 오늘날 교회가 그렇게 많이 타락되어 있는 것이다.

뿐만 아니라 자신들의 필요에 의해 성경구절을 인용하여 특히 헌금이나 십일조에 대한 잘못된 해석으로 헌금에 대한 중요성만 언급하기 때문에 대부분의 교인들이 헌금 내고 주일성수하면 구원받은 것으로 착각한다.

따라서 거의 모든 사람들이 예수를 믿는다고 생각하니 구원을 받았고, 구원을 받았으니 천국은 당연한 거라 생각한다. 거기에 부자는 천국 가기 어렵다고 했으니, 구제와 봉사 많이 했고 헌금과 선교에도 헌신 했으니 자신들이야말로 천국행이라 확신한다.

또한 안식일을 범하면 진노하신다 하셨으니 철저히 주일 예배 지켰고, 거기에 하나님께 잘 보이려고 새벽기도는 물론 금요철야 예배까지 정성스레 드렸으니 당연한 것 아니냐는 생각이다.

거의 대부분의 교인들은 이렇게 말하는 목사한테 감흥되어 교회 열심히 다니면서 시간과 봉사와 헌금을 헌납하고, 스스로들이 이보다 더 큰 믿음이 어디 있겠는가 생각하고 만족해한다.

그러나 하나님께서는 우리의 정성(봉사와 선행)과 행위(구제사업)를 원하는 게 아니라 온전히 마음을 다하고 있는가를 원하신다. 그런 사람한테 나오는 예배가 바로 신령과 진정으로 드리는 예배이다.

하나님은 영이시니 예배하는 자가 신령과 진정으로 예배할찌니라(요4:24)

하나님은 영이시기 때문에 바로 성령의 교통을 원하신다. 그러기에 신령과 진정으로의 예배를 찾고 계신다. 하나님은 육신의 옷을 입고 말씀으로 이 땅에 오셨다. 그러므로 말씀이 곧 하나님이시다. 우리가 말씀 안에 거하면 그 말씀이 우리를 성령으로 인도하신다.

성령과 함께 하는 우리 자신이 성전이고 교회다. 그래서 이러한 우리가 온전한 마음으로 신령과 진정으로 예배를 드릴 때, 하나님께서 그 예배만 받으시는 거다.

그런데 오늘날 교회나 목사들은 지극히 현실적인 문제에만 머물러 있다 보니 성경 구절을 인용해 세상적인 복이나 예언, 질병 치유 등에 주로 활용하고 있다. 그러나 성경은 오직 영생의 복음에 관해서만 쓰여진 책이다.

앞서의 민ㅇㅇ교수도 그들이 접한 진리가 구약에만 머물러 있고 성령을 모르기 때문에 예수를 그리 표현한 것이다. 그러므로 그들이 말하는 진리는 그저 선(善)에서 그칠 뿐, 그 진리의 강(구원)을 건너는 방법은 모르고 있다.

왜냐하면 영원으로 가는 진리의 강은 오직 신약에서만 그 비밀을 간직하고 있기 때문이다. 즉 예수 그리스도의 십자가의 도(道)를 통하지 않고는 건널 수 없다는 뜻이다.

필자도 젊은 시절 한때는 존경하는 목사의 설교에 한동안 매료된 적이 있었다. 그러다보니 아주 잠깐 성경 공부에 열심인 적이 있었지만 그저 그것으로 끝이었다.

그리고는 그 후로 여러 샛길로 빠져 성경과는 거리가 먼 엉뚱한 곳에서 진리를 찾겠다고 삼십년 이상을 헤매고 다녔다.

그렇지만 그 어디에도 영생에 이르는 길은 십자가의 길 밖에 없다는 것을 성경을 통해 확실하게 깨달았다.

그동안 각양의 학문 등에서 불교경전이든, 도학(道學)이든, 주역이든 그야말로 닥치는 대로 집요하게 파고들었지만 그 어디에도 성경만큼 진리(영생)로 인도하는 경(經)은 없었다.

사실 하나님께로 회향에 돌아온 후에도, 몇 년간 성경을 탐구하고 연구했지만 성령(말씀)으로 인도함 받기 전에는 그 깊이를 깨닫지 못했다. 그야말로 그 어떤 것으로도 나를 인도해줄 만한 학문이 없었고 성경을 수십번 읽었어도 내 안의 진리를 찾지 못했다.

그러니 머릿속 지식으로는 성경의 내용이 꽉 차 있었지만 정작 심령은 늘 곤고하고 피폐했다.

또한 지도자라 칭함을 받지 말라 너희 지도자는 하나이니 곧 그리스도니라(마23:10)

이와 같이 우리의 지도자는 그리스도 한분뿐이시다. 그래서 말씀으로 오신 예수 그리스도의 말씀만 상고하고 묵상했다. 성령의 세계는 참으로 신비하고 오묘하며 비밀의 세계이다. 또한 깊은 생명의 세계이다 보니 성령의 조명 없이는 깨닫기가 매우 힘들다.

무엇보다 하나님을 아는 지식에 거하는 자들은 그리스도의 영인 성령의 인도함에 의해 말씀이 열어진다.

성령(말씀)을 통해 한번 깨닫기 시작하자 그때부터 성경을 읽을 때마다 하나님의 존재가 다르게 느껴질 뿐 아니라 매번 감동으로 다가왔다.

그래서 누구나 끝없는 생명의 목마름을 갈구하면 성령께서 만나 주신다는 것을 확신하게 되었다.

그러기에 어느 누구든 이러한 진리 앞에 참된 깨달음을 얻기를 바라는 마음이다. 성경을 한번 깨닫고 나면 그때부터 진정한 자유를 누리게 된다. 그 후로 성령의 인도함으로 자유를 얻자 그때부터 전도의 사명감이 생겼다.

독일의 마틴루터가 천주교의 신부가 되어 사명을 띠고 로마에 갔을 때의 일이다. 그는 30세의 청년이었다. 그가 동료 신부들과 같이 스킬라상타라는 계단을 무릎으로 올라가게 되었다.

이 계단은 28계층으로 되어 있는데 예수님이 빌라도에게 고난을 당하시면서 올라가셨으며, 주님이 부활하신 후는 천사들이 로마로 옮겼으며 누구든지 이 계단을 한번 무릎으로 오르내리면 15년간의 죄가 용서를 받는다는 터무니없는 조작된 전설을 갖고 있다.

그가 반쯤 올라갔을 때 평소에 읽고 은혜를 받았던 로마서 1장 17절의 말씀이 캄캄한 밤중에 샛별처럼 그의 마음을 밝혀 주었다. 곧 '복음에는 하나님의 의가 나타나서 믿음으로 믿음에 이르게 하나니 기록된바 오직 의인은 믿음으로 말미암아 살리라 함과 같으니라' 는 말씀이었다.

그는 즉시 헛된 고행을 중단하고 뛰어 내렸다. 영력을 얻은 그는 그 후 천주교의 비성경적인 점을 95개 조의 항의문을 만들어 단독으로 로마 교황청에 도전하여 마침내 종교개혁에 성공하였다.

나 역시도 말씀이 내 안에 살아 움직이기 시작하자, 그때부터 살아 숨 쉬는 성경을 접할 적마다 한절 한절속의 소중한 말씀이 뜨거운 감동으로 살아 내 몸 세포 하나하나에 스며들기 시작했다.

아니 거친 파도가 바위에 세차게 부딪쳐 하얀 파도를 일으키듯 내 안에 파도가 세차게 일렁이기 시작했다.

오늘날 교회는 외형적인 형식에 집착해 교리, 조직, 계급을 형성하며 서로 높인다고 예의를 지키고 있지만, 그들은 성전자체인 사람보다 교회(건물)에 헌신의 강요와 외식을 더 중요시 여기는 거짓의 울타리로 둘러쳐져 있다.

제대로 알고 믿자

"지금 죽으면 당신 천국 갈수 있어요?"

마음 안에 미움이 가득 담긴 그녀한테 쏘아 붙이듯 한 소리였다.

"그럼요. 전 천국 간다고 믿어요"

그동안 교회 열심히 다니면서 봉사 많이 했고 헌금이나 십일조 꼬박 했으며 또 그에 앞서 젊은 시절 하나님을 만난 경험이 있기 때문에 자신은 천국 갈수 있다고 자신 있게 말했다.

천국은 꼭 죽어서 가는 것만이 아니다. 살아서 천국을 맛보는 자가 죽어서도 천국 간다. 그래서 주님께서 '회개하라 천국이 가까이 왔다' 이렇게 분명하게 말씀하신 것이다. 그렇지만 가까이 왔다는 천국이 지금 2000년이 넘게 흘렀다.

이를 두고 '천년이 하루 같고 하루가 천년 같은 이 한 가지를 기억하라' 라는 구절에서 현재 6000년이 지나 7000년에 돌입한 지금 이 바로 종말의 때임을 예고하는 목사도 있다. 이는 분명 맞는 얘기다. 그러나 어떤 목사는 이 구절을 인용해 예수 재림의 때에 휴거가 눈앞에 도래했으니 신앙생활을 열심히 해야 한다고 겁을 주는 목사도 있다.

이 땅의 대부분의 신학자들이 성경의 글자 안에서만 얽매이기 때문에 아직도 종교에만 머물러 있다. 그러나 이는 지극히 낮은 초보적 단계에 불과한 저차원의 지식이다.

주님께서 천국이 가까이 왔다고 선포하신 것은, 십자가 부활 후, 우리 심령 안에 성령을 보내주실 것을 예표 한 말씀이다.

"천국이 어디 있는데요?"

그녀에게 물었다.

"천국이 하늘나라에 있지 어디에......?"

당연한 듯 이렇게 답했다.

천국은 예수 그리스도께서 부활하신 후에 성령을 그리스도의 영으로 믿는 자들 속에 들어와 사시는 것을 말한다. 따라서 주님과 성령으로 연합된 성도는 곧 이 세상에서 천국을 맛보며 살아가고 있는 것이다. 그러기에 구원 받은 성도에겐 성령을 선물로 주시는 것이다.

"살아서 천국을 맛보지 못하면 죽어서도 못가요."

우리 마음 안에 말씀이 거한 자들은 그리스도의 영이 인도하기 때문에 남을 미워하거나 성내거나, 질투하지 않는다. 그야말로 사랑과 화평과 희락이기에 그 마음을 천국으로 예표한 것이지, 꼭 죽어서 하늘나라로 가거나 재림하여 오실 예수를 나타낸 것이 아니다. 하나님이 계시는 하늘나라가 천국인 것은 맞다.

그러므로 천국행 티켓은 오직 주 하나님을 경외하고 내 이웃을 내 몸과 같이 사랑하는 길 밖에 없다. 그런데 우리가 이웃 사랑을 어떻게 할 수 있겠는가?

원수까지도 사랑해야 천국에 갈수 있다고 하셨는데, 원수는커녕 같이 사는 배우자나 혈육, 심지어 자식까지도 속 썩일 때는 마음 안에서 욕부터 터져 나오고 미움이 솟구치는데 어떻게 사랑이 나오겠는가!

따라서 사랑은 우리의 힘으로는 하기 힘든 일이다. 사랑은 하나님의 영이 우리 안에 찾아오실 때 즉 성령이 내 주 안에 임재할 때만 가능한 일이다. 성령이 임한 사람은 그 마음 안에서 사랑이 절로 흘러 넘쳐 이웃에게 그 사랑을 다시 흘려보낼 수 있다. 그게 성령을 선물로 받는 사람들의 모습이고 구원의 실체다.

그런데 그녀 안에는, 교회를 수십 년 다녔다고 자랑은 했지만, 한 시간 이상 나와 얘기하는 도중에 미움의 대상을 놓고 노골적으로 비난했고 저주를 서슴지 않았다.

"미운 마음부터 전부 내려놓으세요."

원수까지 사랑할 수 있는 마음이 진정한 사랑이다. 그런데 미워 죽을 정도의 대상을 우리가 어떻게 사랑할 수 있겠는가? 나 역시 말은 그녀에게 그럴듯하게 했지만 막상 내 일이라 생각하고 미운 대상이 생기면, 솔직히 사랑할 자신이 없다. 사랑은커녕 미워하지 않을 마음조차 없다.

오늘날의 종교는 사탄이 원하는 글자주의를 사용해서 많은 영혼들을 죽이고 생명을 지치게 한다. 따라서 교인은 교인대로, 목사는 목사대로 하나님을 열심히 섬기고 성경을 많이 가르치고 선행을 베풀고 있다고 하지만 결국은 자신은 물론 교인 전부를 사망으로 이끌고 만다.

그러기에 정확한 진리는 성경의 기준에서 우주를 폭넓게 바라보고 성경 안에서 적용이 되고 출발되어야 한다. 성경 안에는 하늘의 비밀이 숨어 있다. 성경은 영적언어이기 때문에 문자로는 도저히 해석될 수 없다. 오직 하나님과 연합된 자만이 즉 성령(말씀)을 깨달은 자만이 그 비밀의 진수를 알 수 있다. 그러기에 진리의 말씀보다 신비 체험이나 윤리적 도덕 개념에서 성경을 해석하고 이해하면 그런 체험이나 경험들이 도리어 성경의 진위를 무너뜨리게 된다.

필자는 무엇이든 한번 시작했다하면 끝장을 보고야 마는 성격이다. 그래서 젊은 시절 중 한 때는 성경 공부에 집중하여 올인 한 적이 있었다.

당시는 자아가 강한 고집 때문에 공부도 한번 시작했다하면 그 의심이 풀릴 때까지 끝까지 파고들었다. 그러나 그 열심이 도리어 성경의 허구를 자아내게 했고, 궁금증에·대한 질문에 궁색한 변명으로 일관하는 목사들 때문에 성경 자체를 의심케 했다.

나는 사람은 잘 믿는 편이나 학문만큼은 의심이 많다. 역학을 접하게 된 동기도 이러한 의심들로 인해 직업으로까지 발전된 것이다.

필자는 삼십대 때, 진리를 구가하겠다고 8년 동안 참선에 몰두한 적이 있었다. 그때는 나 자신 우주의 중심이 되고자 노력했고, 하늘이 도(道)를 깨닫고자 금식기도를 밥 먹듯 했으며, 툭하면 산에 올라가 가부좌 틀고 앉아 무념무상의 세계에 침잠해 들어갔다.

그렇게 오랜 세월 금식하며 참선했을 때, 도저히 믿기지 않는 현상이 일어났다. 그야말로 맘만 먹으면 뭐든 생각대로 이뤄지는 일들이 생겼다. 처음에는 그저 우연의 일치겠거니 그렇게 가볍게 생각했다. 그런데 그게 아니었다.

솔직히 처음 얼마동안은 맘먹은 일들이 그대로 현실로 나타나자 신기했고 스님들이 도(道)를 닦으려고 그렇게 수행 정진했나 보다

생각했다. 그러나 시간이 지날수록 그런 것들이 무섭고 떨리는 두려움으로 다가왔다,

"조금만 더 정진하면 한 소식(道) 할텐데......"

참선을 그만두겠다고 하자, 나를 인도하던 스님이 아까운지 혀를 끌끌 찼다.

"도(道)에 때 끼었어요?"

도를 닦긴 뭘 닦냐며 퉁명스럽게 대꾸하고, 그 이후 참선을 끝냈다. 영적인 세계는 그야말로 직관력에서 시작되는 우주의 해석적 생명의 살아 있는 절대자의 지식이다.

우리가 값있는 삶을 살려면 그에 합당한 희생을 치러야 한다. 예수께서 우리의 그리스도가 되시기까지 피 흘림이 필요했듯이 우리도 마찬가지다. 영생이란 구원에 도달하는 일에도 절절한 갈급함이 있을 때 주어진다. 때문에 그 깨닫는 범위도 영적인 눈으로 보지 않고는 절대 깨달을 수 없다.

젊은 시절부터 지금에 이르기까지 성경을 읽거나 묵상할 때, 이를 어떻게 믿어야 할지, 믿음의 실체는 어떻게 파악되어져 가는 건지 도무지 종잡을 수 없었다. 그러니 그동안 구원의 확신을 가질 수나 있었겠는가! 그러다보니 믿음생활 한다는 나 자신조차도 믿기 어려웠고 마음 속 곤고함이 시간이 지날수록 더해 갔다.

그러한 감정들이 걷잡을 수 없는 회의로까지 치닫게 될 때마다 교회나 목사에 대한 공격으로 가해졌고, 그러고 나면 스스로한테 위안이 되었다. 어쨌든 이런 저런 과정을 겪고 나서 비로소 진리 안에 거하게 되었다.

지금 깨닫고 나서 생각해보니 이 또한 사탄의 궤계였다는 것을

알았다. 누구나 진리를 깨닫기 위해서는 성경과 한판 승부를 버리고 나야 승리(성령)의 기쁨을 맛볼 수 있다. 이는 성령과 자신과의 존재(영생)의 싸움이다.

한때는 성경의 말씀으로 깨달음을 얻기보다는 기도로서 진리적 말씀에 접근하는 것이 더 강력할 때가 있다고 생각한 적이 있었다. 귀신도 진리적 말씀이 인간의 영혼에 들어가서 깨닫기 시작하면, 그때부터 그 귀신도 더 이상 머물지 못하고 물러나게 된다고 믿었다. 성경의 글자가 영혼을 만드는 것이 아니라 내 안에 있는 영이 성숙됨으로 영적으로 성경이 증명된다.

그래서 내 안에 말씀의 진리를 담고 새벽마다 묵상하면서 영과 교류를 시도했다. 영의 눈으로 감지했더니 영성도 성장하고 성장한 그 만큼 글자가 해석되어져 하늘의 비밀 문도 열리는 듯했다. 그러나 그 또한 사탄의 계략임을 알았다.

오직 진리(성경)의 말씀(성령)만이 사탄을 물리칠 수 있는 무기가 되고, 자신과의 싸움에서 승리를 확신할 수 있는 공격이 된다.

어느 날, 로마서 8장 9절을 묵상하던 중에 이런 생각이 들었다. 머릿속에 성경지식이 아무리 많이 들어 있어도 그 영혼 속에 하나님의 생명이 없으면 성경은 그저 글자에 불과하다는 걸 깨우쳤다,

만일 너희 속에 하나님의 영이 거하시면 너희가 육신에 있지 않고 영에 있나니 누구든지 그리스도의 영이 없으면 그리스도의 사람이 아니라(롬8:9)

솔직히 성경에 대해선 지금 알고 있는 지식만으로 충분하다는

생각이 들었다.

그러고 보면 내가 성경을 몰라서 변화되지 않는 것이 아니었다. 바울의 말씀처럼 사람이 구원을 받으려면 성경에 기록된 죽은 말씀을 암송해서 되는 것이 아니라 성경에 기록된 말씀에 근거하여 하나님의 말씀인 그리스도의 영이 지금 내 안에 거해야 한다.

그 하나님의 생명이 심령 안에 거하고 있다고 자각할 때 구원의 확신이 드는 것이다. 정작 내 안의 심령은 죽어 있는데 그 속에 자꾸만 성경만 집어넣으면 그 지식으로 남을 정죄하고 심판하는 도구가 되어 버린다. 이게 바로 마귀가 노리는 술수였다. 그러기에 제대로 알고 믿어야 사탄(거짓목사)한테 미혹되지 않는다.

그러므로 계시록의 때에 영적인 지도자들이 많이 나와 하나님의 심정으로 각 개인의 영혼들을 살려내야 한다. 영적인 지도자란 바로 그리스도의 말씀만을 대언하는 참된 목자들을 지칭한다.

2부

성경이 무엇을 말하느뇨?

믿음이 무엇인지만 알아도

17세기 불란서의 계몽철학자이며 무신론자인 볼테르가 대서양을 건너는 중 풍랑을 만나 생명의 위협을 받게 되자 자신도 모르게,

"하나님! 저를 살려 주옵소서"

라고 부르짖었다. 그런데 런던 어느 집회 장소에서 무신론을 강론했더니 청중 가운데 한 사람이 일어나,

"저 사람의 무신론은 육지에서 통하지만 바다에선 안 통합니다. 그것은 배 안에서 풍랑을 만나자 '하나님이여 살려 주옵소서'라고 기도하는 것을 내가 보고 들었기 때문입니다."

라고 폭로함으로 웃음보가 터지고 말았다. 모두가 웃자고 한 얘기지만 정말로 신의 존재를 얼마나 알고, 믿고, 깨닫고 있는 걸까?

하나님은 어떤 예언이나 표적보다 훨씬 선명한 방식으로 성경 66권에 신의 계시를 정확하게 나타내 놓았다. 그러므로 예수 그리스도의 말씀 안에는 사랑, 자유, 진리, 구원, 영생 같은 본질적인 것들이 기록되어 있다. 그러나 오늘날의 교회는 외식으로 물들어 외형적인 것에만 비중을 두고 엉뚱한 것에만 혈안이 되어 있다.

복음은 율법의 완성이고 영생의 마침표다. 그러므로 자신들의 사고에 끼워 맞춰 육신의 생각으로 말씀을 전하는 것은 매우 위험

하다. 또한 짜깁기 식의 성경해석은 신앙의 근본을 뒤흔드는 영혼을 도적질하는 행위로 위험한 발상이다.

그러므로 소경(목사)들한테 인도를 받으면 함께 구덩이에 빠진다. 무엇보다 거짓된 목사들로부터 영혼을 도적질 당하지 않으려면 신앙의 3대 요소만 올바로 깨우쳐도 믿음(信音)생활을 제대로 할 수 있다.

신앙의 3대 요소는 지신행(知信行)이다. 제일 먼저 성경을 제대로 알아야(知) 믿음이(信) 생기고, 믿음이 생겨야 행동(行)이 따를 수 있다. 그러려면 성경에서 무엇을 말하는지부터 알아야 한다.

성경이 무엇을 말하느뇨. 아브라함이 하나님을 믿으매 이것이 저에게 의로 여기신바 되었느니라(롬4;3)

아브라함이 하나님을 믿으매 이것이 저에게 의로 여기신바 즉 의(義)는 옳다는 것이다. 옳다고 하면 믿음이 꼭 수반되어야 한다. 그렇다면 믿음이란?

믿음은 들음에서 나며 들음은 그리스도의 말씀으로 말미암아 있느니라(롬10;17)

즉 믿음 속에 그리스도의 말씀이 있다. 그리스도의 말씀 안에는,

이는 저희로 마음에 위안을 받고 사랑 안에서 연합하여 원만한 이해의 모든 부요에 이르러 하나님의 비밀인 그리

스도를 깨닫게 하려 함이라(골2:2)

하나님의 비밀인 그리스도를 정확하게 깨달아야 온전한 믿음이 생긴다. 따라서 그리스도는 하나님의 능력이요 하나님의 지혜다.

오직 부르심을 입은 자들에게는 유대인이나 헬라인이나 그리스도는 하나님의 능력이요 하나님의 지혜니라(고 1:24).

뿐만 아니라 그 안에는 지혜와 지식의 모든 보화가 있다.

그 안에는 지혜와 지식의 모든 보화가 감취어 있느니라.(골2:3)

그리스도 안에는 지혜와 지식의 모든 보화가 있는데 지혜는 하나님을 경외함이다.

여호와를 경외함이 곧 지혜의 근본이라 그 계명을 지키는 자는 다 좋은 지각이 있나니 여호와를 찬송함이 영원히 있으리로다(시편111:10)

또 사람에게 이르시기를 주를 경외함이 곧 지혜요 악을 떠남이 명철이라 하셨느니라(욥:2828)

이와 같이 주를 경외함이 지혜고, 악에서 떠나면 명철이다. 하나님 보시기에 악은 크게 두 가지가 있다,

내 백성이 두 가지 악을 행하였다니 곧 생수의 근원되는 나를 버린 것과 스스로 웅덩이를 판 것인데 그것은 물을 저축치 못할 터진 웅덩이니라(렘2;13).

이는 하나님(말씀)을 버린 것과 스스로 웅덩이 파는 것인데, 즉 자기가 직통계시를 받았네, 예언의 은사를 받았네, 치유의 능력을 얻었네. 하는 이것들이다. 지식도 지혜와 마찬가지로 하나님을 경외함이다. 여호와를 경외하고 존경하는 것이 지혜와 지식의 근본이고, 능력은 말씀 자체가 하나님이시다.

또한 말씀이 육신이 되어 오신 분이 예수 그리스도다.

태초에 말씀이 계시니라 이 말씀은 하나님과 함께 계셨으니 이 말씀은 곧 하나님이시니라(요1;1)

말씀이 육신이 되어 우리 가운데 거하시매 우리가 그 영광을 보니 아버지의 독생자의 영광이요 은혜와 진리가 충만하더라(요1;14).

그리스도의 말씀 자체가 하나님의 교훈이요 은혜고 진리다. 생명수(말씀) 강은 수정같이 맑고 깨끗하여 성경만 갖고도 훤히 보인다. 그기에 예수님의 말씀에서 떠나 다른 복을 쫓는다면 그것이

사탄의 계략이다. 이 종교세계가 미혹의 영이 들어가서 온통 거짓말투성이가 되었다.

따라서 예수님의 말씀 외에 다른 것을 넣으면 육신의 생각이다. 그러므로 말씀(성령)이 곧 신(信)의 능력임을 깨닫고 말씀을 사모해야 한다.

십자가의 도가 멸망하는 자들에게는 미련한 것이요, 구원을 얻는 우리에게는 하나님의 능력이라(고전 1;18)

따라서 죄가 있던 사람이 십자가의 능력으로 죄를 해결하는 것이 구원이다. 구원을 받으려면 회개하고 그리스도의 이름으로 각각 죄 사함을 얻어야 우리에게 하나님의 능력이 들어온다.

천사가 대답하여 가로되 성령이 네게 임하시고 지극히 높으신 이의 능력이 너를 덮으시리니 이러므로 나실 바 거룩한 자는 하나님의 아들이라 일컬으리라(눅1;35).

구약에서 인간의 죄성을 수없이 폭로하시고 선지서의 약속대로 하나님께서 직접 인간의 몸으로 이 땅에 오셨다. 나실 바 거룩한 자는 바로 하나님의 아들이다.

마리아는 능력의 신(信)에 의해 하나님의 아들을 잉태했다. 우리도 믿음이 있으려면 먼저 능력을 입어야 한다. 우리에게 능력이 들어와야 하나님의 아들이 될 수 있다. 하나님의 능력을 입으려면 또한 성령을 선물로 받아야 한다.

베드로가 가로되 너희가 회개하여 각각 예수 그리스도의 이름으로 세례를 받고 죄사함을 얻으라 그리하면 성령을 선물로 받으리니(행2:38)

성령을 선물로 받으려면 먼저 회개가 통과되어야 한다. 무엇보다 죄가 있으면 성령이 오지 않는다. 죄란 바로 그리스도를 믿지 않는 것이다.

죄에 대하여라 함은 저희가 나를 믿지 아니함이요(요 16:9)

성경에서의 죄는, 윤리, 도덕적인 세상 죄를 말하는 것이 아니라 예수 그리스도를 믿지 않는 것을 말한다. 그런데 교인들이 죄인이라고 고백한다면 스스로 성경의 무지를 폭로함과 동시에 가증스런 자신들의 속내를 표현한 것이 된다. 따라서 죄 사함을 얻고 성령을 받으면 그때부터 우리의 죄는 소멸된다.

그리스도 예수 안에 있는 구속으로 말미암아 하나님의 은혜로 값없이 의롭다 하심을 얻은 자 되었느니라(롬 3:24).

그리스도 예수 안에 있는 구속으로 말미암아 하나님의 은혜로 의롭다 하심을 얻은 자가 되었을 때, 그리스도 안에 있는 자는 정죄함이 없고, 흑암에서 아들의 나라로 옮겨진다.

그랬을 때 우리는 우리의 제물인 예수께서 단번에 영원한 속죄를 얻게 해주어 죄에서 해방된 복된 자들이 된다.

우리가 아직 죄인되었을 때에 그리스도께서 우리를 위하여 죽으심으로 하나님께서 우리에게 대한 자기의 사랑을 확증하셨느니라(롬5;8)

예수께서 십자가에 달리셔야만 하나님의 사랑을 우리에게 확증시켜 주시는 것이 된다. 하나님의 본체가 사랑이다. 그러므로 우리는 그 사랑을 믿고 따르기만 하면 성령을 믿음의 선물로 받게 된다.

이에 예수께서 제자들에게 이르시되 아무든지 나를 따라오려거든 자기를 부인하고 자기 십자가를 지고 나를 좇을 것이니라(마16;24)

믿음에 속한 자들은 자기를 부인하고 자기 십자가를 지고 그리스도를 좇는다. 즉 자기가 없어져야 빈 그릇이 되고, 빈 그릇이어야 비로소 진리이신 예수 그리스도의 영(말씀)이 들어오기 쉽다.

성경은 하나님과 인간 사이에 언약이다. 따라서 언약은 하나님으로부터 시작된다. 하나님께서 타락한 인간을 구원하기 위해 하나님 편에서 먼저 사랑으로 다가오신 것을 믿고, 그분만을 바라보고 따라가는 것이 바로 신앙의 본질임을 깨달아야 한다.

주의 종과 삯꾼의 차이

"급여에 연연하지 않고 봉사하는 맘으로 교회에 남았더라면......"

전에 다니던 목사가 교회 재정이 어려워 해고 통지를 받고, 인사차 다녀갔다. 내 보기에도 열정을 갖고 전도는 물론 나름대로 성경을 근거로 설교에 열심이었던 사람이 떠난다 하니 왠지 섭섭했다. 그래서 좀 더 남아 교회에 헌신 했으면 하는 마음이었다. 그런데 나름의 개인 사정이 있어 결국 떠나고 말았다.

목사는 하나님의 종이어야지 삯꾼이 되어선 안된다. 주의 종은 어떠한 여건에서도 흔들리지 않고 하나님 말씀만 전하는 자라야 한다. 그런 점에서 누구나 공감하는 부분이다. 그러나 어찌하랴. 생활이란 게 있는데, 그저 떠나가는 목사를 아쉬워할 뿐이다.

그렇다면 삯꾼과 주의 종은 어떤 차이가 있을까? 삯꾼은 그저 일꾼이요, 주의 종은 주인의 모든 권한을 위임받아 주인의 마음으로 행하는 자들이다. 즉 그 주인의 말씀을 그대로 전하는 자다.

그러기에 성령에 잠긴 목사는 주인과 같은 맘으로 온전히 말씀만 대언하고, 삯군의 목사는 자기 기분과 감정이 들어가기 때문에 부당한 대우를 받으면 발끈한다. 또한 성도도 마찬가지다. 성경적 지식이 아무리 많아도 성령에 의한 감동이 없으면 외부환경(목사의 설교)에 쉽게 흔들린다.

이와 같이 주님의 제자들도 예수와 함께 삼년 넘게 지냈음에도 주님의 말씀을 제대로 이해하지 못했다. 그러다가 예수께서 죽으시고 부활하시어 하늘 보좌에 앉으신 다음, 제자들에게 성령을 내려 주므로 알았다. 그들에게 그리스도의 영(성령)이 내려오자, 그때부터 성령이 충만하여 진정으로 예수 그리스도의 십자가의 도(道)를 전했다. 그리고 순교하는 마음을 갖고 실제적으로 순교했으며, 강건한 믿음 위에 사방으로 흩어져 복음 전하는 일에 앞장섰다.

따라서 은사는 헛된 능력만 펼쳐 보일뿐이지만 성령세례를 받은 사람들은 아버지 하나님의 생명 안으로 잠기는 일이라 주를 위하여 모든 것을 담대히 바치게 된다. 그러므로 은사가 충만했는데도 버림받은 자들이 성경에 많이 등장했다.

나더러 주여 주여 하는 자마다 천국에 다 들어갈 것이 아니요 다만 하늘에 계신 내 아버지의 뜻대로 행하는 자라야 들어가리라. 그날에 많은 사람이 나더러 이르되 주여 주여 우리가 주의 이름으로 선지자 노릇하며 주의 이름으로 귀신을 쫓아내며 주의 이름으로 많은 권능을 행치 아니하였나이까 하리니. 그때에 내가 저희에게 밝히 말하되 내가 너희를 도무지 알지 못하니 불법을 행하는 자들아 내게서 떠나가라 하리라 (마7:21-23)

주의 이름으로 목사하고 병고치고 표적과 기사와 이적을 많이 행했지만 예수께서 이들을 도무지 모른다고 하셨다. 그러기 때문에 성령세례는 은사가 아니고, 예수 그리스도의 생명(말씀) 안으로 잠기는 것이 성령이다.

아버지로부터 나오는 빛의 열매는 첫째 성결하고 다음에 화평하고 관용하고 양순하며 긍휼과 선한 열매가 가득하고 편벽과 거짓이 없나니 화평케 하는 자들은 화평으로 심어 의의 열매를 거두느니라(약3:17-18)

이와 같이 사람에게서 나오는 성품들이 아니요, 하나님의 생명으로부터 나오는 성품들임을 성경은 분명하게 대변하고 있다. 사람에게서 이러한 성품들이 나오려면 성령세례를 받아야 하고, 성령으로 거듭나야 하며, 성령의 충만함을 받아야 성령의 열매들이 열린다.

오직 성령의 열매는 사랑과 희락과 화평과 오래 참음과 자비와 양선과 충성과 온유와 절제니(갈5:22-23)

성령의 열매는 믿음이요, 믿음은 곧 사랑이다. 그러기에 그 어떤 외부적인 환경에서도 오직 하나님 아버지만을 바라보고, 그리스도의 사랑을 가슴에 품고 살아간다. 사랑을 고백하는 진실 앞에는 오래 참음과 자비와 양선과 충성과 온유의 그 모든 절제가 결국 사랑 하나로 귀결되고 만다.

따라서 성령의 열매는 그리스도의 말씀에서 맺힌다. 믿는 자들에게 나타나는 성령의 아홉 가지 열매는 성령(말씀)으로 거듭나야 얻어질 수 있는 열매들이다. 이들한테는 성령으로부터 나오는 열매들이 자동으로 열리고 그 심령 안에서 사랑으로 모든 것을 진리와 함께 기뻐하고 믿고, 바라며, 참고 견딘다.

사랑은 언제나 오래참고 사랑은 온유하며 투기하는 자가 되지 아니하며 사랑은 자랑하지 아니하며 교만하지 아니하며 무례히 행치 아니하며 자기의 유익을 구치 아니하며 성내지 아니하며 악한 것을 생각지 아니하며 불의를 기뻐하지 아니하며 진리와 함께 기뻐하고 모든 것을 참으며 모든 것을 믿으며 모든 것을 바라며 모든 것을 견디느니라 (고전13:4-7)

따라서 성령은 첫 사람 아담 안에 있는 사람들은 절대 받을 수 없고, 그리스도의 말씀이 내 심령 안에 잠길 때, 성령세례를 온전히 받게 된다. 그리스도의 말씀을 믿느냐, 믿지 않느냐에 따라 성령의 역사도 나타난다. 말씀이 마음으로 침투되어야 예수 그리스도를 믿게 된다. 성령세례는 성령(말씀)에 잠기는 것이기 때문에, 내가 성령세례를 받으면 나는 없고 성령만 내게 있다. 성령은 그리스도가 다른 보혜사로 오셔서 성령세례 주시기 때문에 그리스도가 곧 성령이요, 성령이 곧 그리스도시다.

이러한 성령의 지식을 깨닫지 못하다보니 매일 새벽마다 성경을 읽고 기도하고 묵상해도 마음 안에 사랑이 없었다. 그러다보니 자아가 시퍼렇게 살아 성경지식을 갖고 목사와 교회를 정죄하는 데만 사용했다.

모든 역사는 예수 그리스도를 중심으로 진행되고, 예수 그리스도를 통하여 성취되며, 예수 그리스도가 다시 오심으로 완성된다. 성경은 예수 그리스도를 가리켜 하나님의 비밀이라고 했다. 이 비밀은 만세전에 감추었던 것이다.

그러기 때문에 하나님께서 계시하지 않으면 인간의 지식이나 능력으로는 도저히 깨달을 수 없다. 이 비밀이 감추어진 기간은 만세와 만대로부터이다. 영원부터 이어지는 각 세대들로부터 라는 뜻이다.

이 비밀이 초대교회 때는 그리스도의 제자들에게 나타내 보이셨고, 지금은 성령으로 거듭난 하나님의 아들들에게 지금까지 감추었던 하나님의 비밀들을 성경 안에서 다 밝히 보여주셨다. 다만 성령의 눈으로 깨닫느냐, 육신의 생각으로 성경을 보느냐에 달려 있을 뿐이다.

이 비밀인 십자가의 복음은 모든 믿는 자에게 구원을 주시는 하나님의 사랑임을 깨달아야 한다. 구원을 통해 얻게 되는 풍성한 영광이 바로 하나님의 비밀의 영광인 것이다. 그래서 사도바울은 자신이 그리스도의 일꾼 된 것을 영광스럽게 여긴다고 여러 곳에서 고백했다.

그동안의 필자는 다른 사람의 이야기를 듣기보다 주로 내 편에서 나의 생각과 사고를 상대에게 주입시키는 데 열심을 냈다. 그러면서 나 자신의 독선에 사로잡혀 그 누구의 충고도 듣지 않았고, 귀 기울일 생각조차 하지 않았다. 그런 내 속을 가만 들여다보면 남들로부터 내가 많이 안다는 것을 자랑하고 싶어 하는 마음이 잠재해 있었다.

때론 나의 치부조차 거침없이 쏟아내는 솔직함 앞에 '난 이렇게 거칠 것 없는 사람이야.'를 은연중 과시하고 싶어 하는 교만도 숨어 있었다. 그 또한 내 마음 안에 늘 사탄의 거짓 속성이 잠재해 있었기에 나올 수 있는 강한 자아였다.

엄밀히 분석하면 부족한 '나'라는 존재를 감추고 싶어 하는 그릇된 위선과, 또 한편에선 모두로부터 인정받고 싶어 하는 과시의 이중성이 나의 실체라면 실체였다.

이러한 독선의 자아가 젊은 시절부터 계속해 발동해 왔기 때문에 모든 학문에 심취하게 만들었고, 지식에의 욕구가 나를 과시하게끔 종용했다. 그러다보니 주역은 물론 불경을 포함한 여러 잡다한 경전에 두루 관심을 갖고 모든 학문에 치열하게 매진했다.

그러나 그 어떤 지식에의 학문보다 성경보다 더 깊고 깊은 진리의 학문은 없었다. 성경의 모든 내용은 성령의 감동으로 쓰여진 하나님의 말씀이다 보니 영의 시각으로 보지 않으면 그 깊이를 깨달을 수 없는 게 또한 성경이다.

하나님은 영이시다. 때문에 그 영이 태초에는 말씀으로 우주를 창조하셨고, 인간을 포함한 모든 만물도 말씀의 영으로 지으셨다.

따라서 구약에서의 여호와 하나님은 말씀으로 선지자들한테 종이에 기록하게 하셨고, 입에서 나온 말씀은 하나님으로부터 떨어져 나왔기 때문에 의문의 말씀이요, 신약에서의 태초에 말씀은 하나님 속에 있는 생각 그 자체가 바로 기록으로 말씀되었기 때문에 살아 있는 말씀이다.

따라서 말씀에 참예하는 자가 믿음의 덕을 세워 이웃에게 사랑을 공급할 수 있다.

신의 성품에 참예하는 자가 되게 하려하셨으니 이러므로 너희가 더욱 힘써 믿음에 덕을 덕에 지식을 지식에 절제를 절제에 인내를 인내에 경건을 경건에 형제 우애를 형제 우애에 사랑을 공급하라(벧후1:5-7)

이와 같이 성경에 기록된 말씀들은 살아있는 하나님으로부터 성령의 감동으로 기록된 말씀이기에, 이 말씀을 암송하고 외워도 성령의 감동 없이는 깨닫지 못하게 되어 있다. 말씀을 깨닫지 못한 자들이 어찌 구원을 받았다고 장담할 수 있겠는가?

그동안의 필자 역시도 성령의 역사를 경험하지 못하다보니 성경을 미처 깨닫지 못했다. 그래서 성경적인 지식은 많이 알고 있는데 내 심령은 늘 곤고하고 답답했다. 그러기에 누구든 구원을 받으려면 그리스도의 영(말씀)이 내 안에 거하는가를 먼저 점검해 봐야 한다.

그리스도의 말씀이 내 안에 거한 사람들은 그 마음을 이끌고 가는 분이 그리스도기 때문에 눈에 보이는 세상 것 보다는 눈에 보이지 않는 하늘에 소망을 두고 살아간다. 그래서 조금 궁핍하고 곤고해도 거기에 기죽지 않고 살 수 있고, 또한 남보다 풍족해 풍요를 만끽하고 살아도 거기에 자만하거나 우쭐하지 않을 수 있다.

따라서 그리스도의 말씀이 마음속에 있는 사람은 하나님의 생명을 고스란히 심령 안에 간직하고 있기에 늘 평안하다.

성경적 해석의 오류

"예수님을 하나님의 아들이라 생각하세요?"

하나님께선 자신의 몸을 생명의 양식으로 내어주기 위해 창세전부터 계획된 하늘나라의 백성들을 만들기 위해 이 땅에 육신의 몸으로 직접 오신 분이다.

"당연하죠."

성부, 성자, 성령 삼위일체의 하나님을 이렇게 따로 각각 분류해 보느냐고 신학박사인 장○○목사한데 물은 질문이었다.

거의 대부분의 많은 신학자들은 이와 같이 성부, 성자, 성령하나님을 각각으로 분류하여 보고 있다. 즉 예수님은 창세전부터 여자의 몸에서 나실 예고된 성자 하나님이란 뜻이다. 그러나 아버지와 아들이 서로 분리되어 있는 것이 아니다.

예수님 안에 아버지가 계시고 성령이 계신다. 말씀이 육신이 되었다는 것은 여호와 아버지께서 내가 장차 사람이 되리라고 생각하신 것을 입으로 말씀하셨다. 그 말씀 하신 그대로 행동에 옮겨서 여호와 하나님이 사람(예수)이 되셨다는 것을 요한복음 10장 30절 '나와 아버지는 하나이니라.' 이렇게 나타내고 있다.

너희가 나를 알았더라면 내 아버지도 알았으리로다 이
제부터는 너희가 그를 알았고 또 보았느니라(요14;7)

이와 같이 예수께서 나를 본 자는 아버지를 보았다고 했다. 따라
서 예수님은 영원부터 계신 아들이 오신 것이 아니라 여호와 하나
님께서 직접 오셔서 아들이 되셨기 때문에 '너희 조상 아브라함은
나를 보고 기뻐했다' 또 '너희가 나를 알았으면 아버지를 알았고
나를 본 자는 아버지를 보았다' 고 하신 것이다.

무엇보다 구약은 창세기부터 말라기까지 오직 여호와 하나님만
나온다. 그래서 유대인들은 오직 여호와 하나님만 알고 믿었고, 구
원받는 조건이 오직 여호와 하나님만 믿으면 구원이 되었다.

이 한 분 하나님에 대한 사상은 너무나 중요하기에 하나님께서
이스라엘 백성을 택하시고 모세에게 계명을 주신 후 1500년 동안
여호와 하나님 한 분만 하나님이시라는 교육을 시켰다. 만약 그들
이 다른 신으로 하나님을 만들거나 섬기면 질투하시고 가차없이 죽
이셨다. 따라서 1500년 동안 여호와 하나님만 한분이시라는 하나
님의 사상을 주입시키기 위해 많은 유대인들의 희생이 되었다.

너희가 성경에서 영생을 얻는 줄 생각하고 성경을 상고
하거니와 이 성경이 곧 내게 대하여 증거하는 것이로다(요
5:39)

곧 모세의 율법과 선지자의 글과 시편에 나를 가리켜 기
록된 모든 것이 이루어져야 하리라(눅24:44)

오직 한분의 하나님 밖에 모르던 유대인들은 하나님의 본체가 예수의 몸으로 이 땅에 오신 하나님을 알아보지 못하고 예수께서 '내가 구약에서 너희 조상이 섬기고 믿었던 하나님이다' 라고 하자, 돌로 치려했고 결국 십자가에 못 박아 죽였다.

오늘날도 마찬가지다. 특히 한국교회처럼 그리스도이신 예수를 알아보지 못하고 수없이 죽이고 난도질하는 교회도 없을 것이다. 그러니까 아예 무당예수로 둔갑시키고 있다. 어느 날 강릉에 심ㅇㅇ목사가 방문했다.

"예수님은 어떤 분이신가요?"

웬 뚱딴지같은 질문인가 싶어 그저 멀뚱히 쳐다보며 아무 말도 하지 않았다. 성경의 역사는 죄로 인해 사망 선고를 받은 인간에게 예수 그리스도를 통한 구원의 길을 가르쳐 주고 있는 구속사다.

하나님의 구속사는 언약으로 끊임없이 이어지는 맥이다. 그러므로 언약의 최종 목적지는 바로 죄로 말미암아 사망에 갇힌 사람을 구속하여 영생(성령)이라는 최고의 선물로 이어지는 거다.

아무런 답이 없기에 다시 이어서 물었다.

"구원 받았다고 생각하세요?"

장로교서 삼십년 이상 목회를 하고 정년퇴직한 목사한테 묻는 질문치고는 꽤나 도전적인 질문이었다. 퇴직 후, 변변한 수입이 없어 부인과 갈등을 겪고 있는 그래서 이혼까지 고려하고 있다는 그 목사한테 던진 질문이다.

"당연하죠."

물론 구원과 이혼의 문제는 별개의 차원이다. 그러나 그의 미간의 깊은 내천(川)자의 주름이 심령의 곤고함을 대신 말해주기에 의

문이 들어 물었던 것이다. 그는 분명 자신이 예수를 믿고, 죄 사함 받았기에 구원을 받았고 그러니 천국에 갈 수 있다고 말한 것이다.

그러나 죄사함 만으로는 구원을 받지 못한다. 세례를 받고 그리스도와 연합해야 아들의 나라(천국)로 옮겨갈 수 있다.

보혜사 곧 아버지께서 내 이름으로 보내실 성령 그가 너희에게 모든 것을 가르치시고 내가 너희에게 말한 모든 것을 생각나게 하시리라(요14:26)

보혜사는 성령인데 아버지께서 예수님 이름으로 보내신다고 했다. 예수님의 이름으로 보낸다는 말씀은 아버지의 생명을 받아서 아들이 되신 예수님 속에 있는 아버지의 생명을 보낸다는 말이다. 이름은 그 존재의 속성을 이름이라 한다. 또한 이 성령은 내가 원한다고 얻어지는 것이 아니라 아버지가 내 안에 생명으로 침투해 들어와야 진정으로 구원이 이루어진다.

아들과 성령은 아버지에게서 나오는 말씀과 생명의 활동이다. 따라서 아들이신 말씀과 아버지의 생명의 활동이신 성령은, 죄 사함 받은 성도에게 말씀(성령)으로 깨닫게 하신다.

그리스도의 영이 심령 안에 거한 자들은 바로 그리스도의 영이 인도하기 때문에 그 어떤 것에 근심하거나 염려하지 않게 되기에 구원에 대해 물었던 것이다.

너희는 먼저 그의 나라와 그의 의를 구하라 그리하면 이 모든 것을 너희에게 더하시리라. 그러므로 내일 일을 위하

여 염려하지 말라 내일 일은 내일 염려할 것이요 한 날 괴로움은 그날에 족하니라(마6;33-34)

구원받은 자들은 이와 같다. 무엇보다 세상을 향해 그 죄의 문제가 해결될 수 있다는 것을 선포하는 것이 성경이지, 그들의 환경을 바꿔주어 이 세상에서 잘 먹고 잘살게 해 주는 것이 아니다. 그러나 구원을 받은 하나님나라의 백성들은 우리의 모든 것을 하나님께서 더해 주시겠다고 하셨기 때문에 세상 문제로 근심걱정하지 않게 된다.

무엇보다 신학을 젊은 시절부터 오랫동안 공부한 사람들조차 구원에 관해 질문을 하면 앞서와 같은 목사처럼 제대로 답하는 사람이 없다. 그저 예수만 믿으면 구원을 받고 천국 간다고 생각하는 그 정도 수준이다.

무엇보다 성경적 해석의 오류를 범하다보니 목사들조차 성경구절을 놓고 그에 따른 해석도 제 각각 다르게 표현했다. 그래서 심ㅇㅇ목사한테 물었다.

"동산 중앙에 선악과를 왜 두셨다고 생각하나요?"

그것만 만들어 놓지 않았다면 굳이 인간이 죄를 지을 필요가 없기에 학창 시절 가졌던 의문이라 그 부분에 대해 물었다.

"선악을 구별 짓기 위해서지요"

"그렇다면 선악의 구별이 왜 필요한 건데요?"

"그건 하나님의 계획이기 때문에……"

그에 따른 대답은 대부분 각각이었다. 간혹 어떤 목사는,

"죄란 걸 인간에게 깨우치기 위해서."

그렇다면 선악과만 없었다면 인간이 죄를 짓지 않아도 되지 않는가. 원초적으로 죄를 짓지 않으면 굳이 죄를 깨우치게 할 필요도 없는 문제였다.

나 역시도 아주 기초적인 질문이지만 학창 시절 그게 가장 궁금했던 부분 중에 하나였다. 대개의 경우 죄는 무서운 것이지만 죄에서 나오는 겸손은 선하다고, 그래서 하나님께서 죄를 허용하셨다고 괴변을 늘어놓는 목사도 있다. 그러나 필자가 이 부분을 이해하는 데 삼십 여년의 세월이 흘렀다고 한다면......?

이제는 선악과에 대해 확실하게 답해 줄 수 있다. 우리는 선악과에 의해 죄인이 되었다. 그 죄로 말미암아 타락을 하게 되어서 하나님과의 관계가 단절 되었다. 영적인 양식은 하나님으로부터만 주어진다. 그런데 그 양식의 공급 통로가 죄로 인해 막혀 버렸다. 그게 뚫려야 하나님과의 관계가 회복된다. 그걸 구원이라 하고 그런 자만이 하나님의 아들이 될 수 있다.

아담은 생기를 받아서 사람이 되었고 예수님은 아버지의 생명을 받아서 아들이 되었다. 죄인이 된 아담한테 죄 사함을 허락하신 것은, 하나님의 아들 예수 그리스도를 그 안에 거하게 하기 위한 하나의 작업에 불과하다.

따라서 두 번째 아담인 예수 그리스도는 아버지의 생명을 받았기 때문에 아버지의 아들이 된다. 첫 사람 아담과 두 번째 아담인 예수 그리스도의 탄생을 알지 못하면 예수님을 첫 사람 아담들과 똑같이 취급하게 된다.

그래서 기독교계는 본체이신 하나님께서 직접 하나님의 아들 예수 그리스도로 이 땅에 오셨음을 믿지 않았다. 그들은 영원 전 부터 계신 독생자 성자하나님이 예수라고만 생각했다.

무엇보다 아담이 하나님의 아들이 되려면 아버지와 똑같은 예수 그리스도로 존재가 바뀌어야 아들이 된다. 구원은 아담이란 사람이 죄 사함을 받고 성령을 선물로 받아서 하나님의 아들이 되는 것을 말한다.

구원은 성령을 받아야 구원이기 때문에 예수께서 죽으시고 부활하셔서 원래의 위치인 하늘보좌로 가셔서 다시 그리스도의 영으로 우리 안에 두 번째로 오실 때 우리가 구원을 받는 것이다. 구원은 그리스도의 영인 성령(말씀)께서 믿는 자 속으로 오시는 것이다.

그리스도의 사람이 되는 것이 곧 구원이요, 거듭남이다.

그러나 예전의 나는 그렇지를 못했다. 그러다보니 의구심 투성이었던 성경에 의혹을 갖기 시작했고, 그러한 의혹들이 태초에 우주가 탄생하게 된 삼라만상(森羅萬像)의 근원을 추적하게 되었다. 그리고 그 분야에 관심이 많다보니 오랜 세월 한 시도 쉬지 않고 집중하여 연구했다.

물론 그 과정에는 또 다른 이유가 담겨 있지만 어쨌든 성경에 대해 모호한 해석들이 다른 샛길로 빠지게 했고, 창조의 근원을 알기 위해 각종의 분야에 두루 관심을 갖게 했다. 때에 따라선 절에 있는 산신각서 백일동안의 새벽기도도 마다하지 않았고, 도력 높은 학승이나 스님들도 꽤나 많이 만나고 다녔다. 그들은 나를 보면 한결 같이 영(의식)이 맑다며 처음부터 신도가 아닌 도반(道伴)으로 여겨주었다.

역학계에서 몸담고 있다 보니 간혹 스님이나 무속인들이 역학을 배우겠다고 찾아오는 경우가 있다. 그러면 그들을 도리어 훈계하고 그들도 미처 알지 못하는 도(道)에 대해 귀신에 대해 가르쳐주기도 했다.

이십여 년 전에 필자한테 역학을 배우고 간 동갑네기인 제자가 뭐처럼 안부전화가 왔다. 나에 대한 근황을 물으며 인천으로 찾아오겠다고 하기에 지금은 모든 걸 내려놓고 강릉에서 목회한다고 했더니 깜짝 놀라했다.

그동안 필자를 줄곧 지켜봤던 그였기에 소스라치게 놀라는 건 당연했다. 무엇보다 힘들게 공부하여 이룩해 놓은 현재의 모든 것들이 제자 눈에 너무 아깝게 생각되었던 모양이었다. 그러나 하나님의 은혜를 깨닫고 나면 그 어떤 것도 가치를 두게 되지 않는다.

또한 영생의 구원 앞에선 세상적인 그 무엇도 아깝지 않게 느껴졌다. 그렇기에 이십 여년 이상 시간과 노력과 돈을 투자하여 이룩해 놓은 사업체를 한 치의 미련도 없이 전부 내려놓을 수 있었다.

죄가 많은 곳에 은혜가 깊다고, 나 같은 죄인이 하나님 앞으로 돌아서면 더욱 더 처절하게 스스로의 죄를 깨닫고 회개하게 된다. 어떻게 보면 하나님께서 이러한 나의 죄성을 깨우치게 하기 위해 역학이란 학문조차도 내게 허락하시고 그 안에서 깨우침을 삼게 하는 도구로 삼으셨는지도 모른다.

또한 그리스도의 십자가 외에는 그 어떤 학문도 영생에 이르는 길에 무용지물이란 걸 몸소 깨닫게 하기 위한 조치였다는 생각도 들었다. 그러기에 그 깨달음 속에서 '너가 깨달은 만큼 많은 영혼을 구원하라' 뜻에서 삼십 여년 이상을 외각 지역서 맴돌게 했는지도 몰랐다. 어떻게 보면 영혼 밖으로 내몰았던 것도 하나님의 철저한 계획일지 모른다는 생각이 들었다.

지금까지 과거적 알음알이가 구원에 이르는 길에 한동안 걸림돌이 되긴 했지만, 그 인내의 시간 또한 영혼 구제의 반드시 필요한 무대장치였다고 생각되었다. 그런데도 가끔은 사람으로 인해 상처받고 세상적인 일로 염려하며 금전으로 인한 곤혹을 치를 때가 있다. 그때마다 나름 잘 참고 인내하고 있다고 생각하면서도 내 마음은 늘 곤고했고 평화가 없는 것도 늘 여전했다.

사실 그랬다. 한 달에 수천 만원의 안정된 수입을 내려놓고 목회를 결심한 그 자체가 나의 믿음 깊음이라 생각했다. 그럼에도 현실적인 문제에 부딪치면 내 안에서는 또 다른 내가 수시로 요동치는 나를 보았다.

간혹 가까운 사람으로 인해 속이 뒤집혀지는 것을 느낄 때면 매번 나의 믿음의 실체를 의심하곤 했다. 그러다가도 또 새벽녘에 기도하고 성경 읽고 묵상하면 나도 모르게 감사의 은혜가 물결쳤다. 아직은 수시로 천국과 지옥을 오가는 마음으로 살고 있지만 어쨌든 나름대로 잘 믿고 있다고 생각했다.

그전에 남편과 둘만 살 때는 아무런 동요 없이 늘 고요하고 평화롭기만 했다. 그런데 다른 사람과 관계를 맺고 살다보니 자의든 타의든 가슴 속에서 '욱' 하고 올라오는 것을 느낄 때가 많다. 그때마다 구정물 통속의 내 안이 훤히 드러났다.

겉으로 보기엔 깨끗한 물 같아 보여도 한번 휘저으면 가라앉은 오물들이 수면 위로 둥둥 떠올랐다. 나의 더러운 속내가 구정물 통속과 너무나 흡사했다. 잠재되었던 고요가 또 다시 누군가에 의해 휘저어지면 금방 구정물로 바뀌는 게 바로 '나'란 존재의 실체였다.

그랬기에 주님의 십자가 은혜를 믿는다고 하면서도 여전히 내 마음은 미움과 분냄과 세상 것에 대한 미련이 가득했다.

지금 돌이켜 생각해 보면 그럴 수밖에 없었던 것이, 하나님을 믿는다고 하면서도 여전히 구원에 확신이 없었기 때문이다. 그리고 그동안 줄곧 영원부터 계신 하나님과 그의 아들로 오신 예수 그리스도를 따로 분리해 믿었다.

그러기에 십자가 보혈의 대속만 믿으면 그 자체가 구원인줄로 착각했다. 따라서 구원을 받으면 천국은 따 논 당상이고 영생을 얻었다고 생각했다. 그러나 내 마음 안은 여전히 구정물 통속과 같은 더러운 오물로 가득 했고, 사랑은커녕 마음이 날마다 요동치고 뒤집혔다.

예수께서는 분명 하나님을 경외하고 네 이웃을 네 몸과 같이 사랑해야 천국에 갈수 있다고 하셨는데 내 안은 사랑보다 미움이, 용서보단 원망이, 온유보단 불만이 마음 전체를 차지하고 있었다.

그러던 중에 하나님 아버지와 아들이신 예수 그리스도를 따로 분리하여 믿으면 구원이 요원하다는 것을 깨달았다. 사람의 형상을 하고 말씀으로 오신 예수 그리스도가 바로 여호와 하나님 아버지의 영체로 오신 분이심을 믿어야 성령의 실체를 깨달을 수 있다. 아울러 성경 곳곳에서 하나님이 곧 그리스도임을 나타내는 부분이 많이 나타나 있다.

여호와의 영광이 나타나고 모든 육체가 그것을 함께 보리라 대저 여호와의 입이 말씀하셨느니라(사40:5)

이와 같이 여호와께서 입으로 말씀하신대로 그대로 육신이 되어 예수님으로 오셨다. 한분 하나님이신 여호와 하나님이 친히 오셔서 사람이 되리라고 말씀하셨고 그 말씀하신 그대로 사람이 되신 것을 말씀이 육신이 되었다고 했다.

말씀이 육신이 되어 우리 가운데 거하시매 우리가 그 영광을 보니 아버지의 독생자의 영광이요 은혜와 진리가 충만하더라(요1;14)

말씀이 육신이 되신 예수님은 믿는 자들을 위하여 믿는 자들의 말씀으로 거듭나게 하기 위해서 오셨다. 거듭남이란 그 존재로 바뀌는 것이 거듭남이다. 거듭남에 대한 오해 때문에 많은 기독교인들이 거듭나지 못하고 있다, 사람이 말씀으로 거듭났다면 말씀이 되는 것이고(벧전1;23) 사람이 성령으로 거듭나면 사람이 성령이 되는 것이다.

예수님은 말씀 자체가 육신이 되신 분이다. 이는 말씀 자체이신 예수님을 믿는 자들로 말씀으로 거듭나게 하기 위함이다. 믿는 자들이 말씀으로 거듭나려면 말씀이 육신이 되신 예수 그리스도의 존재로 바뀌어야 된다. 그래야 믿는 자들이 말씀을 받는 자들이 되고(요10;35) 말씀을 받은 자들은 신(信)이 되는 것이다. 말씀이 육신이 되신 예수 그리스도께서 크신 하나님이시다.

그리스도가 하나님(영)이시라면 그리스도로 거듭난 자들도 하나님(영)이 되는 것이 당연하다. 그래서 아무리 죄가 많은 죄인이라도 그리스도 예수 안으로 들어가면 죄인은 보이지 않고 그리스도 예수만 보이기 때문에 이런 자들은 죄가 없다. 즉 죄가 하나도 없으신 그리스도께서 우리 심령 안으로 들어오셨기 때문이다.

이와 같이 아버지가 직접 내 마음 안에 오셔서 생명을 불어넣어 주어야 성령의 열매가 맺힌다.

무엇보다 주님은 죄가 없고 깨끗하신 분이다. 그런 그리스도께서 인간의 심령 안에 하나님의 영으로 찾아오셔서 우리를 깨끗케 하셨을 때, 우리 마음도 주님과 같아진다. 왜냐하면 그리스도 안에는 하나님이 계시고 성령이 계시기에 그분과 연합된 자만이 깨끗케 될 수 있기 때문이다.

그런데 그동안의 나는 초림의 예수님만을 믿고 회개에만 집중했다. 그 회개도 성령께서 찾아오실 때 이루어지는 것인데, 회개조차도 나 스스로 억지로 노력했던 것이다. 그럴 수밖에 없는 것이 본체의 하나님과 주님을 따로 분리해 믿었으니 회개 또한 내 마음 안에서 자유롭게 이루어지지 않았다.

내가 이와 같이 잘못 알고 있었던 것처럼 초대교회 때도 그렇게 오해한 사람들이 많았기에 사도바울 또한 빌립보 2장 6절에서 '그는 근본 하나님의 본체시다'라고 했다. 그러나 빌립 또한 이 사실을 모르고 예수님을 오랫동안 따라 다녔음에도 불구하고 요한복음 14장 8절에서 예수님 말고 예수님 밖에 계시는 아버지를 보여 달라고 했다.

지금 온 세계교회가 오늘날 빌립의 신앙을 갖고 있다. 주님 안에 계시는 아버지를 믿는 것이 아니라 예수님 밖에 계시는 아버지를 믿고 있다는 사실이다. 예나 지금이나 빌립과 같은 신앙을 갖고 있으면 영원히 구원 받지 못한다.

이는 그 증거로 빌립이나 열두제자가 삼년 반 동안 예수님을 따라다녔어도 예수님이 십자가에 못 박히실 때 전부 도망가고 말았다. 그들이 구원받은 것은 예수께서 부활하신 다음 그들 심령 안에 성령으로 오시고 나서였다.

오늘날 성도도 마찬가지다. 성도의 마음 안에 하나님의 생명을 분배 받아야 구원이 된다. 따라서 성경을 제대로 알고 믿어야 그에 따른 영성도 성장할 수 있다.

종말의 때에 이단이

말로만 들었던 이단의 실체를 직접 경험하고 나니 사람들이 왜 이단에 속는지를 이제야 알 것 같았다. 몇 달 전이다.

"안녕하십니까? 목사님"

주일 오후 어둑할 무렵에 개량한복을 입은 구부정한 중년남성이 방문했다. 필자를 보자마자 90도 각도로 정중하게 인사를 하는데 몸 둘 바를 몰라 나도 엉거주춤 고개 숙여 인사를 나눴다. 선한 눈매에서 그분의 착한 심성을 읽을 수 있어 안으로 안내 했다.

방문 목적인 즉, 꿈에 한글이름에 대해 계시를 받는 바람에 그날 새벽 1시에 깜짝 놀라 잠에서 깨었다고 했다. 그리고 인터넷을 셔핑하다 '한글구성성명학회'를 발견하고 너무 신기해 밤새도록 나의 특강을 보고 왔노라고 했다.

이름에 관한 얘기를 나누던 중에 가방에서 노트 한 권을 펼쳐 보였다. 그러면서 자신이 몸담고 있는 우ㅇ그룹에 관해 설명을 했다. 자세히 들여다보니 성경을 완전히 왜곡되게 해석한 그야말로 전형적인 이단의 실상이었다.

순수한 모습의 그 중년이 잘못 가고 있다고 판단되어 안타까운 마음에 그 집단에서 빨리 빠져 나오라고 권했다. 그랬더니 도리어 나를 설득하려 들었다.

"목사님! 사도행전 24장 14절을 어떻게 생각하십니까?"

'이단이라 하는 도를 좇아 조상의 하나님을 섬기라'는 부분에 대해 나의 견해를 물었다. 그것만 봐도 질문 목적이 조상천도에 비중을 두고 나한테 묻는 질문이란 걸 눈치챘다.

그러나 그 질문의 핵심 요지는 성경구절의 내용을 제대로 파악하지 못한 데서 나온 우문(愚問)일 뿐이다. 그는 단순히 '도를 좇아 조상의 하나님을 섬기고'만을 보고 조상천도에 중요성을 인지한 모양이었다. 모르긴 몰라도 그 질문 하나만으로도 그 집단의 상태를 충분히 파악할 수 있었다.

"손 선생님! 그거야말로 성경을 잘못 해석한 것입니다"

이 구절은 사도바울이 성령의 은사를 받고 그리스도의 복음을 전하다가 고소를 당한 사건에서 총독 앞에서 변론하는 내용이었다.

"그건 사도 바울이 자신의 지난 행위에 대해 뉘우치는 장면이지 조상 섬김에 관한 얘기가 아니에요"

바울은 예수야말로 참 메시야 인데 그를 알아보지 못하고 너희가 이단이라 여기고 핍박했던 예수 그리스도의 도를 좇고 있는 자신의 행위에 대한 견해를 밝히는 내용이다.

여기서 조상의 하나님은 바로 구약에서 말하는 메시야를 뜻하는 것이지, 개인들의 조상의 하나님을 섬기라는 내용이 아니다. 그런데 앞뒤 문맥 다 자르고 '조상의 하나님을 섬기고' 이 부분만 강조하며 조상천도의 당위성을 설명하려 들었다.

나중에 이런 저런 연유로 메시야라 자처하는 그 집단의 총재와 또 자칭 계시록의 두 증인이라 자처하는 총재와 또 다른 한사람인

시ㅇ 이란 사람을 만나 보았지만 개뿔!!

요한계시록의 두 증인이 바로 자신들이라며, 그러면서 기도해 보니 계시록에 녹명된 생명책 안에 144,000명의 명단에 필자의 이름도 들어가 있다고 했다.

참으로 웃기지도 않는 코미디 연기를 보는 것도 아니고 그야말로 이단들의 집단 체제를 만나고 나니 참으로 기가 막혔다. 이들은 마치 그 두 사람 손안에 영생이 달려 있는 양, 하나님의 위치에서 귀신 씨나락 까먹는 소리를 하고 있었다.

필자는 본명과 함께 '예지연' 이란 필명을 수십 년 사용하였고 현재는 '안디바' 로 불리고 있는데 그 중 어떤 이름이 생명책에 녹명되었는지 궁금하기도 하다. 그런데도 그 누구하나 반론을 제기하는 사람이 없었다.

이는 성경을 조금만 알아도 그 말이 얼마나 허무맹랑하고 사람을 기망하는 일인지 금방 알 수 있다. 그런 것에 속고 있는 그 집단의 많은 무리들을 보면서 아연 질색했다. 그만큼 그들 집단 체제는 성경 구절을 자신들의 필요에 따라 주요 부분만 착출해 적용하여 교묘한 말장난으로 이끌어 가는 것을 보고 혀를 내두르고 말았다.

나중에 그들의 교리를 좀 더 가까이서 들여다보니 대충은 감이 잡혔다.

우리나라 대표적인 이단들의 양태를 모두 접목하여 만든 집단이었다. 통일교의 음양조화에 따른 부부화합의 중요성을 강조하고, 대순진리교 조상천도에 중점을 두고 50만원의 천도 비용을 받고, 전도관의 신앙촌의 모습을 모방해 공동체를 형성하고, 거기다 신천지의 계시록을 인용해 자신들이 두 증인이며 이 시대를 구원할 메시야라고 했다.

더욱 재밌는 사실은, 요한복음 3장 16절을 인용해, '하나님이 세상을 이처럼 사랑하사'의 내용을 갖고 하나님은 세상사람 전부를 사랑하신 것이지 꼭 기독교인만 사랑한 것이 아니라는 괴변도 늘어놓았다. 그러면서 이제는 종교도 통합해야 한다고 열변을 토했다. 그래서인지 그 집단에는 대순진리교와 통일교 사람들이 주로 주류를 이루고 있었다.

여기서 '세상을 이처럼 사랑하사'는 유대교인 이스라엘만을 지칭한 것이 아니라, 이방인도 그리스도의 구속 사역에 동참하면 누구든 하나님의 아들들이 될 수 있다는 말씀이다.

그렇다면 왜 이단에 속하는가?

하늘나라의 비밀이 담겨 있는 성경을 문자적으로 보아, 끝만 살짝 왜곡시켜 보기 때문에 그렇다. 그런 면에서 대표적인 이단이 구원파와 신천지다. 구원파는 죄 사함을 받는 것이 구원이라고 한다. 오늘날 세계교회의 교리를 보면 첫 사람 아담이 죄 사함 받고 하나님이 아들이 된다고 주장하는 것과 똑 같다.

그 중에 특히 구원파가 죄 사함을 복음이라 하면서 구원받았다고 주장한다. 그래서 이들이 죄 사함을 받았다고 하면서도 정작 그들의 죄는 사라지지 않고 그대로 있다. 죄가 믿는 자들 속에서 사라지지 않는 복음은 가짜 복음이고 이단이다. 특히 신천지는 계시록 21장 6절을 자주 이용했다.

또 내게 말씀하시되 이루었도다 나는 알파요 오메가요 처음과 나중이라 내가 생명수 샘물로 목마른 자에게 값없

이 주리니(계21:6)

　신천지 교주 이○○가 바로 그런 목자라고 주장했다. 그러므로 신천지는 성경대로 창조된 하나님의 나라와 제사장들과 흰 무리이며 하나님과 예수님과 천사가 함께하고 요한과 바울같이 계시가 통하는 곳이라고 했다. 그러나 성경은 이렇게 말씀하고 있다.

　혹이 여짜오되 주여 구원을 얻는 자가 적으니이까 저희에게 이르시되 좁은 문으로 들어가기를 힘쓰라 내가 너희에게 이르노니 들어가기를 구하여도 못하는 자가 많으리라(눅13:23-24)

　이와 같이 좁은 문으로 들어가기를 힘써도 못 들어간다는 뜻이다.

　그러므로 예수께서 다시 이르시되 내가 진실로 진실로 너희에게 말하노니 나는 양의 문이라. 나보다 먼저 온 자는 다 절도요 강도니 양들이 듣지 아니하였느니라. 내가 문이니 누구든지 나로 말미암아 들어가면 구원을 얻고 또는 들어가며 나오며 꼴을 얻으리라. 도적이 오는 것은 도적질하고 죽이고 멸망시키려는 것뿐이요 내가 온 것은 양으로 생명을 얻게 하려는 것이라(요10:7-10)

　우리가 들어가야 할 그 좁은 문은 바로 예수 그리스도인 것이다.

그 좁은 문은 인간이 노력해서 열심히 업적을 쌓아서 들어 갈 수 있는 문이 아니다. 예수께서 전적인 은혜로 우리에게 성령으로 선물로 주실 때 아들의 나라로 옮겨질 수 있다. 그런데 우리가 무언가를 해야 하나님께 복을 받을 수 있다는 것은 잘못되어도 한참 잘못된 엉터리교리다.

너희가 그 은혜로 인하여 믿음으로 구원을 얻었나니 이것이 너희에게서 난 것이 아니요 하나님의 선물이라. 행위에서 난 것이 아니니 누구든지 자랑치 못하게 함이니라. (엡2:8-9)

우리의 행위와 우리의 구원은 아무 관계가 없다. 우리가 뭔가 남달라서 구원을 받은 게 아니고 우리가 이해 할 수 없는 그런 은혜가 우리 안에 뚫고 들어와서 우리를 구원해 내셨기 때문에 선물이라 하는 것이다.

따라서 성경을 올바로 깨우치고 있어야 이단에 속지 않고, 그래야 그들의 술수에 넘어가지 않을 수 있다. 영생은 영원의 문제임을 자각하고 늘 진리로 깨어있어야 하겠다.

왜곡된 우상숭배

    간혹 살다보면 삶이 권태로울 때가 있다. 그럴수록 변화하는 것이 두려움으로 다가오지만 그럴수록 상실했던 마음의 양식을 찾아 무엇이 필요한 가에 귀를 기울여야 한다. 우리네 인생사에 살다보면 따분하고 지루해 어디론가 멀리 도망치고 싶을 때가 있다. 그때 가장 피하기 좋은 것이 그리스도의 말씀이라 생각한다.

    말씀 안에는 진리, 구원, 자유, 영생 등이 다채로운 보석들이 우리를 반기고 있다. 대개의 경우 사람들은 늘 끊임없는 긴장 상태에서 살고 있기 때문에 정작 소중한 걸 모르고 있을 때가 많다. 진리를 상실하다보니 성질이 폭발하거나 우울증에 걸리게 되면 걷잡을 수없는 극단적인 선택을 하게 된다.

    나와 비슷한 연배가 휴가차 놀러왔다가 이런 소릴 했다.

    "젊은 시절로 다시 돌아갈 수 있다면……"

    그녀는 지난 시절에 대한 아쉬움이랄까, 삶에 후회 같은 어두움을 질퍽하게 토해냈다.

    "돌아가서 뭐하게?"

    자신의 삶을 있는 그대로 받아들이면 좋을 텐데, 사람들은 누구나 자기가 아는 그 어떤 다른 존재가 되려고 애쓰고 노력한다. 그러다보면 답답하고 짜증날 때가 있다.

그러나 자신의 삶의 양상과 비슷한 사람을 만나는 것도 어렵지만 설혹 만난다 하더라도 끝까지 후회 않고 유지하는 것도 쉽지 않다. 무엇보다 나와 유사한 선택을 하는 사람들과 더불어 살거나 더불어 일하는 기회가 온다하더라도 길게 가기 어렵다.

대부분의 사람들이 자신의 삶에 만족하며 사는 사람들이 그리 많지 않다. 아니 거의 없다고 해도 과언이 아니다. 그러기에 자신에 대해 충분히 잘 아는 것도 어떻게 보면 그만큼 다행한 일일 수 있다.

솔직히 필자의 경우는 나이 먹은 지금이 더 좋다. 아니 하나님을 만난 요즘이 젊은 시절보다 월등 행복하다. 과거를 회상할 때 우리는 흔히 과거에 있었던 어떤 구체적인 순간을 떠올리게 된다. 기억이란 그런 면에서 좀 별난 편이다.

한 순간 마음을 사로잡았던 일, 섬뜩했던 일, 혹은 다시는 기억하고 싶지 않았던 일들이 떠오를 때면 상처 깊었던 자리에 딱지가 앉은 느낌이다. 필자는 가끔 기억조차 기억하고 싶지 않을 때가 있다. 그건 기억이 주는 행복보다 기억으로 인한 아픈 기억이 더 많기 때문이다. 그러나 지금은 그 기억이 주는 아픔 때문에 하나님을 만나게 되어 도리어 행복하다.

이처럼 우리의 인생은 특별했던 순간들이 모이고 쌓여 세월이라는 역사를 연출하면서 살아가고 있다.

성도가 구원의 여정으로 이루어가는 데도 마찬가지다.

우리가 구원받은 그리스도인이라 할지라도 죄의 육신을 입고 있기 때문에, 타락한 본성이 남아 있어 언제나 참다운 삶을 살아낼 수 없다. 따라서 우리는 그렇게 목숨을 바쳐 하나님을 사랑할 것처럼 고백을 하지만 말처럼 하나님을 온전히 사랑하고 섬길 수가 없다.

그러나 그런 마음이 우리를 하나님의 은혜의 장으로 이끌어 가고 있기에 우리를 위로해 준다. 그렇게 신앙생활을 실패할 때마다 우리의 힘으로 성령의 역사가 이루어지지 않는다는 것을 깨닫고 하나님의 도우심을 구해야 한다. 그러다보면 점차 작은 하늘나라로 만들어 간다.

무엇보다 우리가 소중하게 간직하고 있는 믿음이나 구원을 장황한 말로 설명하는 게 그리 쉽지 않다. 그렇기 때문에 때로 우리는 행위로 말해야 할 때가 있다. 말로만 떠드는 것이 아니라 일상의 생활을 통해 우리가 변해가는 것을 보여줄 때 사람들은 우리의 믿음과 구원의 실체를 보다 감명 깊게 받아들인다. 그러면서 그 마음을 통해 저절로 믿음의 실체를 확인하고 싶게 만든다. 우리는 이 세상 것에 착념하느라 하나님보다 나를 더 사랑하며 살게 된다.

우상을 섬긴다는 것은 나의 필요를 얻기 위해 나보다 강한 대상에게 대가를 주고 부탁하는 것이다. 그 우상은 필요한 것을 주고 대가를 받되 다른 요구는 하지 않는다. 반면에 하나님은 우상처럼 대가를 바라지는 않으시나 우리에게 상대적으로 거룩을 요구하신다.

또한 우상을 섬기는 자들은 우상에게 자기들이 뭔가를 요구하지만 하나님을 섬기는 자들은 하나님이 그 백성들에게 뭔가를 요구하신다. 그런데 인간은 하나님의 뜻에 자발적으로 순종하지 못하는 것이 문제이다,

그래서 하나님은 당신의 백성들을 순종하는 자로 만드시기 위해 자꾸 시험하신다.

성경은 창세기부터 계시록까지 예수 그리스도와 십자가, 그리고 그로 말미암는 구원, 그리고 그러한 구원이 왜 필요하게 되었는가에 관해서만 기록하고 있다. 성도들은 그 구원의 이야기를 통해 포장되고 위장되어 있는 자신의 실체를 알게 되고 또 하나님의 크심을 알게 된다.

그러면서 그 하나님으로부터 부어진 감당할 수 없는 사랑과 은혜를 깨닫게 되어 하나님께 항복하고 순종하며 산다. 하나님의 사랑하는 자로 지어져 가는 것이 성경이 주어진 목적이다.

우리는 늘 하나님의 요구와 계획, 그리고 우리의 욕심과 계획 사이에서 싸우게 된다, 하나님의 요구와 계획을 무시하고 우리의 욕심을 따라 행동할 때 우리는 우상을 섬기는 자가 된다. 우상에 관련된 경계는 출애굽 20장에서 잘 나타내 주고 있다.

너를 위하여 새긴 우상을 만들지 말고 또 위로 하늘에 있는 것이나 아래로 땅에 있는 것이나 땅 아래 물속에 있는 것의 아무 형상이든지 만들지 말며 그것들에게 절하지 말며 그것들을 섬기지 말라(출20:4-6)

제 2계명을 범한 자의 최후를 보여주는 대표적인 인물은 느부갓네살 왕이다. 바벨론이 많은 열방을 손에 넣고 근동의 패권을 차지하자 느부갓네살 왕은 하나님을 무시한 채 군사력 자체를 신격화하여 온갖 잔악한 행위를 일삼았다. '그들은 그 힘으로 자기 신을 삼는 자라 이에 바람같이 급히 몰아 지나치게 행동하여 득죄하리라'라고 하박국에서 전하고 있다.

극도로 교만해진 느부갓네살 왕은 신의 모습을 형상화한 거대한 금 신상을 세우고 모든 사람으로 하여금 그 앞에 절하게 했다. 각 나라에서 쓰는 모든 악기를 동원하여 두라 평지에 그 엄청난 소리가 울려 퍼지면 그 위세에 눌려 금 신상에 경배를 거부할 자가 없게 되었다.

그러나 다니엘의 세 친구는 느부갓네살이 만든 금 신상 앞에 절하지 않은 죄로 왕 앞에 끌려갔다. 세 사람인 사드락, 메삭, 아벳느고는 조금도 떨지 않고

"느부갓네살이여 우리가 이 일에 대하여 왕에게 대답할 필요가 없나이다. 만일 그럴 것이면 왕이여 우리가 섬기는 우리 하나님이 우리를 극렬히 타는 풀무 가운데서 능히 건져내시겠고 왕의 손에서도 건져 내시리이다."

이렇게 담대하게 외쳤다. 그리고 끝까지 금 신상에게 절하지 않았다. 다니엘의 세 친구는,

"그리 아니하실지라도 왕이여. 우리가 왕의 신들을 섬기지도 아니하고 왕의 세우신 금 신상에게 절하지도 아니할 줄을 아옵소서."

여전히 이렇게 말했다. 이에 왕이 분이 가득하여 세 사람을 결박하여 극렬히 타는 풀무불 가운데 던지게 했다. 세 사람을 붙든 자들이 타 죽을 정도로 평소보다 7배나 뜨거운 풀무불이었다.

그런데 결박되지 않은 네 사람이 풀무불 가운데로 다니는데, 그 넷째의 모양이 신들의 아들과 같았다. 왕이 놀라 세 친구를 풀무에서 나오라고 하여 보니, 불이 능히 그 몸을 해하지 못하였고 머리털도 그슬리지 않았으며 고의 빛도 변하지 않았고 불탄 냄새도 없었다.

너무도 놀란 왕이 세 사람에게 하나님을 찬송하면서 왕명을 거역하면서도 우상 숭배를 단호히 거부한 그들을 높이고 그같이 구원한 다른 신이 없다고 고백했다.

이 때 왕은 일시적으로 하나님을 두려워하였으나 후에 다시 교만해졌다. 그가 그의 집에서 편히 쉬며 그의 궁에서 번영을 누릴 때, 땅의 중앙에 있는 한 나무의 꿈을 꾸었는데 다니엘이 이를 해석하여 주었다. 이때 다니엘은,

"왕이 사람에게서 쫓겨나서 들짐승과 함께 거하며 소처럼 풀을 먹으며 하늘 이슬에 젖을 것이요 이와 같이 일곱 때를 지낼 것이라 그때에 지극히 높으신 자가 인간 나라를 다스리시며 자기의 뜻대로 그것을 누구에게든지 주시는 줄을 아시리이다"

라고 경고를 하였다.

그러나 왕은 교만하여 다니엘의 경고를 무시했다. 열두 달 후에 느부갓네살 왕이 바벨론 궁 지붕을 거닐면서,

"이 큰 바벨론은 내가 능력과 권세로 건설하여 나의 도성을 삼고 이것으로 내 위엄의 영광을 나타낸 것이 아니냐."

라고 하면서 자신의 업적을 드러내었다. 이 말이 아직 왕의 입에 있을 때에 느부갓네살은 왕위에서 쫓겨나 7년간 광인이 되어 짐승과 같이 사는 저주를 받았다. 결국 그가 세운 바벨론은 메대의 다리오 왕과 바사의 고레스 2세의 연합 작전에 의해 패망하고 말았다.

실로 우상을 만들어 절하고 섬기는 자의 최후가 얼마나 비참한지를 단적으로 보여 주고 있다.

이와 같이 하나님은 이 세상 것을 하나님보다 더 사랑하는 것을 우상이라 여겼다. 그리고 그런 자들은 느브갓네살 왕처럼 가차 없

이 죽여 버리셨다. 그러나 우리는 하나님보다 우리를 더 사랑하며 살 수밖에 없는 존재들이다.

그러기에 우리의 속성을 너무 잘 알고 계신 하나님께서 우리에게 오직 믿음하나만을 보시겠다고 하셨다. 그 덕에 필자도 하나님을 만날 수 있게 되었다.

지난해는 다른 해에 비해 날씨가 매섭게 춥지 않았지만 눈도 그다지 많이 내리지 않았다. 오히려 봄기운이 감도는 3월에 여러 차례의 눈이 내리고 30cm이상의 눈이 쌓이는 이상기온의 봄을 맞았다. 그래선지 따스한 기운이 감도는 완연한 날씨에 마당에 쌓인 눈을 바라보고 있자니 여러 생각들이 기억 너머로 넘나든다.

2005년 이곳에 터를 잡을 때만해도 귀촌하는 사람들이 어려움을 많이 겪었다. 그래서 외지에서 온 사람들은 정착하기가 힘들었는데 심성 착한 마을 사람들 덕분에 잘 지낼 수 있었다.

대부분의 사람들은 시골에 처음 내려가면 그곳 지역 주민들의 텃세 때문에 따돌림을 받기 십상이다. 그러나 우리는 도리어 이곳 사람들의 도움으로 안정적인 정착을 꿈꿀 수 있었다.

이곳 마을 사람들은 사방이 산으로 둘러싸인 자연과 함께 살아서 그런지 대부분이 착하고 순수했다. 또 술을 좋아해 어딜 가나 커피대신 소주를 대접하는 것이 이 마을 인심이기도 했다. 그래서 가끔 안주를 만들어 동네 사람들을 불러 함께 술을 마시곤 했다.

따라서 우리 집은 동네 주막집으로 술꾼들의 발길이 잦다. 자연과 더불어 하나님과 함께하는 요즘의 생활이 그래서 더욱 행복하다.

성경에서의 이름의 의미

  필자는 오랫동안 성명학을 연구한 사람이다. 때문에 그 누구보다 이름의 중요성을 너무나 잘 인식하고 있다. 성명학을 연구하면서 가장 놀라왔던 것은 타고난 운명대로 이름을 짓는다는 사실이다. 그 불러진 이름 속에 소리의 에너지가 당사자의 운명을 만들고 파동(소리)에서 파생되는 기운에 의해 당사자의 운명도 그의 타고난 방향대로 진행된다.

  그래서 필자는 그 사람의 이름만 들어도 성품이나 품성, 살아 온 길, 운명적 모든 소인을 거의 유추해 낼 수 있다.

  몇 년 전이다. 중년 여성이 전화를 걸어 자신의 이름과 딸의 이름을 물었다. 이름분석을 자세히 해주고 났더니, 개명을 의뢰했다. 작명한 이름의 우편발송을 위해 주소를 물었더니 전남의 ㅇㅇ교회의 목사였다.

  그 목사는 개명한 후로 신도들한테 어려움의 있거나 피치 못할 사정이 생기면 이름 때문에 불행한 일을 겪나싶어 가끔가다 신도들 이름에 대한 상담을 의뢰했다. 그래도 그 목사는 다른 목사들에 비해 솔직하고 양심적인 편이다.

  최소한 다른 목사들처럼 성경을 갖고 하나님을 무당 예수로 만들지는 않으니까. 그러나 대부분의 목사들은 성명학의 원리도 모르면서 무조건 미신이라고 배척하면서, 정작 자기교회 신도들이 아기를 낳으면 감사헌금 받고 싶은 욕심에 이름부터 지어주겠다며 자청하고 나선다.

과거적 필자의 고객 중에 80%가 기독교인인데 대부분 목사가 지어주었다는 이름들을 분석해 보면 하나 같이 불행을 예고하는 이름들이다. 성경에서 말하는 미신이나 우상은 산신각에서 기도하고 부처한테 절하는 것을 우상이라 하지 않는다.

하나님은 하늘나라 백성 외의 인간들한테는 그다지 관심이 없으시다. 그러므로 중이나 무당한테 점보고, 굿하는 자들을 보고 다른 신을 섬긴다고 하는 것이 아니고, 교인들이 하나님 외에 다른 것에 마음을 빼앗기고 사는 것을 우상숭배라 한다.

그런데 오늘날 교회는 어떤가? 영생의 복음보다 잘 먹고 잘 사는 방법으로 물질의 축복이나 성공에 비중을 두고, 교회 열심히 다니고 헌금을 많이 내야 복을 주고 성공도 보장된다고 도리어 우상숭배를 조성하고 있다. 특히 성경구절을 교묘하게 인용해 하나님의 것인 십일조 떼어 먹지 않고 잘 내야 하나님께서 복을 쌓을 곳을 없을 정도로 부어주신다며 각종의 헌금을 유도하고 있다.

이와 같이 사람의 계명으로 성경말씀을 전하는 목사들이 바로 다른 신을 섬기는 우상숭배자들이다. 이들은 사람의 계명으로 가르침을 받았기 때문에 육신의 생각으로 성경을 해석하고 자기 편의대로 성경구절과 혼합하여 거짓말을 그럴듯하게 꾸며낸다.

따라서 목사들이 성경말씀에 육신의 생각인 자기 생각을 첨가해 전하면 그게 바로 거짓선지자요, 성령을 기만하는 불법에 해당하는 자들이다.

> 주께서 가라사대 이 백성이 입으로는 나를 가까이하며 입술로는 나를 존경하나 그 마음은 내게서 멀리 떠났나니 그들이 나를 경외함은 사람의 계명으로 가르침을 받았을 뿐이니라(사29:13)

계명성은 하늘에서 떨어진 타락한 천사를 지칭한다. 바로 목사(사탄)의 입에 타락된 영을 입술에 두었으니 그 마음 안에서 나오는 모든 것은 악한 생각뿐이요 거짓말투성이다.

그러다 보니 거의 대부분의 목사들이 샤머니즘으로 변질되어 무당(목사) 예수로 둔갑되어 있다. 그래서 그들은 입만 열었다 하면 복을 빌어주는 말뿐이요, 또는 응답받아 아무개가 성공했다는 거짓말 일색의 얘기뿐이다.

정작 오늘날 교회의 목사들이야말로 예언이니 은사니 하면서 사람들의 운명을 예측해 주고 있으면서 도리어 체계적으로 정립된 이론의 성명학을 우습게 여기는 그들이 더 웃기게 여겨진다.

목사들이야말로 어떤 힘 있는 존재의 힘을 빌려 자신의 소원이나 이루고 문제 해결이나 해주는 기복(무속) 신앙으로 가면서 즉 자신들이 무당예수면서 '똥 묻은 개가 겨 묻은 개를 나무란다'고 성명학을 미신 취급하는 게 웃기지도 않는다는 얘기다.

교회는 하늘 백성들이 그 나라로 살아가는 법을 배우고, 하나님 아들의 나라로 옮겨지는 영생의 복음을 가르치고 전해야 하는 곳이다. 그런데 정작 교회가 구원의 여정에는 관심조차 없다. 하나님나라 백성의 소망을 공고히 하는 사명을 가진 목사가 도리어 거짓 성령으로 병이나 고치고 사업의 번창이나 빌어주고 자녀들의 입신양명이나 기원해 주는 무당집으로 전락하고 있다.

이는 하나님을 떠난 자들의 대표적인 표상이다. 교회는 자신의 실체의 더러움이 폭로됨과 동시에 하나님을 신뢰하고 그분의 뜻에 함께하는 자들의 행복이 드러나는 한시적인 역사를 살아가고 있는 현장이다. 그 속에서 우리는 하나님의 나라와 우리 하나님 아버지를 열망하는 마음으로 살아가야 한다.

무엇보다 하나님은 영이시다. 그러기에 형상이 없다. 하나님은 감각으로는 알 수 없지만, 그 대신 아무 곳에나 시간과 장소의 구애없이 어디서든 계신다.

그러므로 성도라면 신령과 진정으로 예배해야 한다. 신령이란 장소나 외형에 매이지 않는 것이고, 진정이란 진실하고 애틋한 마음으로 어떤 것에 매이지 않고 참된 마음으로 섬긴다는 뜻이다.

필자 또한 신령과 진정의 참 뜻을 알기에 그 본질에서 벗어나지 않는 범위 내에서 매일 예배를 드리며 살고 있다.

따라서 이름은 하나의 구별 짓는 기호이자 그 존재 자체를 가리키고 그 존재의 속성과 인격까지 내포하고 있다. 또한 평생 따라 다닐 뿐 아니라 그가 죽은 이후까지 남겨지는 것이 이름으로 매우 중요한 의미를 지니고 있다.

필자가 지금 목회자의 길을 걷고 있음에도 이렇듯 이름의 중요성을 인지하고 있는 것은 말씀의 위력을 알기 때문이다. 이 세상 창조도 전부 '가라사대' 한마디로 이루어졌다. 그러기에 다른 학문은 전부 내려놓았어도 성명학 하나만큼은 세상 속에 남겨두고 있다.

특히 이름에 관련해선 성경에서도 그 뜻을 분명하게 밝히고 있어 이름에 대한 확신은 아직까지 변함이 없다.

뿐만 아니라 이름을 지을 때는 부모의 신앙이 자녀에게 100% 영향을 미치게 된다. 단순히 이름을, 그 이름을 소유한 자의 모습으로만 볼 것이 아니다. 자식의 이름을 짓는 부모의 소망과 기대가 그 시대상과 함께 담겨 있는 것을 알아야 한다. 그러므로 성경의 인물 속에서 이름 하나만 갖고도 아주 폭넓게 그 인물과 시대상을 가늠해 볼 수 있다.

시대를 대표하는 경건한 후손, 기도의 사람들이 아들을 낳았을 때 그들은 분명 자녀들의 이름을 가볍게 짓지 않았다. 그 시대를 향한 하나님의 소원과 뜻을 깊게 헤아려 자식들의 이름에 담아 지었다.

한 가정에 많은 자녀가 있을지라도 그 부모의 이름을 빛내고 영광스럽게 하는 자녀는 대대로 기념하여 그 이름을 가문의 자랑을 삼았다. 그러기 때문에 성경 안에서도 경건한 자손들의 족보에 특별히 기록된 자들은, 그 이름이 아직도 흐려지지 않고 있다.

이처럼 이름은 족보에 나오는 사람들의 이름들 속에는 그 인물들의 시대상뿐만 아니라 더 나아가 시대를 관통하는 하나님의 구속사가 압축되어 있다는 것은 그만큼 매우 중요한 뜻을 내포하고 있다는 의미다.

이와 같이 성경 속에서의 이름은 족보에서와 같이 이름 속에 내포된 그 시대상의 인물과 정체성을 파악할 수 있는 자료가 구속사적으로 중요한 뜻을 갖고 있다면, 오늘날의 이름 또한 이름 분석의 유형이 성경과는 다르나 중요성의 의미에서는 그 맥락이 같다고 본다.

　교인들의 대부분이 아기가 태어나면 목사한테 이름을 의뢰한다. 그런데 문제는 목사가 잘못 지어진 이름 때문에 그 당사자는 험난한 세월을 살게 된다는 사실이다.

　그리스도인의 삶에 고통이 구원의 도구가 된다면 더 이상 잘못 지어진 이름으로 문제 삼을 것은 없다. 그러나 그 고통의 문제를 해결하기 위해 영생을 구원하는 기도가 아닌 삶의 문제를 해결하기 위한 기도에 매달린다면 이는 매우 심각한 문제다.

　따라서 지금도 목사가 두려워 개명을 포기하고, 이름의 예시대로 불행하게 사는 교인들을 볼 때면 솔직히 안타까운 심정이다.

아담과 하와

필자는 그동안 이십 여년 이상을 강의 해 온 사람이다. 적게는 몇 십 명, 많게는 몇 백 명 되는 앞에서 특강을 해도 조금도 두렵거나 떨리지 않았다. 그러나 하나님 말씀을 전하는 일에 있어서는 늘 긴장되고 떨린다.

혹여라도 성경을 잘못 분석해 왜곡되게 해석하거나 또는 나의 그때그때의 감정으로 사사로이 말씀을 전하면 당사자의 영혼에 큰 범죄를 저지르는 일이 되는 것이기에 그런 두려움에서 오는 긴장감이다.

그런 면에서 마음은 인간이라는 밭에서 오래 경작되어야 피어나는 생명의 꽃이 된다. 마음은 하나님의 얼굴이고 천사의 미소이다. 인간이라는 밭에서 십자가의 비료를 주고 고난이라는 제초제를 사용해야 비로소 천국의 마음이 될 수 있다. 교회는 이러한 마음을 만들어내는 밭이다. 성경은 마음을 만들어내는 제조처다.

따라서 목회자야말로 이 같은 진리를 깨닫고 그 진리를 다른 이들에게 그리스도의 말씀으로 온전히 전해야 한다. 그래야만 그 진리 안에서 복음이 들어가기 때문에 진정한 말씀의 전도가 된다.

그러나 하나님과 떨어진 인간들은 스스로의 마음 밭을 갈고 닦는데 매우 인색하고 게으르다. 그러한 자들은 영원한 죽음과 함께 지옥으로 던져진다.

인간은 하나님으로부터 끊임없이 공급되는 하나님의 생명력에 의해서만 영원성을 보장 받을 수 있다. 그러나 하나님의 은혜가 떠난 버린 자들은 그 생명력이 차단되어 버린다.

그래서 하나님을 알지 못하는 자들의 인생이 그토록 공허하고 고달프고 고통스럽다. 아무리 좋은 것을 가져도 아무리 높은 곳에 올라가도 이내 찾아오는 공허감이 바로 영원한 죽음의 암시이다.

이러한 어둠의 그림자 뒤에는 하나님의 명을 어긴 아담과 하와의 죄성이 하나님과의 관계를 단절시킨 결과이다. 첫 사람 아담은 하나님의 형상대로 지어졌을 뿐 아니라 하나님의 생기를 받아 생령으로 탄생된 최초의 인간이다.

아담과 하와가 죄를 짓기 전에는 에덴에서 하나님과 함께 동산을 거닐면서 지상낙원에서의 최고의 향복을 누리고 살았다.

여호와 하나님이 가라사대 사람이 독처하는 것이 좋지 못하니 내가 그를 위하여 돕는 배필을 지으리라 하시니라 (창2:18)

하나님께서 첫 사람 아담을 지으시고 에덴동산에 두셨을 때 그가 독처하고 있는 것이 좋지 못하여 돕는 배필로 여자를 남자의 갈빗대로 만드셨다. 돕는 배필의 뜻은 가장 가까운 위치에서 주거니 받거니 서로 도움을 주는 관계이다.

사람은 누구나 독처하는 것이 좋지 못하며 또한 누구에게나 돕는 배필이 필요하다. 하와는 하나님의 신비롭고 오묘한 창조의 섭리로 지어진 여자로서 하나님께서 아담에게 주신 최대의 선물이다.

하나님께서 하와를 아담에게 배필로 주신 것은 하나님의 특별한 배려였다. 첫 사람 아담은 최초의 사람으로 너무도 존귀한 존재였지만 결국 여자에 의해 영원성인 영생을 잃었다.

여호와 하나님의 지으신 들짐승 중에 뱀이 가장 간교하더라 뱀이 여자에게 물어 가로되 하나님이 참으로 너희더러 동산 모든 나무의 실과를 먹지 말라 하시더냐(창3;1)

태초의 뱀은 지금처럼 징그러운 파충류 뱀이 아니었다. 왜냐하면 하나님의 저주를 받아 땅을 배로 기게 된거 라고 했으니까. 따라서 뱀은 인류 최초의 사탄의 전형적인 모습이다. 그런 뱀이 여자에게 물었다.

여호와 하나님이 그 사람에게 명하여 가라사대 동산 각종 나무와 실과는 네가 임의로 먹되. 선악을 알게 하는 나무의 실과는 먹지 말라. 네가 먹는 날에는 정녕 죽으리라 하시니라(창2;16-17)

하나님은 하와에게 이렇게 말씀하셨는데, 간교한 뱀은 '참으로' 와 '모두'라는 단어를 넣어서 하나님의 엄격함과 극단성을 의심케 했다. 이와 같이 마귀는 하나님의 말씀을 살짝 왜곡시켜 그 말씀을 듣는 자들로 하여금 혼란케 했다.

오늘날 이단이 끝만 살짝 왜곡시켜 성도를 미혹시키는 거와 같이 이게 바로 사탄의 단면이라 할 수 있다.

여자가 뱀에게 말하되 동산 나무의 실과를 우리가 먹을 수 있으나, 동산 중앙에 있는 나무의 실과는 하나님의 말씀에 너희는 먹지도 말고 만지지도 말라 너희가 죽을까 하노라 하셨느니라(창3;2-3)

사탄이 여자한테 하나님이 말씀을 이렇게 살짝 왜곡시켜 하나님의 과격성과 엄격함을 의심케 하자, 하와가 금방 넘어가 하나님에 대한 섭섭함을 표시했다. 하나님은 이들한테 선악과를 먹게 되면 '정녕 죽으리라' 말씀하셨는데 하와는 '죽을까 하노라' 즉 '죽을지도 모른다' 라고 살짝 바꾸어 말했다.

이와 같이 여자가 마귀의 미혹에 이끌려 하나님을 의심하고 경외하는 마음이 흔들리자, 마귀가 이때 여자에게 치명타를 가했다.

뱀이 여자에게 이르되 너희가 결코 죽지 아니하리라. 너희가 그것을 먹는 날에는 너희 눈이 밝아 하나님과 같이 되어 선악을 알 줄을 하나님이 아심이니라(창3;4-5)

하나님은 분명 '정녕 죽으리라' 말씀하셨는데 마귀는 '결코 죽지 아니하리라' 정 반대의 이야기를 했다. 하와는 이러한 마귀에게 속아 선악과를 따먹으므로 드디어 '죄' 라는 것이 생겨났다.

에덴동산의 선악과 사건은 단순히 인간의 우발적인 타락을 묘사해 놓은 것이 아니다. 하나님은 에덴동산의 사건을 포함한 인류의 역사를 통하여 인간에게 하고 싶은 이야기가 있으신 거다.

선악과 사건은 하나님의 은혜를 떠난 자들이 갖고 있는 타락한 인간들의 속성과 그들의 문제의식을 지적하고 주지시키기 위해 일어난 일이다.

아담과 하와는 선악과 이외의 모든 실과를 먹을 수 있었던 최고의 풍요를 약속받은 사람이었다. 그러나 그럼에도 불구하고 육신의 정욕을 이기지 못했다. 그게 온전한 생명을 소유하지 못한 인간의 한계를 실증시킨 것이다.

여자가 그 나무를 본즉 먹음직도 하고 보암직도 하고 지혜롭게 할 만큼 탐스럽기도 한 나무인지라 여자가 그 실과를 따먹고 자기와 함께한 남편에게도 주니 그도 먹은지라 (창3:6)

마귀의 미혹에 말려들어 하나님의 말씀을 경홀히 여긴 하와는 탐욕의 포로가 되어 버렸고 즉시 자기 남편에게 권해 아담까지 타락하게 만들었다.

여기서 가만히 살펴보면 사탄은 짐승을 사용하여 여자를 미혹하고 여자로 하여금 남자를 미혹케 하고, 남자는 하나님께 대드는 식으로 하나님께서 세워 놓은 질서를 역으로 파괴하고 들어왔다. 타락한 순서가 뱀, 여자, 남자다.

하나님은 이 세상의 질서를 하나님에서 남자로, 남자에서 여자로, 여자에서 짐승으로 흐르게 세워 놓으셨다. 따라서 하나님께서 세워 놓으신 질서가 곧 선이다. 그래서 질서는 아주 중요하다. 하나님은 질서를 어기고 범죄한 자들을 다시 질서 속에서 나무라셨다. 때문에 하나님께서 먼저 아담을 나무라고 그 다음에 여자를 나무라고 그 다음에 뱀을 저주하셨다.

이에 그들의 눈이 밝아 자기들의 몸이 벗은 줄을 알고 무화과나무 잎을 엮어 치마를 하였더라. 그들이 날이 서늘할 때에 동산에 거니시는 여호와 하나님의 음성을 듣고 아담과 그 아내가 여호와 하나님의 낯을 피하여 동산 나무 사이에 숨은지라(창3:7-8)

무화과나무 잎은 잠깐이면 말라버린다는 점이다. 이것은 인간이 자신들의 공허를 메우고 부끄러움을 가리기 위해 한시적으로 하는 행위이다.

선악과를 따먹은 아담과 하와의 눈이 밝아지자, 그들은 벌거벗은 상태에 대해 지각을 하고 판단을 하여 치마를 해 입는 행동을 했다. 선악과를 따먹기 전이나 그 후에 그들이 육신적으로 달라진 것이 없다. 그런데 왜 갑자기 자기들이 벗은 것이 부끄러워 치마를 해 입어야 했을까?

스스로 선악을 판별할 수 있는 하나님의 눈이 아닌 자기 기준의 눈이 생겨버리면, 타락한 인간은 늘 자신의 실체가 부끄럽게 느껴진다. 따라서 눈이 밝아지면 자기가 선악의 판단 자가 된다. 이와 같이 잘난 척 하는 모든 인간들이 바로 죄인인 것이다. 죄인은 그 부끄러움을 가리는데 총력을 기울이게 된다.

그러기에 하나님을 알지 못하는 모든 인간들은 그들의 인생 전부를 자신의 부끄러움을 가리는데 허비하고 있다. 부자가 되고 싶은 욕구, 벼슬아치가 되고 싶은 욕망, 좋은 집, 좋은 차, 명성에 대한 끊임없는 이 모든 것들이 따지고 보면 전부 타락한 인간들의 자기 부끄러움을 가리기위한 수단에 불과하다.

자기의 부끄러움을 가리기 위한 한 수단으로 가장 좋은 예가 바로 여자들의 화장이다. 화장은 자신이 가려야 할 부분이 많아지고 점점 깊어질수록 두꺼워진다. 그래서 20대는 화장을, 30대는 치장을, 40대는 분장을, 50대는 변장을, 60대는 환장을 한다는 어느 목사의 얘기를 듣고 혼자 웃었던 적이 있다.

그러나 인간 측에서 내어 놓은 그 어떤 것도 인간의 부끄러움을 가릴 수가 없다. 그것들은 모두 한시적인 무화과나무 잎에 불과하다. 우리의 영원한 부끄러움은 하나님께서 손수 가려주셔야 한다.

여호와 하나님이 아담을 부르시며 그에게 이르시되 네가 어디있느냐. 가로되 내가 동산에서 하나님의 소리를 듣고 내가 벗었으므로 두려워하여 숨었나이다(창3:9-10)

인간이 타락하면 제일 먼저 두려움이 생겨난다. 이 세상에서 가장 강하신 분과 동행하며 그분께 나의 모든 것을 맡긴 사람은 두려움이 없다. 그러나 하나님의 은혜를 떠난 인간은 항상 하나님에 대한 두려움과 세상을 대한 두려움이 있게 마련이다. 두려움은 다른 말로 바로 불안이다. 이 불안이 바로 죄의 근본에서 시작된다.

가라사대 누가 너의 벗었음을 네게 고하였느냐 내가 너
더러 먹지 말라 명한 그 나무 실과를 네가 먹었느냐. 아담
이 가로되 하나님이 주셔서 나와 함께하게 하신 여자 그가
그 나무 실과를 내게 주므로 내가 먹었나이다(창3;11-
12)

여기서 보면 인간의 비열하고 야비한 단면을 엿볼 수 있다. 하나
님이 아담을 꾸짖으니까 죄를 지은 아담이 자기의 죄성을 가리기
위해 하나님과 여자를 공격했다. '이는 내 뼈 중에 뼈요, 살 중에 살
이라' 고백한 아담이 하나님으로부터 책망을 듣자 바로 하나님이
만들어주신 여자 때문이라고 책임을 전가시켰다.
　이와 같이 하나님의 은혜가 떠난 인간은 늘 욕망에 사로잡혀 모
든 존재를 적으로 간주해 공격하게 된다. 시기, 질투, 험담 이 모든
것들이 바로 타락의 결과물이다. 성경은 분명 하와가 먼저 선악과
를 먹었음에도 한 사람 아담이 죄를 지었다고 기록하고 있다.

이러므로 한 사람으로 말미암아 죄가 세상에 들어오고
죄로 말미암아 사망이 왔나니 이와 같이 모든 사람이 죄를
지었으므로 사망이 모든 사람에게 이르렀느니라(롬5;12)

이는 아담이 하나님 아래에 최고 상위 질서였기 때문이다. 하나
님의 구속사는 바로 어긋난 하나님 나라의 질서 회복이다. 모든 피
조물들은 각자 자기 자리에서 창조주 하나님을 대접해 드리는 자들
이 되어야 함에도 불구하고 날이 갈수록 그 질서는 점점 무질서 쪽

으로 흐르고 있다. 아무튼 그렇게 해서 인간은 죄인이 되어 버렸다.

여호와 하나님이 여자에게 이르시되 네가 어찌하여 이
렇게 하였느냐 여자가 가로되 뱀이 나를 꾀므로 내가 먹었
나이다(창3:13)

원래 아담과 하와는 무죄한 사람이었다. 그 무죄했던 아담과 하
와는 그들의 무죄한 순결함에 하나님의 계명을 잘 지켜내는 순종만
하면 의인이 될 수 있었다. 그리고 영원한 하나님 나라에서 영생하
며 살 수 있었던 자들이다. 그런데 죄를 짓는 바람에, 인간들이 해
결해야 할 것이 두 가지로 늘어났다.

이는 계명의 문제와 죄의 문제다.

이 문제를 해결해 주시기 위해 성자인 예수 그리스도가 육신의
몸으로 입고 이 땅에 오셔서 그 두 가지를 완벽하게 해결해 주었다.
예수께서는 당신의 백성들의 모든 죄를 짊어지고 십자가에서 홀로
저주를 받아 내시므로 하나님의 모든 계명을 모두 순종으로 이루어
내셨다.

그리고 그 순종의 결과로 우리를 죄의 속박에서 벗어나게 해 주
셨다. 그렇게 해서 죄의 문제와 순종의 문제가 전부 해결되므로, 우
리를 선악과를 따먹기 이 전의 순수했던 아담과 하와로 회복시켜
돌려놓으셨다.

이는 인간들이 저질러 놓은 죄의 문제를 해결하기 위해 하나님
께서 고심 끝에 십자가와 예수를 해결책으로 내어 놓으신 것이 아
니라, 창세전에 준비 된 예수 그리스도와 십자가는 인간의 죄의 문

제해결을 위한 방안으로 미리 계획해 놓으신 것이다. 즉 은혜의 하나님이심을 깨우치게 하기 위함에서다.

여기서 타락의 결과가 잘 나타나 있는데 그중 인간의 영적인 파탄이다. 아담과 하와가 하나님의 낯을 피해 동산 나무 사이로 숨었다. 분명 아담은 에덴동산의 창조를 보았던 사람이고 하나님과 친밀한 교제 속에서 매일 매일을 하나님과 동행하던 사람이었다.

그런데 인간이 하나님의 명령을 어기고 스스로가 왕이 되어 자기 자신을 위해 살기 시작하면서 인간은 하나님을 피해 숨기 시작했다. 인간은 하나님의 말씀을 따라 하나님과 동행하며 살 때에 가장 행복한 삶을 살도록 지어진 자들이다.

그런데 인간이 그 요구되는 순종의 도리를 무참하게 짓밟아 버렸다. 그렇게 불의해진 인간은 자신도 모르게 자동적으로 하나님을 피해 도망 다니고 숨게 되었다.

인간은 태초에 태어나길 하나님의 말씀을 잘 듣고 그 말씀에 순종하며 의존하고 살도록 지어진 존재다. 그러기에 그분께 모든 걸 자신의 삶 전체를 의존하고 의탁할 때 행복할 수 있고 인간다운 삶을 살 수 있다.

하나님의 명령에 불복종한 인간은 스스로 하나님을 피해 도망 다니는 존재가 되어 버린다. 그렇게 되면 하나님으로부터 말씀을 하달 받을 수 있는 통로가 끊겨 버리게 된다.

성경은 그러한 인간을 가리켜 죄와 허물로 죽었다고 했다. 그래서 더 이상 하나님의 말씀을 분별할 수도 이해할 수도 없게 되었다. 마치 뿌리가 뽑힌 나무처럼 영적인 죽음의 상태에 빠지게 되었다.

그런데 문제는 인간들이 수천년 동안 이리 도망, 저리 도망 다녀도 결국 자신들이 어디서부터 도망쳐 온 사람인지를 잊어버렸다는 점이다. 자신들이 어디서부터 와서, 어디로 가는 것이며, 왜 이 땅을 이렇게 선택 없이 살아야 하는지 전혀 알 수 없게 되는 영적인 불구가 되었다.

여호와 하나님이 뱀에게 이르시되 네가 이렇게 하였으니 네가 모든 육축과 들의 모든 짐승보다 더욱 저주를 받아 배로 다니고 종신토록 흙을 먹을지니라(창3;14)

뱀(이단)은 하나님의 작정과 계획 속에서 지금 철저히 하나님께 사용되고 있는 도구에 불과하다. 하나님은 정말 인간이 사탄의 계략에 의해 타락할 것을 모르고 계셨을까? 아니다. 사탄은 하나님에 의해 사용되기 위해 준비된 소품에 불과한 존재다.

따라서 하나님은 당신의 목적을 위해 만드신 것은 반드시 그 목적에 맞게 쓰셨다. 그 계획이 완성되었을 때 가차 없이 용도폐기 처분 하신다.

따라서 아담을 비롯하여 하나님이 은혜를 저버린 모든 인간들은 다 심판을 받아 저주의 자리로 떨어지게 되었다. 그런데 유독 하나님의 백성들만 예수 안으로 들어가 그 예수가 심판을 받고 십자가에서 죽으시고 그 안에 들어있는 자들만 구원 받았다.

그래서 여호와 하나님이 아담과 그 아내를 위하여 가죽옷을 지어 입히셨다.

이와 같이 하나님께서 하나님의 은혜를 떠나 죄를 지은 아담과 하와를 찾아가셔서 그들의 부끄러움을 무죄한 짐승의 가죽으로 가려 주신 것이다. 여기서 무죄한 짐승의 가죽은 바로 예수 그리스도의 상징이다. 따라서 그 은혜의 십자가 이야기가 창세기 3장의 대주제인 것이다.

우리는 그 심판의 자리에서 예수 그리스도의 믿음으로 구원을 받은 자들이다. 그러기 때문에 어떠한 상황 속에서도 당당할 수 있고 기죽지 않을 수 있다. 따라서 오직 은혜 아래에서만 부끄럽지 않고 하나님 백성들로 살아 갈 수 있다.

무엇이 우선인가!

세상적인 일로 정신과 몸이 분주하다보면 가끔은 성경을 읽는 일에도 소홀하게 된다. 필자 주변의 지인 중에 목사가 있다. 그런데 이 사람은 술을 마시고 싶으면 지인 집에 일부로 찾아온다고 했다.

그 이유가 목사가 술을 마시면 교회 사람들이 안 좋게 생각할까 봐 그래서 남들의 시선을 피하기 위해 술 생각날 때마다 온다고 했다.

그래서 필자가 그랬다. 나 같으면 술을 끊든가, 아니면 차라리 사람들 앞에서 거리낌 없이 마시겠다고 했다. 숨어서 마신다는 것은 사람들의 시선을 두려워하면서 하나님은 두려워하지 않는다는 뜻과 같다.

다시 말해 술 마시는 것이 성경적으로 죄가 된다고 생각하면 최소한 목사라면 마시지 말아야 정상이다. 목사가 하나님을 두려워하지 않고 사람을 두려워한다는 것은 그만큼 바리새인처럼 외식적인 사람이란 뜻이다. 하나님은 외식적인 그런 바리새인한테 독사의 새끼라고 너희는 마귀에게서 난 자들이라고 욕을 서슴치 않으셨다.

가끔가다 필자의 주변에도 내가 술 마시는 것이 못마땅해 한마디씩 거드는 사람이 있다. 뿐만 아니라 남편도 성경을 읽더니, 요즘 들어 성경에 술 마시지 말라는 구절이 있다며 제법 아는 척을 했다. 그 때 내가 한마디 했다.

"술에 취하지 말라고는 했지"

그러면서 성경 어디에 술 마시지 말라고 했느냐며 반문했다.

"술에 취하지 말라고 한 것은......"

그러면서 그에 따른 설명을 해주었다. 즉 술에는 누룩이 들어가기 때문에 진리가 아닌 비 진리를 섞지 말라는 뜻에서 취하지 말라 한거라 이해시켰다. 만약 술 마시는 것이 구원에 걸림돌이 된다면, 예수께서 자주 술 마시는 장면을 성경에 기록하면 안 된다고 했다.

아울러 주님께서 세리나 창기들과 함께 포도주를 수시로 마셨고, 일부러 안식일만 골라 손 마른 사람을 고치거나, 소경의 눈을 뜨게 한다거나, 귀신들려 눈멀고 벙어리 된 자를 고쳐주곤 하셨다.

그 이유는 율법주의에 사로잡혀 철저히 안식일을 지키는 외식하는 바리새인들한테 '구원이란 이런 것이다'. 라는 것을 깨우치게 하기 위함에서였다. 그러므로 안식일을 철저히 지키고 술을 마시지 않는다고 구원을 얻는 것이 아니다. 하나님 자체가 안식일의 주인이시다.

그러므로 예수 그리스도의 깨끗한 피로만 들어갈 수 있다는 것을 보여주기 위해 가나의 혼인 잔치에서 누룩이 들어간 포도주가 아닌 물로 포도주를 만드셨다. 이 또한 구원을 설명하기 위한 예표였다.

거기 유대인의 결례를 따라 두세 통 드는 돌 항아리를 여섯이 놓였는지라. 예수께서 저희에게 이르시되 항아리에

물을 채우라 하신즉 아구까지 채우니. 이제는 떠서 연회장에게 갖다 주라 하시매 갖다 주었더니. 연회장은 물로 된 포도주를 맛보고 어디서 났는지 알지 못하되 물 떠온 하인들은 알더라 연회장이 신랑을 불러. 말하되 사람마다 먼저 좋은 포도주를 내고 취한 후에 낮은 것을 내거늘 그대는 지금까지 좋은 포도주를 두었도다 하니라. 예수께서 이 처음 표적을 갈릴리 가나안서 행하여 그 영광을 나타내시매 제자들이 그를 믿으니라(요2;6-11)

요한은 복음을 전하는 일에 있어 가나의 혼인 잔치를 첫 번째의 표적으로 삼았다. 예수께서 갈릴리 가나에 혼인이 있어 예수의 어머니와 제자들도 혼인에 초대를 받고 잔치 집에 갔다. 예수의 어머니가 포도주가 모자라 예수께 포도주가 없다하니,

"여자여 나와 무슨 상관이 있나이까, 내 때가 아직 이르지 못하였나이다"

하고 매정하게 거절했다. 그리곤 항아리에 물을 가득 채우라 하시곤 그 물을 떠서 연회장에 갖다 주라했다. 연회장은 물로 된 포도주를 맛보고 어디서 났는지 알지 못했지만 물 떠온 하인은 알았다. 연회장이 신랑을 불러 말했다.

"사람마다 먼저 좋은 포도주를 내고 취한 후에 낮은 것을 내거늘 그대는 지금까지 좋은 포도주를 두었도다."

이는 무얼 나타내려 했냐하면 천국잔치는 누룩이 들어간 포도주로는 들어갈 수 없고 하나님의 피인 물 포도주만 천국잔치에 들어갈 수 있다는 것을 나타내기 위함에서다.

여기서의 누룩은 비 진리를 뜻한다. 예수 그리스도의 깨끗한 피로만 즉 물 포도주여야만 천국에 들어갈 수 있다는 진리를 설명키 위해서다.

또한 비워 있는 여섯 항아리에 물로 가득 채우게 하시고 그 물로 포도주를 만드신 것은, 항아리는 유대인들이 정절 예식을 행할 때 몸을 닦는 물을 담아드는 항아리다. 그런 항아리에 물이 비워있다는 것은 위선적인 행위만 풍성했던 유대인들의 모습을 폭로하기 위함이었다.

아울러 잔치가 진짜 천국 잔치가 되기 위해서는 반드시 예수 그리스도의 피가 필요하다는 것을 나타내 보여준 것이다.

이와 같이 형식에 치우친 유대인들의 위선적인 행위를 지적함과 동시에 반드시 예수 그리스도의 깨끗한 피로만 천국에 들어갈 수 있다는 뜻을 나타낸 것이 바로 가나의 혼인 잔치이다.

따라서 성경 곳곳에 술에 취하지 말라고 경계한 것은, 이와 같이 형식에 치우친 위선적인 행위 즉 예수그리스도의 피로 전하는 진리가 아닌 자기의 생각이나 사상, 또는 거짓된 성령을 섞어 전하는 비 진리에 주의하라는 뜻에서다.

그러기에 난 이러한 성경이 우리에게 전하고자 하는 뜻을 파악하고 있기 때문에 남의 이목을 의식하지 않는다. 사도 바울이 그랬던 것처럼 믿음 없는 사람한테 진리를 전하기 위해 그들과 가깝게 지내느라 조금의 거리낌도 없이 천한 일이라 생각되는 일도 마다하지 않고 그들과 함께 어울렸다.

필자가 교회를 짓고 나서 일년 동안 느낀 점이 있다면, 전에는 마을 사람들이 농사가 끝나고 나면 우리 집에 자주 놀러왔었다. 그런데 지금은 그렇지 않다. 왜 그런가 곰곰 생각해 보니 첫째는 교회에 나오라 권할까 봐서고, 다음이 교회 울타리 안에서 목사라는 사람과 술 마신다는 게 부담스러워서다. 그래서 사람들이 오면 일부러 내가 먼저 술을 권했다.

따라서 사도바울이 여러 사람들을 구원코자 그때그때마다 적절하게 어울렸던 것이 성경에서 잘 나타나 있다.

내가 모든 사람에게 자유하였으나 스스로 모든 사람에게 종이 된 것은 더 많은 사람을 얻고자 함이라. 유대인들에게는 내가 유대인과 같이 된 것은 유대인들을 얻고자 함이요 율법 아래 있는 자들에게는 내가 율법 아래 있지 아니하나 율법 아래 있는 자같이 된 것은 율법 아래 있는 자들을 얻고자 함이요. 율법 없는 자에게는 내가 하나님께는 율법 없는 자가 아니요 도리어 그리스도의 율법 아래 있는 자나 율법 없는 자와 같이 된 것은 율법 없는 자들을 얻고자 함이라. 약한 자들에게는 내가 약한 자와 같이 된 것은 약한 자들을 얻고자 함이요 여러 사람에게 내가 여러 모양이 된 것은 아무쪼록 몇몇 사람들을 구원코자 함이니. 내가 복음을 위하여 모든 것을 행함은 복음에 참예하고자 함이라 (고전9:19-23)

바울은 어느 누구에게도 얽매이지 않는 자유로운 몸이지만, 많은 사람을 얻기 위해 스스로 모든 사람의 종이 되었다. 하나님의 영광을 위해서 스스로 율법 아래에 있는 사람처럼 행동하기도 하고 작은 자, 약한 자가 되기도 하고, 믿음이 약한 사람처럼 보이기도 했다는 것이다.

그는 사람들의 평가나, 경건의 모양이나, 형식적인 외양에 신경 쓰지 않았다. 즉 그의 삶은 이 땅에 살지만 이 땅과는 아무 상관없이 살았다는 뜻이다.

그러기에 나의 생각 또한 바울만큼은 아니지만 그와 같은 생각에서 자유롭게 사람들과 마음을 나누고 술을 마신다. 만약 술 마시는 것이 그리스도의 말씀에 어긋나는 일이라면 언제든 나를 사랑하고 계신 하나님께서 술 자체를 맛없게 하실 거란 생각이 들었다.

무엇보다 술 마시고 싶은 것을 억지로 참고 마시지 않는 것도 신앙인에게 있어 믿음생활에서 노력의 한 부분일 수 있다. 그러나 믿음 자체는 노력해서 되는 것이 아니라 성령이 찾아오셔야 믿음도 온전히 바로 서게 된다. 즉 내 안에 마귀의 속성은, 더 강한 자가 와서 저를 이길 때에 모든 것이 가능해진다는 뜻이다. 그래서 예수께서 이렇게 말씀하셨다.

사람이 먼저 강한 자를 결박지 않고는 그 강한 자의 집에 들어가 세간을 늑탈치 못하리니 결박한 후에야 그 집을 늑탈하리라. 내가 진실로 너희에게 이르노니 사람이 모든 죄와 무릇 훼방하는 훼방은 사하심을 얻되, 누구든지 성령을 훼방하는 자는 사하심을 영원히 얻지 못하고 영원한 죄에 처하느니라 하시니(막3:27-29)

내 안에 거주하고 있는 사단마귀도 성령이 들어가면 죄가 결박

되기 때문에 죄의 속박에서 풀려날 수 있다. 따라서 술 자체가 죄라면 은혜가 충만 되어 성령의 때가 되면 그 때는 술 자체가 맛이 없어 안 마시게 된다는 뜻이다.

전에 다니던 교회에 신참 목사 부부가 있었다. 그 목사가 얘기한 것 중에 가장 인상 깊었던 것은, 젊은 시절 하나님을 영접하고 나서 담배를 끊지 못하는 자신이 너무나 나약하게 느껴져 어느 날 하나님께 간절히 간구했다고 한다.

"하나님! 제발 담배 좀 끊게 해주세요."

그리고 나서 정말 거짓말처럼 담배를 피우려 하자, 갑자기 구역질이 나면서 담배 연기가 싫어지더라는 거였다. 그때 성령의 인도하심을 받아야만 내 안에 마귀를 물리칠 수 있다는 섭리를 깨우쳤다고 했다. 이와 같이 뭐든 하나님이 개입되어야 선을 이루는 것이지 억지로 노력한다고 되는 것이 아니다.

그렇지만 난 그 목사와는 다르게 술을 끊지 못해 마시는 것이 아니다. 젊은 시절부터 비즈니스를 하다 보니 술자리가 잦았고, 그렇게 오랫동안 습관처럼 술을 마시다 보니 그저 술을 즐기는 것뿐이다. 즉 담배가 인이 배겨 끊지 못하듯 술도 중독되어 마시는 것이 아니라 사도바울처럼 사람들과 가깝게 지내면서 진리를 전하기 위해 술자리를 애써 피하지 않는다는 것뿐이다.

사도 바울은 또한 자신에게 주어지는 궁핍한 환경이나 처지, 고통, 고난, 시험은 자신의 신자 됨의 근거나 판단 기준이 아니라고 했다. 모든 것이 하나님의 선하신 계획 속에 들어가 있기 때문에 자신의 처지가 조금 궁핍해도 이런 것에 흔들리지 않았다.

또한 진짜 영원한 곳을 알고 있고 소망하는 사람들에겐 이 땅의 부귀영화가 부럽거나 또는 고통이나 환란이 두렵지 않게 된다.

그러기에 영생을 아는 참 신앙인들한테는 세상 것에 그렇게 쉽게 흔들리거나 시험에 들지 않을 수 있다. 따라서 지금 예수를 믿고 있지만 그럼에도 불구하고 약한 자로, 또는 힘없는 자로, 고통과 고난으로 힘들게 사는 사람들이 있을 때, 이런 것들로 그들의 믿음을 근거로 삼으면 안 된다.

그렇지만 신앙인이라면 무엇이 우선이 되어야 하는가는 중요한 문제다. 무엇을 가장 우선으로 삼고 살아가야 하는가! 천국 복음을 아는 사람이라면 누구보다 복음의 소식을 가장 먼저 전하고 싶은 사람이 제일 가까운 주변사람일 거다. 굳이 순서를 따진다면 부모, 자식, 배우자, 형제, 일가친척, 친구 등이다.

전도가 우선으로 정립되지 않는 사람은 아직 복음의 의미를 모르는 사람이다. 복음이란 굿뉴스(Good New)다. 즉 기쁜 소식이다. 기쁜 소식은 하루라도 빨리 전하고 싶은 게 믿음의 소유자들이다.

그러기에 목사가 되고 나서 첩첩산중인 이곳에 교회를 건축했을 때, 여기에 교회를 세우는 것을 보고 모르긴 몰라도 대부분의 사람들이 속으로 혀를 끌끌 찼을 거다. 아니? 이 깊은 산중에 누가 온다고......

맞다. 누가 오겠는가. 그러나 많은 수의 사람보다 단 한 영혼을 온전히 구원시키는 게 나의 변하지 않는 목회철학이다. 최소한 하나님의 영을 받은 사람이라면 무엇이 우선되어야 하는가. 한번쯤은 되짚어봐야 한다.

믿음은 하나님의 선물

복음에는 하나님의 의가 나타나서 믿음으로 믿음에 이르게 하나니 기록된바 오직 의인은 믿음으로 말미암아 살리라 함과 같으니라(롬1:17)

어느 교회를 가든 특히 새벽기도를 가보면 대부분의 많은 사람들이 큰 소리로 '주여! 믿습니다. 믿습니다' 를 수없이 외쳐 된다. 그래서 그 소리가 시끄러워 한동안 나가던 새벽기도도 집에서 하게 되었다. 무엇보다 기독교인들에게 있어 가장 친숙한 단어가 믿음이다.

그동안 많은 교인들이 믿음만 가지면 두려울 것이 없다고 들어왔다. 그들이 잘못된 길을 가거나 실패하는 것을 보게 되면, 그 사람은 '믿음이 없어서', 혹은 '믿음이 부족해서' 라고 평해 버린다. 그래서 이 믿음을 강하게 하기 위해 여러 가지 방법을 동원하기도 하는데 그 중 가장 많이 믿음의 도구로 사용하는 것이 금식기도다.

그간 많은 교인들이 믿음을 얻기 위해 새벽기도, 금야 철야기도, 작정 백일 철야기도, 천일새벽기도 등을 한다. 그래도 믿음이 생기지 않으면 '믿습니다.' 를 계속 반복해 외치면 어느 순간 믿음이 생긴다는 사람도 있다. 그러나 믿음은 우리가 노력해서 되는 것이 아니다. 만일 믿음이 우리가 노력해서 생기는 것이라면 은혜도 선물도 아닌 당연히 받아야 할 대가이다.

그렇다면 성경은 무엇을 가지고 믿음이라 하는가.

로마서 1장 17절을 보면 '복음에는 하나님의 의가 나타나서 믿음으로 믿음에 이르게 한다' 는 구절이 있다. 믿음의 근원은 바로 '하나님의 의(義)' 이다. 성경의 의(義)를 그저 도덕적이고 윤리적인 개념으로 이해하는 사람들이 많다.

그러나 성경에서 말하는 의는 관계를 맺고 사는 어떠한 존재가 그 관계가 요구하는 의무와 책임을 성실하게 수행하는 것을 '의' 라고 한다.

그러므로 하나님의 의는 하나님과 관계를 맺고 있는 하나님의 백성들에게 하나님께서 하실 일을 성실하게 하시는 것을 말한다. 바로 아버지로서의 역할이다. 그렇게 자식을 향한 아버지의 사랑과 은혜의 뜻이 우리를 믿음에 이르게 하는 것이다.

죄와 허물로 죽을 수밖에 없었던 우리를 위하여 하나님께서 기꺼이 십자가서 저주를 받아 죽으셨다. 그게 바로 영원토록 변치 않으실 하나님의 사랑을 우리에게 보여주신 그것을 그대로 믿는 것이 믿음이다. 그리고 그걸 믿는 것을 복음이라 하고, 구원이라 한다. 따라서 복음이란 굿뉴스(Good New)다.

그런데 어떤 사람은 믿는가 하면 또 어떤 사람은 믿지 않는다.

공원산림을 맡고 있는 공무원인 친정조카가, 어느 날 가족들 몰래 행정직 공무원 시험을 보았는데 거기서도 합격을 했다. 취업난이 심각한 요즘 같은 시대에 남들은 한번 하기도 힘든 공무원 시험을 두 번씩이나 합격해 이모인 나는 너무나 기특하고 대견했다.

그래서 그 합격 소식을 다른 사람한테 자랑하고 싶어 했더니 그는 아무런 감정 없이 그저 덤덤하게 듣고 있었다.

바로 이와 같은 이치다.

복음이란 나와 관계가 있어야 기쁜 소식이 된다. 하나님과 나와의 관계가 진짜 좋은 소식이 되기 위해선 먼저 하나님과 나와의 관계가 성립되어야 한다. 그래야 우리에게 믿음이란 게 생긴다.

그렇다면 그 믿음을 어떻게 가져야 하는가.

성경은 믿음이 믿음으로 우리를 이끌어 간다고 기록하고 있다. 이는 믿음이란 하나님께서 죄와 허물로 죽어 있던 우리를 하나님의 자녀로 완성시켜 내시는 출발점에서부터 마지막 도착지점까지 전부 믿는 것을 믿음이라 한다.

그러므로 믿음은 하나님으로부터 출발한다. 믿음은 우리의 의지로 나오는 것이 아니고, 우선 하나님으로부터 시작된 믿음이 우리에게 먼저 주어져야 한다. 그래야 하나님의 작정, 예정, 섭리, 언약의 모든 것이 그대로 믿어지고 또한 그대로를 믿는 것이 믿음이다.

그런 연후에 그 믿음이 우리의 삶에 뚫고 들어와 우리를 달래기도 하고 징계도 하시며 설득도 하신다. 그러면서 우리를 하나님의 백성으로 만들어 가신다. 그게 하나님의 의(義)로 출발되는 믿음의 실체다.

그 대표적인 예가 바로 아브라함이다.

아브라함은 갈대아 우르에서 우상을 섬기던 형편없는 자였다. 그런 아브라함을 하나님께서 이삭을 죽은 자 가운데서 반드시 살리실 것을 믿는 믿음의 소유자로 만드셨다. 아브라함이야말로 자신의 유익을 위해 아내를 두 번씩이나 팔아먹은 나약한 인물이다. 그럼에도 불구하고 그런 아브라함을 하나님께서 이끌고 인도하여 가르치시면서 징계의 교훈으로 삼으셨다.

이와 같이 나약한 아브라함을 믿음의 조상으로 만들어 내기까지 모두 하나님 홀로 하셨다는 사실이다. 우리는 그런 하나님을 신뢰하고 믿고 따를 때, 우리에게 하나님이 찾아오신다. 그런 의미에서 하나님께서 첫 번째로 만들어내신 믿음을 소유한 자가 되었다는 뜻에서 아브라함을 믿음의 조상이라 한 것이다.

이와 같이 하나님께서 죽은 자도 반드시 다시 살리시는 분이라는 믿음을 갖고 행할 때 백세에 낳은 자식의 가슴에 칼을 꽂을 수 있게 된다. 이러한 믿음의 소유자가 되는 것을 '믿음으로 믿음에 이른다' 는 말로 표현된 것이다.

그러한 하나님의 믿음이 우리를 덮쳐올 때 우리는 그 인생의 질곡을 겪으면서 하나님의 전지전능하심을 깨달아가야 한다. 그분을 의지할 때만 행복을 누릴 수 있음을 자각하고 그분 앞에 전적으로 항복하는 것을 믿음이라 한다.

따라서 하나님으로부터 시작된 하나님의 믿음이 우리를 뚫고 들어오는 것을 객관적 믿음이라 하고, 우리가 그 하나님의 믿음의 역사를 통해 하나님을 참 하나님으로 인정하고 믿게 되는 것을 주관적 믿음이라 한다. 그래서 바울이 '믿음으로 믿음에 이르게 한다' 고 했다.

그 믿음은 전적으로 하나님의 선물이며 하나님의 은혜이다. 즉 하나님의 믿음에서 우리의 믿음이 배태되는 것이다.

객관적 믿음에서 주관적 믿음으로 나타나는 것이 '믿음으로 믿음에 이르게 한다' 는 진의이다. 또한 '오직 의인은 믿음으로 말미암아 살리라' 의 하박국을 살펴보면 정확하게 그 진의를 알 수 있다.

하박국은 BC 600년에서 610년 사이에 활동한 선지자다. BC 600년-610년 사이면 북이스라엘이 BC 722년에 멸망하고 남유다가 바벨론에게 멸망하기 바로 전인 BC 686년 시대이다.

그러므로 이스라엘이 패역할 대로 패역한 시기였다. 이스라엘이 우상을 섬기고 부도덕한 짓들을 자행하고 있을 때 하나님의 선지자인 하박국이 하나님께 부르짖었다.

"하나님 어떻게 저렇게 불경건하고 부도덕한 자들은 잘 살고 있고, 하나님을 잘 섬긴다고 하는 자들은 이렇게 고난을 당하고 있습니까? 하나님 어떻게 일을 그렇게 하십니까?"

하고 하박국이 하나님께 외쳤다. 하나님께서 묵묵부답이자, 또다시 이렇게 부르짖었다.

"살려 달라고 부르짖어도 듣지 않으시고 폭력이다. 라고 외쳐도 구해주지 않으시니 주님, 언제까지 그러실 겁니까? 어찌하여 나로 불의를 보게 하십니까? 어찌하여 악을 그대로 보기만 하십니까? 약탈과 폭력이 제 앞에서 벌어지고, 다툼과 시비가 그칠 사이가 없습니다. 율법이 해이하고 공의가 시행되지 못합니다. 의인을 협박하니 공의가 왜곡되고 말았습니다."

그러나 하나님께서 이렇게 대답하셨다.

"너희는 민족들을 눈여겨보아라. 놀라고 질겁할 일이 벌어질 것이다. 너희가 살아 있는 이제 내가 바빌로니아 사람을 일으키겠다. 그들은 사납고 성급한 민족이어서 천하를 주름잡고 돌아다니며 남들이 사는 곳을 제 것처럼 차지할 것이다. 그들은 두렵고 무서운 백성이다. 자기들이 하는 것만이 정의라고 생각하고, 자기들의 권위만을 내세우는 자들이다."

이러한 하나님의 말씀에 하박국은 깜짝 놀랐다. 갈대아는 바벨론이다. 당시 앗수르와 비교해서 형편없는 약소국이었고 하나님을 믿지 않는 자들이었다. 그런데 그 잔인한 자들을 들어서 치시겠다는 것이다. 하나님께서 하나님의 백성들의 약함을 치시는데 더 악한 자들을 들어서 치시겠다는 거였다. 그리고 실제로 그 갈대아는 이스라엘의 소유를 빼앗아다가 잘 먹고 잘 살기까지 했다. 그러므로 하박국이,

"왜 악인이 의인을 삼키는데 가만히만 보고 계십니까?"

하고 또 다시 이렇게 호소했다.

"주께서는 눈이 밝으시므로 악을 보시고 참지 못하시며 패역을 보고 그냥 계시지 못하시는 분입니다. 그런데 어찌하여 배신자들을 보고만 계십니까? 악한 민족이 착한 백성을 삼키어도 조용히만 계십니까? 주께서 백성들을 바다의 고지처럼 만드시고 다스리는 자가 없는 바다 피조물처럼 만드시니 악한 대적이 낚시로 백성을 모두 낚아 올리며, 그물로 백성을 사로잡아 올리며 쟁이로 끌어 모으고는 좋아서 날뜁니다.

그러므로 그는 그 그물 덕분에 넉넉하게 살게 되고 기름진 것을 먹게 되었다고 하면서 그물에다가 고사를 지내고 쟁이에다가 향을 살라 바칩니다."

하박국은 지금 자신은 의로우며 이스라엘은 선민이라는 전제하에서 하나님께 이렇게 호소한 것이다. 그런데 어떻게 갈대아의 야

만인들을 들어서 이스라엘을 치시느냐고 따졌다. 그리고 하나님이 어떻게 말씀하시는지 들어보겠다고 기다렸다. 그러므로 하나님께서 하박국에게 말씀을 하시는데,

"하박국아 너는 너희 이스라엘이 선민이고 율법을 가지고 있는 자들이라고 스스로 의인인 줄 알고 있나본데 의인은 믿음으로 사는 것이다."

이렇게 말씀하셨다. 너나 이스라엘이나 바벨론이나 똑같은 자들이다. 그러나 하나님께서 믿음을 선물로 주신 자들만이 의인이며 그들만이 살아난다는 것이다. 그리고 믿음으로 말미암아 의롭게 된 자들을 교훈하고 가르치기 위해 들어 쓰고 있는 악인들은 정한 때가 되면 반드시 멸망할 것이라고 하나님께서 명확하게 밝히셨다.

여호와께서 내게 대답하여 가라사대 너는 이 묵시를 기록하여 판에 명백히 새기되 달려가면서도 읽을 수 있게 하라. 이 묵시는 정한 때가 있나니 그 종말이 속히 이르겠고 결코 거짓되지 아니하리라. 비록 더딜지라도 기다리라 지체되지 않고 정녕 응하리라 보라 그의 마음은 교만하며 그의 속에서 정직하지 못하니라 그러나 의인은 그 믿음으로 말미암아 살리라(합2;2-4)

이와 같이 갈대아 사람들이 어떻게 저주를 받을지 다섯 가지로 설명하셨다. 그렇게 하박국은 자신의 질문에 대한 답을 얻었다. 그리고는,

"아 그렇군요, 하나님! 우리가 뭐가 잘나서가 아니라 오직 하나

님이 선물해 주시는 믿음으로 살아난 자들이고 우리를 하나님이 원하시는 수준으로 만드시기 위해 오히려 악인들을 들어 우리를 훈련시키고 양육하신 거군요. 그렇다면 수년 내에 우리를 부흥케 하시고 진노 중에라도 긍휼을 잊지 마옵소서"

하고 진정으로 고백했다.

여호와께서 내가 주께 대한 소문을 듣고 놀랐나이다. 여호와여 주는 주의 일을 이 수년 내에 부흥케 하옵소서. 이 수년 내에 나타내시 옵소서 진노 중에라도 긍휼을 잊지 마옵소서(합3:2)

부흥이라는 말은 성경 전체에서 여기 딱 한번 나오는데 '깨끗하게 교정하다', '악을 제거하다' 의 뜻을 가진 단어이다. 우리가 흔히 쓰는 것처럼 사람이 많아지고 재산이 늘어나는 것을 부흥이라 하지 않는다. 하박국은 지금,

"하나님 우리 이스라엘이 부자가 되고 사람이 늘어나게 해 주세요"

하고 기도한 것이 아니다. 하박국은,

"하나님 그런 것이라면 바벨론을 들어서라도 빨리 우리의 악을 제거해 주십시오, 그러나 우리가 벌을 받고 있을 때라도 장차 임할 구원을 준비케 하소서"

이렇게 이야기 한 것이다. 하박국은 그러면서 하나님께서 하신 일, 홍해를 가르시고 해를 멈추게 하신 역사적, 객관적 사실들을 떠올리며 하나님은 반드시 그 일을 이루실 것을 확신했다. 그게 하박

국서이다.

하박국서 마지막을 보면 하나님의 계시로 자기에게 떨어졌어야할 그 저주가 얼마나 무시무시한 것인지 알자, 하박국은 자신의 창자가 흔들리고 입술이 떨리며 뼈가 썩고 몸이 떨린다고 했다. 그리고 바벨론에게 떨어질 그 무시무시한 저주가 자기에게 떨어질 것이었는데 하나님의 선물인 믿음으로 구원받아 의인이 되어있음에 하박국은 기뻐했다.

그리고 위대한 고백을 했다.

무화과나무에 과일이 없고 포도나무에 열매가 없을지라도 올리브 나무에서 딸 것이 없고 밭에서 거두어들일 것이 없더라도 우리에 양이 없고 외양간에 소가 없을지라도. 나는 주 안에서 즐거워하련다 나를 구원하신 하나님 안에서 기뻐하련다(합3:17-18)

이렇게 믿음은 하나님께서 시작하셔서 하나님께서 마치시는 것이며 하나님의 선물이고 은혜인 것이다. 그래서 믿음으로 믿음에 이르게 되는 것이고 의인은 믿음으로 말미암아 살게 되는 것이다. 그렇게 믿음은 하나님에게서 먼저 나온 것이기에 절대 실패할 수 없다.

그 객관적 믿음인 하나님의 선물은 우리에게 반드시 주관적 믿음을 이끌어 내시게 되어 있다. 아들을 죽이시면서까지 우리를 건져내신 그 분이 실패하실 리가 있겠는가? 하나님은 왜 악을 즉각 심판하지 않는가. 왜 인생의 고통은 빨리 제거되지 않는가.

그 이유는 첫째, 악을 허용함으로써 인간이 돌이킬 수 있는 기회를 제공하기 위함이다. 악과 고통은 역설적으로 우리가 하나님을 볼 수 있는 기회를 제공한다. 잘못할 때마다 즉시 처벌한다면 회개하고 돌이킬 기회가 없다.

하나님께서는 때때로 악하고 고통스러운 일을 통해 우리가 하나님께로 돌이킬 수 있는 기회를 주셨다. 인간에게 고통이 없다면 대부분의 경우 하나님을 찾지 않게 된다. 그러므로 어려움이 있고 고난이 닥친다는 것은 하나님을 만날 수 있는 절호의 찬스가 된다.

둘째, 악을 선으로 바꾸실 것이기 때문이다.

하나님은 악을 선으로 바꾸셨다. 인류가 저지른 죄악 중에서 최고의 악이 무엇일까? 그것은 하나님이신 인간 예수 그리스도를 십자가에 못 박아 죽인 사건이다. 인간이 하나님을 죽인 것이다. 이것은 최고의 악이다. 그런데 하나님은 이를 왜 허용하셨을까?

하나님은 인간의 악함을 구원의 도구로 삼으셨다. 하나님께서는 최고의 악을 최고의 선으로 바꾸신 것이다. 억울한 일도, 어쩌면 그것을 통해 우리의 유익으로 바꾸시는 도구로 사용키 위해 그 억울함조차도 허락하신 것이다.

셋째, 고통스러운 시간을 통해 신앙을 성숙하게 만들기 위함이다.

걸음마를 배우는 어린아이가 넘어질 때마다 부모가 잡아주거나 매번 일으켜 세운다면 그 아이는 홀로 서기 어렵다. 마찬가지로 하나님은 악을 허용함으로써 우리의 신앙을 성숙하게 만들어 가셨다. 그래서 바울은 이렇게 말했다.

다만 이뿐 아니라 우리가 환난 중에도 즐거워하나니 이
는 환난은 인내를, 인내는 연단을, 연단은 소망을 이루는
줄 앎이로다(롬5;3-4)

고통과 환난은 우리를 성숙하게 하는 하나님의 도구가 될 수 있
다고 했다.

하나님께 진정으로 감사하는 것은 고통의 시간에 우리와 함께
하신다는 사실이다. 예수께서 십자가의 고통을 경험하셨기에 고통
받는 우리 삶 한가운데서 우리와 함께 하시고, 우리의 아픔에 동참
하셨다. 그러기에 고통과 아픔의 시간에도 하나님의 임재를 경험할
수 있고 하나님을 더 생생하게 체험할 수 있다. 그러므로 악과 고통
은 하나님의 존재하심을 분명하게 알려 줄 뿐만 아니라 우리의 아
픔에 동행하는 하나님의 사랑을 경험할 수 있는 좋은 기회다.

말세의 시대에 죄로 가득 찬 세상을 하나님의 공의로 심판하실
그날이 다가오고 있다. 하나님은 일시적으로 악을 허용하고 계시지
만 반드시 심판하실 것이다. 심판의 날에 우리 모든 행위는 하나님
앞에 낱낱이 드러나게 된다.

하나님 앞에 서는 날, 심판의 날에 하나님께 칭찬받는 사람이 되
고 싶지 않은가? 그러므로 우리에게 맡겨진 사명에 집중하면서 하
나님께서 나의 고통 속에 함께 하신다는 믿음을 갖고 신실한 사람
으로 살아가야 하겠다.

기도란...?

하나님께서 우리에게 은혜를 허락하시는 수단이 세 가지가 있다. 바로 말씀과 기도와 성례이다. 그만큼 성도에게 있어 기도는 신앙생활에 있어 중요하다. 그 세 가지를 통해서만 하나님의 은혜를 깨달을 수 있다.

그런데 그 유일한 세 가지 은혜의 수단 중에 하나인 기도가 엉뚱하게 사용되면 큰일 난다.

기도는 성도의 죽었던 영이 하나님의 은혜로 다시 살아나서 이제 성도가 세상을 등지고 하나님이 계신 천성을 향해 돌아서는 순간 마귀는 그 살아난 영을 공격하기 시작한다.

필자처럼 마귀의 공격을 심하게 받은 사람도 아마 드물 것이다. 오죽하면 한 달에 수천 만원의 수입이 보장되는 사업을 뒤로하고 이곳 강릉으로 왔겠는가. 그런데 이곳에서도 여전히 마귀의 방해가 심하기는 마찬가지였다. 그래서 그 공격을 피하기 위해 21일 간의 금식기도를 작정했다.

무엇보다 성도에게 있어 이 세상서 마귀의 공격에 대처하며 살아갈 수 있는 유일한 방법은 성경의 말씀으로 무장하고 다음이 기도다.

기도는 세상으로부터 등을 돌리고 살아가야 하는 성도의 신앙생활에서 영적으로 유익이 되는 것이지, 이 세상의 소원성취를 이루는 도구가 아니다. 기도는 지성소안에서의 하나님과의 대화이다.

지성소는 일 년에 한번 대 제사장이 제물의 피를 가지고 이스라엘의 속죄를 구하는 속죄일에만 들어갔다. 그것도 하나님이 요구하시는 예를 다 갖추지 못하거나 제물의 흠이 있는 것이면 그 대제사장은 그 자리에서 즉사했던 무시무시한 곳이다.

그런데 예수 그리스도의 십자가의 피로 우리 죄인들의 죄가 단번에 씻겨 졌다.

그래서 우리는 흠이 없는 자가 되어 언제든 지성소를 드나들 수 있는 복된 자가 되었다. 아니 아예 하나님께서 우리 속으로 들어와 버리시므로, 우리가 바로 지성소가 되었다. 그렇기 때문에 내 안에 계신 하나님과 수시로 대화를 나누며 나의 삶의 방향을 조명해 주시기를 구하고 영적으로 힘들고 어려울 때 위로를 구하는 것이 기도다.

그런데 마귀가 이 기도를 왜곡시킴으로 오로지 자신의 욕심을 채우고 세상적인 필요를 구하며 세상의 권세와 영광을 구하는 데만 쓰게 했다. 마귀도 그러한 기도에 응답할 능력이 있다는 걸 알아야 한다.

가로되 이 모든 권세와 그 영광을 내가 네게 주리라 이것은 내게 넘겨준 것이므로 나의 원하는 자에게 주노라(눅 4:6)

마귀가 세상의 권세와 영광을 주님께 줄 수 있다고 했다. 마찬가지로 마귀는 때때로 세상의 권세와 영광을 구하는 기도에 응답함으로써 성도가 기도라는 강력한 영적 전쟁의 무기를 고작 그런 부질없는 세상적인 물질의 것을 구하는 데만 쓰는 것으로 오해하게 만들었다.

그러므로 내가 너희에게 이르노니 목숨을 위하여 무엇을 먹을까 무엇을 마실까 몸을 위하여 무엇을 입을까 염려하지 말라 목숨이 음식보다 중하지 아니하며 몸이 의복보다 중하지 아니하냐(마6:25)

하나님께서는 분명 너희의 입을 것과 먹을 것을 위해서 기도하지 말라고 하셨다. 그것은 믿지 않는 자들이 구하는 것이니 너희의 구할 바는 오직 하나님 나라와 하나님의 의를 구하라 하셨다. 그러면 너희의 필요한 것은 알아서 더하시겠다고 하셨다.

필자는 기도의 의미를 정확하게 알기 때문에 지금까지 이 세상 문제를 놓고 기도해본 적이 그다지 많지 않다. 물론 성경의 깊이를 제대로 알지 못했을 때는 세상에 필요를 구하기 위해 기도한 적은 있었다.

건축자금이 모자란 상태서 교회를 지었어도 자금 문제를 놓고 기도하진 않았다. 교회를 짓게 하는 마음을 주셨다면 자금 문제도 해결해 주실 거란 믿음만 갖고 있었다.

또한 기도 중에 일으킨 생각이 합당치 않았다면 어떤 경로를 통해서든 막으실 거란 생각에서다. 지난해 식당을 짓는 문제도 마찬가지였다.

건축 자금이 예상했던 것보다 두 배 이상 더 들어갔지만 그래도 자금 문제를 해결해 달라고 기도하지 않았다.

성경에서 말하는 기도가 무엇인지를 정확하게 깨닫고 있기 때문에 오로지 하나님과의 만남만을 구하는 기도에 집중했다. 천성을 향해 가는 영적 문제만을 놓고 기도했을 때 들어주신다고 주님께서 분명하게 말씀하셨기 때문이다.

그러므로 염려하여 이르기를 무엇을 먹을까 무엇을 마실까 무엇을 입을까 하지 말라. 이는 다 이방인들이 구하는 것이라 너희 천부께서 이 모든 것이 너희에게 있어야 할 줄을 아시느니라. 너희는 먼저 그의 나라와 그의 의를 구하라 그리하면 이 모든 것을 너희에게 더하시리라(마6:31-33)

하나님 나라와 그의 의를 구하고 나면 그리하여 하나님의 백성이 되고나면 이들에게는 굳이 세상 것을 구하지 않아도 전능하신 하나님께서는 자녀들의 필요를 다 아시기 때문에 더해주시겠다고 하셨다. 그러기 때문에 먼저 하나님 나라의 백성 되기를 구하여야 한다. 그게 성령(말씀)의 역사다.

단순히 필자의 생각일 뿐이지만 지난해 하나님의 은혜를 경험했다. 그리고 이런 저런 여러 경험들을 통해 하나님께서 나를 사랑하고 계시고 있음을 깨달았다. 약 4억 가량의 담보대출을 받은 게 있는데 만기가 도래해 원금 10%를 갚아야 연장이 되는 일이, 식당건축과 함께 맞물렸다.

막상 건축을 하다보면 예산보다 더 들어가기 마련인데 다른 곳도 손볼 겸 리모델링을 하다보니 오천만원 가량 추가로 더 들어갔다. 그래서 은근히 걱정하고 있었는데 원금상환 없이 그대로 자동 연장되었다.

그 순간 오직 하늘 소망만을 두고 기도하는 자에게는 세상적인 문제로 기도하지 않아도 알아서 다 해결해 주시는 하나님의 사랑을 체험했다. 하나님께서는 죄인의 기도는 절대로 들어주지 않는다. 도리어 이 땅의 것을 전부 내려놓아야 하나님 나라에 갈수 있다고 하셨다.

우리의 기도는 오직 하나님과 하나 되기만을 소망하며 기도할 때, 즉 성령을 구하는 일에 예수 그리스도의 이름으로 기도하면 전부 들어주셨다. 아울러 천국으로 가는 구원의 길에 걸림돌(물질, 자식, 부모, 명예, 권력 등)이 있으면 가차 없이 처 버리시는 분이 또한 하나님이시다.

지금은 너희가 근심하나 내가 다시 너희를 보리니 너희 마음이 기쁠 것이요 너희 기쁨을 깨달을 자가 없느니라 그 날에는 너희가 아무 것도 너희가 묻지 아니하리라 내가 진실로 진실로 너희에게 이르노니 너희가 무엇이든지 아버지께 구하는 것을 내 이름으로 주시리라. 지금까지는 너희가 내 이름으로 아무 것도 구하지 아니하였으니 구하라 그리하면 받으리니 너희 기쁨이 충만하리라(요16;22-24)

성도가 하나님 나라 백성으로 잘 성장할 수 있도록 지혜와 총명을 주시기를 구하고 하나님의 뜻에 합당한 열매를 맺을 수 있기를 구해야 한다.

그렇다고 성도가 이 땅에서 자기의 필요를 하나님께 구할 필요가 전혀 없다고 하는 것은 아니다. 하나님은 우리의 아버지이시다.

그러기 때문에 자식이 아버지께 구하는 것은 당연한 일이다. 기도는 내가 하나님의 자녀라는 전제하에서 시작이 되어야 한다. 자녀인 내가 아버지께 부탁하고 요구할 수 있는 자리에 있다는 특권에서부터 기도가 출발되어야 한다.

자녀가 아버지께 부탁하지 못할게 어디 있는가. 거기에 무슨 형식이 필요하며 무슨 특별한 시간이 필요한가. 수시로 아이가 아버지께 조르듯 우리는 아버지와 대화를 할 수 있어야 한다. 아니 그게 정상적인 기도생활이다.

기도는 무언가를 얻어내는 도구로만 생각하는 고정관념을 깨라는 뜻에서의 얘기다. 그럼에도 내 기도가 들어 들이지 않을 때 그때 아버지의 의중을 알아야 한다. 그 일들을 통해서 아버지께서 나에게 가르치시고자 하는 것이 무엇인지 깨달아 가는 것이 기도이다.

천지를 주관하시는 아버지께서 들어주지 않을 때는 그 이유가 있어서 더욱 그렇게 만드시는 것이다. 아버지는 자녀가 요구할 때 그게 해가 될 것인지 득이 될 것인지를 너무 잘 아신다. 아버지는 자녀가 원한다고 무조건 들어주지 않는다. 세상 부모도 그런데 하물며 하나님 아버지께선 더 하신다.

하나님은 당신 자녀들이 이 땅에서 모든 소원을 만사형통으로 이루며 땅에다 뿌리박고 사는 것을 원치 않으신다. 도리어 자녀가 진짜 아버지(하나님)의 집으로 돌아오도록 이 세상의 쾌락과 풍요에 길들여지기 전에, 정을 떼시게끔 만드신다.

우리가 구하는 것을 한번 생각해 보라. 대부분이 우리의 정욕과 탐욕에서 나온 요구사항들 뿐이지 않는가.

너희가 욕심을 내어도 얻지 못하고 살인하며 시기하여도 능히 취하지 못하나니 너희가 다투고 싸우는 도다. 너희가 얻지 못함은 구하지 아니함이요 구하여도 받지 못함은 정욕으로 쓰려고 잘못 구함이니라(약4:2-3)

하나님은 하나님의 일을 하시는데 성도의 기도를 통해 하시며 성도가 기도하지 않으면 하나님의 일을 하지 않으셨다. 하나님은 반드시 성도로 하여금 기도하게 만드셨다. 그래서 성경에 그렇게 기도의 중요성을 반복하여 강조하고 있다.

우리가 이 세상 것에 관심을 두고 살 때, 하나님은 반드시 징계를 하셨다. 징계는 하나님의 자녀들의 자녀 됨을 만들기 위한 교육이다. 그래서 우리는 그 징계로 말미 암아 기도하지 않을 수 없게 된다.

기도를 통해 우리는 하나님의 뜻을 헤아리게 되고, 우리를 다시 돌아보게 되며, 아버지께서 주시지 않는 것도 포기할 수 있게 된다. 우리의 기도의 응답이 반드시 축복만은 아니다. 어떤 면에서 우리가 하는 기도의 응답이 안되는 것이 더 당연할지 모른다.

우리는 구원을 받았음에도 여전히 육신의 옷을 입고 있기에 우리가 구하는 것이 하나님의 뜻에 어긋나는 것이 더 많다. 그래서 하나님께서도 우리가 육의 옷을 입고 있기에 세상적인 문제로 죄를 짓는 것은 봐주신다고 했다. 그러나 성령을 기만하는 자는 가차 없이 지옥으로 보내신다고 하셨다.

그럼에도 오늘날의 거의 대부분의 목사들이 기도의 은사가 있다는 등, 내가 기도하면 하나님께서 사업도 잘되게 해주신다는 등, 또는 어려운 문제나 고민거리는 증보기도로 해결해 준다는 등, 미래를 예측하는 예언의 은사가 있다는 등, 치유의 능력이 있다는 등 이런 자랑을 한다면 성령(말씀)이 무엇인지조차 모르는 무식한 목사들이다.

지금이라도 나의 기도가 육신의 정욕을 위해 드려진 것이 아닌가! 성도라면 한번쯤 점검해 보기 바란다.

왜 예수를 믿어야 하는가...?

　　필자가 지금은 목사가 되어 남들이 모두 우려의 시선으로 바라보는 이 첩첩 산중인 오지에 교회를 건축하고 있을 때, 대부분의 사람들이 '저 목사 정신이 어떻게 된 것 아니야?' 아마 모두가 속으로 이렇게 생각했을 게다.

　　그렇지만 필자는 교회를 부흥시키기 위해 교회를 세운 것이 아니라 단 한 사람의 영혼이라도 구원해야겠다는 절박한 심정에서 교회를 세웠다. 그중 멀리 갈 것도 없이 나와 30년 이상을 살아온 남편부터 구원해야겠다는 생각에서다.

　　우리 남편은 법이 없어도 살아갈 만큼 심성이 바르고 곧은 사람이다. 그럼에도 남편한테는 어딘가에 생각이 꽂히면 그 누구도 못말릴 정도로 자기의 고집을 꺾지 않는 버릇이 있다. 남편은 삼십 여년 전, 뇌수막증으로 두개골 수술을 세 번하고도 살아난 사람이다. 그 때 남편은 자기도 모르게 교회로 발길이 향하더라고 했다.

　　"근데 왜 교회를 다니지 않았어?"

　　시부모가 새벽기도도 빠지지 않고 다닐 정도로 열심이었던 분이라 물었다.

　　"목사 때문에......"

수술 후, 시부모의 권유로 교회를 나갔다. 그 때 목사가 귀신이 씌워 머리 수술을 한 거라면서 등짝과 수술한 머리 부위를 귀신 쫓아낸다며 사정없이 후려 패는데 진저리 칠 정도로 아팠다고 했다. 그래서 그 기억 때문에 교회는 쳐다보기도 싫었다고 했다.

죄를 짓는 자는 마귀에게 속하나니 마귀는 처음부터 범죄함이니라 하나님의 아들이 나타나신 것은 마귀의 일을 멸하려 하심이니라(요일 3 : 8)

이 세상 목사들이 성경을 모르고 육신적으로 귀신을 쫓아낸다고 하는 그 자체가 하나님 눈에는 범죄다. 자기 정욕에 도취되어 귀신이 무엇인지 조차 모르는 마귀가 자기와 동급인 귀신을 쫓아낸다고 하니 이 얼마나 웃기는 노릇인가.

정작 귀신을 쫓겠다하면 마귀보다 더 강한 자가 와야 결박을 풀 수 있다. 그래야 귀신을 쫓아낼 수 있는데, 그렇다면 강한 자가 누구인가. 바로 말씀으로 오신 하나님이시다. 즉 예수 그리스도의 말씀만이 귀신을 쫓아낼 수 있다.

입에 거짓말 달고 있는 목사가 무슨 능력이 있다고 그런 허무맹랑한 소리로 하나님의 귀한 백성을 시험에 들게 했는가! 그런 목사가 바로 지옥으로 가는 첫 번째 타자이다.

또 삼 년 전, 필자가 다니던 교회의 목사가 심방을 왔다. 전체 주변을 한 바퀴 휘익 둘러보더니 여기는 귀신이 많아 이곳에 교회를 세우면 안된다고 일축해 버렸다. 그때 그 얘기를 옆에서 듣고 있던 남편이 어처구니없다는 듯이 말했다.

"산에 산소가 있는 것은 당연한 것 아닌가?"

그러면서 산소가 있다고 귀신이 있는 것은 아니지 않느냐면서 노골적으로 그 목사의 얘기에 반박했다.

"목사가 귀신 얘기하니까 꼭 무당 같아"

그래선지 교회가자하면 아무리 꼬드겨도 꿈쩍도 안했다. 목사에 대한 트라우마와 교회에 대한 불신 때문에 남편을 전도하는데 그 누구보다 어려웠다. 그래서 함께 사는 남편 하나 구원 못하면서 누굴 구원하겠냐 싶어, 살고 있는 터전에다 교회를 세우게 된 것이다.

뿐만 아니라 교회를 세운 또 다른 이유에는 그동안 교회의 잘못된 관습과 목사들의 거짓된 교리가 많은 영혼들을 지옥으로 이끌고 있어 안타까운 마음에서다

오늘날의 교회는 하나님이란 존재의 힘을 빌려 자신의 소원이나 이루고 문제해결이나 요구하는 무속신앙으로 변질되어 복을 구하는 기복종교가 되었다. 목사라는 샤먼을 중재자로 어떤 문제점을 해결하는 무당예수만 만발하다보니 교인들은 영적으로 병들고 그럴수록 교회는 외형만 크게 성장해 가고 있다.

여담이지만 우리 교회의 성도 1호인 안ㅇㅇ가 있다. 그가 난생 처음으로 교회에 왔다. 함께 생활하던 목사가 교회를 다니면 하나님이 농사도 잘 되게 해주고 장가도 가게 해준다고, 웃으면서 열심히 다니라고 독려했다.

물론 그 말을 믿고 교회를 나온 것은 아니지만 안타깝게 그동안 잘 짓던 농사가 그 해에 유독 농사로 인한 손해가 이만저만이 아니었다. 그러더니 심정이 복잡하다며 당분간 교회에 나오지 않겠다고 했다. 그러면서 하나님이 계시긴 뭘 계시느냐며 빈정거렸다. 이와

같이 교회를 나오면 복을 준다고 했던 목사의 얘기가 도리어 더 하나님을 멀리하게 된 계기가 되었다. 그러나 성경은 그와 정 반대로 말씀하고 있다. 예수를 믿게 되면 제일 먼저 고난이 따른다. 무조건 아무한테나 고난이 따르는 것이 아니고 세상 것이 너무 좋아 그것에 집착하면 하나님의 백성들은 반드시 징계를 통해 교회로 돌아오게 한다.

그럼에도 오늘날의 수많은 목사들은 자신들의 교회 확장을 위해 고난을 도리어 복으로 포장해서 전하고 있다. 하나님을 팔아먹는 장사치들은 교인하나를 얻기 위해 그들이 좋아하는 복 이야기로 유인해 지옥자식을 만들어 버리고 있다.

화 있을진저 외식하는 서기관들과 바리새인들이여 너희는 교인 하나를 얻기 위하여 바다와 육지를 두루 다니다가 생기면 너희보다 배나 더 지옥 자식이 되게 하는구나(마 23:15)

예배는 하나님을 찬송하고 그분께 영광 돌리는 것이어야 하는데 작금의 교회는 하나님을 위한 예배가 아니라 인간을 기쁘고 즐겁게 하기 위한 예배로 전락되고 있다. 특히 대형교회일수록 예배를 지루하게 하지 않기 위해 연예인을 초청한다든가 오케스트라 밴드를 사용한다든가, 성령부흥회란 명제 아래 거짓 성령으로 치유의 장면을 연출하는 등의 볼거리를 많이 제공하고 있다.

특히 어려운 문제가 생기면 중보기도를 빙자로 헌금을 착취하고 있고, 교회 운영에 집중하다보니 성경 말씀보다 조직 강화에 즉 하나님 사업에 주력하고 있다.

그가 혹은 사도로, 혹은 선지자로, 혹은 복음 전하는 자로, 혹은 목사와 교사로 주셨으니. 이는 성도를 온전케 하며 봉사의 일을 하게하며 그리스도의 몸을 세우려 하심이니라. 우리가 다 하나님의 아들을 믿는 것과 아는 일에 하나가 되어 온전한 사람을 이루어 그리스도의 장성한 분량이 충만한 데까지 이르리니(엡4;11-13)

목사와 교사를 세운 목적이 그리스도의 몸을 세워서 즉 그리스도의 몸을 세운다는 말씀은 믿을 때 그리스도의 영에 들어옴이다. 즉 하나님의 영이 거하면 우리가 육신에 있지 아니하고 영에 있는 것이고, 또한 누구든지 그리스도의 영이 없으면 그리스도의 사람이 아닌 것이다. 따라서 그리스도가 우리 죄를 없이 하려고 나타내신 바 된 것을 우리가 믿고 그걸 알면 죄가 없게 된다. 즉 죄가 하나도 없는 그리스도가 우리 몸에 거하시는 것을 믿는 자는, 그의 영, 혼, 몸에 그리스도로 충만하기 때문에 이러한 사람은 죄가 하나도 없고 천국으로 직행하는 것이다.

그러므로 우리를 그리스도의 장성한 분량이 충만한 데까지 이르게 하기 위하여 목사를 교사로 삼게 한 것인데, 오늘날의 목사가 도리어 천국으로 가고자 교회에 나온 성도들을 지옥으로 이끌어 가고 있다.

화 있을진저 외식하는 서기관들과 바리새인들이여 너희

는 천국 문을 사람들 앞에서 닫고 너희도 들어가지 않고 들어가려 하는 자도 들어가지 못하게 하는도다(마23:13)

오늘날 서기관과 바리새인들이 타락한 목사들이다. 이들한테 가면 지옥으로 직행한다. 그러므로 정신 똑바로 차려야 한다.

하나님께서 역사를 왜 창조하셨다고 생각하는가?

또 주여 태초에 주께서 땅의 기초를 두셨으며 하늘도 주의 손으로 지으신 바라 그것들은 멸망할 것이나 오직 주는 영존할 것이요 그것들은 다 옷과 같이 낡아지리니 의복처럼 갈아입을 것이요 그것들이 옷과 같이 변할 것이나 주는 여전하여 연대가 다함이 없으리라 하였으나.(히1:10-12)

이와 같이 땅과 하늘 그리고 태초의 시간의 시작이 주님에 의해 지어졌다. 그런데 그것은 멸망하기 위해 지어진 것이라 했다. 그렇다면 하나님은 멸망시킬 것들을 무슨 이유로 창조하셨을까? 멸망시킬 것과 대조되는 것이 영생이다.

그렇다면 그 영생은 어떻게 얻어지는 것인가. '오직 주는 영존할 것이요'의 '주'가 바로 예수 그리스도시다.

그러니까 이 우주만물의 역사는 오직 하나님만이 영존하신 분이요, 참 가치요, 모든 것의 주인이심을 증명하고 드러내는 소품에 불과하다. 따라서 이 우주만물이야말로 오직 예수의 공로에 의해서만 시작되고 완성되는 하나님의 새 창조를 설명하기 위한 가건물에 불과하다. 우리의 삶은 이 땅에 사는 동안만 잠시 필요한 모델하우스다. 그러나 그리스도라는 실체가 오시면 철거가 불가피하다. 그렇게 이 역사와 인생, 그리고 우주와 육신은 새 창조의 실체를 설명하기 위한 소품일 뿐이다.

우리는 그러한 소품으로서의 역사와 인생을 살아가는 동안 '왜 우리가 예수 안에서만 존재할 수 있는가' 혹은 '왜 그리스도를 믿어야만 하는가'를 철저하게 배우게 된다.

인간의 삶은 원칙적으로 세 가지의 삶으로 연결된다. 육신의 삶이 있고, 육신 안에서의 혼의 삶이 있고, 하나님과 소통할 수 있는 영적인 삶이 있다. 육신의 삶은 다가올 모든 삶을 기본적으로 받쳐주는 바탕적인 삶이고, 영적인 삶은 영원한 완성적인 삶을 말한다.

그러나 이 육신의 삶은 영적으로 들어가기 위해 반드시 필요하기 때문에 매우 소중히 간직해야 한다.

그래서 예수께서도 우리 몸이 즉 하나님과 연합된 우리 몸 자체가 성전이라 하셨다. 그러므로 성전된 몸을 함부로 학대하거나 관리 못하는 것도 죄 중에 가장 큰 죄가 된다.

필자가 가장 안타까웠던 점은 바로 지난해에 술 때문에 교통사고를 일으켜 저 세상 사람이 된 권ㅇㅇ다. 그가 건축하고 있는 교회 현장에 나타나 안ㅇㅇ와 함께 교회 다니자고 우스개로 얘기한 그 말이 지금도 아쉬운 여운으로 남는다.

사람한테는 누구나 다 기운을 읽을 수 있는 영기가 있다. 어쩌면 그도 조만간 죽게 될지도 모를 자신의 운명을 감지하고 교회를 다니고 싶다는 생각이 들었을 것이다. 그때 만약 내가 좀 더 적극적으로 구원에 관한 이야기를 해주었더라면 어쩌면 그의 맘속에 예수를 믿고 싶다는 생각이 들었을지 모른다. 그랬다면 찰나의 순간이지만 최소한 지옥은 면하지 않았을까 하는 아쉬운 마음이 들었다.

사람이 구원받는 것은 교회를 오래 다녔다고, 십일조를 열심히 내었다고 구원받는 것이 아니다. 하나님의 백성은 찰나의 순간에도 구원 받을 자는 구원 받게 하셨다. 그 대표적인 예가 바로 예수님 십자가 우편에 매달린 강도다. 그는 사형언도를 받고 십자가에 매달려 죽을 수밖에 없는 찰나의 순간에 예수께서 구원해 주어 함께 낙원으로 올라갔다. 그래서 난 권○○만 생각하면 늘 가슴 한 켠이 뭔가에 맺힌 것처럼 아플 때가 있다.

우리가 하나님의 은혜를 받는다는 것도 바로 이 순간, 성경말씀에 의해 보고 듣고 깨닫게 되면 하나님께서 우리 마음을 노크하고 계시고 있는 것이다. 그 때 마음의 문을 활짝 열면 은혜와 사랑이 우리 안에 들어오게 된다.

인간은 자신의 힘으로 삶을 사는 것이 아니고 항상 초월적 세계의 영향력에 의해 이끌리어 산다. 초월적 의식에는 사탄의 의식과 성령의 의식이 있다. 하나님의 마음(영)이 우리 안에 없으면 우리는 늘 사탄의 의식 속에서 살아갈 수밖에 없다. 미움, 분냄, 다툼, 시기, 질투 이 모든 것들은 사탄의 의식이고, 사랑, 화평, 오래 참음, 절제, 인내, 온유 이러한 것들은 성령의 의식이다.

성령이 내 안에 내주할 때 우리는 이 세상에서 천국을 미리 맛보며 살아간다. 이 땅에서 천국을 맛보며 사는 자만이 죽어서도 하늘나라에 갈수 있다. 천국은 어떤 공간적인 개념이 아니다. 우리 마음이 곧 천국이다. 그러기에 우리의 영이 이 땅에서 하나님과 함께 할 때 죽지 않고 영생을 얻게 된다. 따라서 영생이 가장 값진 보석이고 은혜임을 깨달아야 한다.

아직도 휴거를 기다리나!

　학기 중에 현직에서 물러난 원로 목사가 요한계시록 강해를 했
다. 80세가 넘은 고령임에도 불구하고 쩌렁쩌렁한 음성과 눈빛이
예사롭지 않았다.
　"여러분 정신 차려야 합니다."
　지금 종말의 때에 깨어 있어야 도적같이 오시는 재림의 예수님
을 만날 수 있다는 거였다. 그래야 믿는 자는 산체로 들어 올리는
영광을 누리게 된다 했다.
　"우리는 산체로 예수님과 함께 공중 부양해야 합니다."
　그래서 당신도 산체로 오시는 재림의 예수님과 함께 공중으로
올려 지기 위해 건강하게 살려고 노력 중이라 했다.
　이는 강의를 듣는 것이 아니라 마치 심령부흥회에 온 듯한 느낌
이었다. 열변을 토하면서 계시록 강해를 하는데 두 시간이 어떻게
흘러갔는지 모르게 훌쩍 지나갔다. 앞전 느릿한 음성의 교수에 비
해 뭐처럼 지루하지 않게 강의를 들었다. 그러나 강의는 재밌게 할
지 모르나 계시록 강해는 여느 목사들처럼 거기서 거기였다.
　즉 바다에서 올라온 짐승을 공산주의 사상(마귀)으로 해석했고,
지금이 종말의 때임을 에스겔서 33장 1-7절에 나오는 나팔경고를

인용하여 그에 대한 설명을 했으며, 나팔은 경고를 나타냈다. 따라서 연기는 환란의 징조임을 설명하면서 영계의 환란과 기근의 환란으로 나누어 설명했다.

종말의 때의 영계의 환란은 신앙양심의 마비로 오고, 사랑의 변질이 변하여 사명에 충성치 않으면 말씀이 혼선되어 어두워진다고 했다. 이것이 땅에서 올라온 짐승이라 설명했다.

또한 기근의 환란은 영적 기근이 오고 정신적인 기근이 오며, 계시록 6장 5-6절을 들어 물질의 기근이 오고, 다니엘 12장 1절을 들어 전쟁의 기근이 온다고 했다. 그러기 때문에 지금이 바로 그 때라는 것이다. 종말의 때에 예수 그리스도가 재림하시면 죽은 자는 그대로 부활되고 믿는 자는 산체로 하늘로 들어 올라간다. 즉 휴거에 관한 계시록 강의였다.

예레미야 50장 1절과 계시록 18장 1절을 인용하여 바벨론이 망하는데 그 바벨이 바로 666이라고 했다. 바벨의 종류도 사상적 바벨, 13장 1절의 용을 공산주의(무신론)로 강조했고, 정치적 바벨은 바다로 표현했으며, 종교적인 바벨은 17장 3절을 인용해 설명했다.

따라서 지금이 바로 그 종말의 때이니 이를 바로 알고 목회자들이 경고의 나팔을 불어야 한다고 피력했다. 그러기 때문에 당신도 그때까지 건강하게 오래 살기로 마음먹었다고 했다.

그러나 재림의 예수 그리스도는 형체로 오시는 것이 아니라 그리스도의 영으로 오신다. 그리스도께서 영으로 오시면 많은 사람들에게 그리스도의 생명을 분배해서 나누어 줄 수가 있다.

많은 기독교인들의 문제가 앞서의 목사와 같이 그리스도가 재림하신다 하니까 사람이셨던 예수님이 그대로 육체로 재림하는 줄 안다. 형체를 가지고 계셨던 예수 그리스도는 형체가 있기 때문에 또 다시 육체를 입고 사람 속으로 들어오실 수가 없다, 필자도 한동안 그래왔지만 오늘날 많은 신학자들이 아래와 같은 말씀 때문에 오류를 범하고 있다.

노아 때와 같이 인자의 임함도 그러하리라 (마24;37)

예수 그리스도께서 인자로 임한다고 하니까 문자 그대로 사람의 형체를 하고 공중에 나타나는 줄 안다. 그러나 예수님은 절대로 육체의 옷을 입고 재림하실 수 없다. 육체로 오시면 하나님 나라가 이루어질 수 없기 때문이다. 그러므로 그리스도의 영으로 사람 안으로 다시 오시겠다고 하신 것이다. 그래야 하나님 나라가 이루어지고 하나님의 나라를 이루는 구성원이 생겨난다.

올라가실 때에 제자들이 자세히 하늘을 쳐다보고 있는데 흰옷 입은 두 사람이 저희 곁에 서서 가로되 갈릴리 사람들아 어찌하여 서서 하늘을 쳐다보느냐 너희 가운데서 하늘로 올리우신 이 예수는 하늘로 가심을 본 그대로 오시리라 하시니라(행1;10-11)

초림하신 예수님은 사람의 형체로 오셨지만 두 번째 오시는 예수 그리스도는 절대로 사람의 형체로 오실 수가 없고 그렇게 되면 십자가가 아무런 의미가 없다. 하나님께서는 사람을 지으실 때 하나님의 형상(형체)으로 지으셨기 때문에 두 번째 오시는 예수님은 형체로 오실 필요가 없고 반드시 영(생명)으로 오셔야만 된다.

영으로 오셔서 인자들을 만드시기 때문에 두 번째 오시는 예수님은 인자로 오신다고 말씀하신 것이다. 따라서 사람은 하나님을 담는 그릇이요, 하나님을 모시는 집이요, 하나님을 심는 밭이다.

너희는 하나님의 밭이요 하나님의 집이다(고전3:9)

집에는 집이 들어와 사는 것이 아니라 사람이 들어와 사는 것이요, 밭에는 밭을 심는 것이 아니라 씨가 심겨진다. 이와 같이 사람 또한 하나님의 형체대로 지음을 받았기 때문에 그 육체(집)에 그리스도의 영만 들어오면 된다. 그러면 그 사람이 바로 그리스도인이 되고 그 그리스도인이 바로 하나님의 아들들이 되는 것이다.

그래서 두 번째 오시는 예수는 형체로 오시는 것이 아니라 그리스도의 영으로 오시는 것이다. 이 영(성령)이 우리 안에 거하시면 바로 이런 사람들이 그리스도인(인자)이 된다.

이와 같이 그리스도도 많은 사람의 죄를 담당하시려고 단번에 드리신바 되셨고 구원에 이르게 하기 위하여 죄와 상관없이 자기를 바라는 자들에게 두 번째 나타나시리라 (히9:28)

죄를 담당하시는 그리스도는 형체로 계시는 그리스도시다. 그러나 두 번째 나타나시는 그리스도는 바라는 자들에게 영(생명)으로 들어오시는 그 영을 지칭한다. 그러나 대부분의 교인들은 두 번째 오시는 그리스도를 공중에 형체로 오시는 그리스도, 즉 초림해서 죽으시고 부활하신 후 형체로 계신 그대로 두 번째 공중으로 와서 그리스도가 구원하는 줄 안다.

이렇게 되면 예수 그리스도만 빼고 단 한 사람도 하나님의 아들들이 될 수 없다, 왜냐하면 사람이 하나님의 아들이 되려면 하나님의 아들이신 예수 그리스도께서 믿는 사람 속에 들어와 사셔야, 믿는 자 안에 계시는 그리스도 영으로 인해 하나님의 아들이 될 수 있다.

아들이란 아버지의 생명을 받은 자만 아버지의 아들이다. 구약에서는 하나님 아버지의 생명을 받은 자들이 하나도 없기 때문에 하나님 아버지의 아들이 하나도 없었다. 그러나 신약에 와서 처음으로 하나님 아버지의 아들이 나타났는데 예수님이 아버지의 아들인 것이다.

아버지께서 자기 속에 생명이 있음같이 아들에게도 아버지의 생명을 주어 그 속에 있게 하셨고(요5:26)

예수님은 인류 역사상 최초로 아버지 하나님의 생명을 받으신 분이다. 아들과 아버지의 관계는 아버지의 생명을 받은 자들만 아버지의 아들이다.

앞서도 잠깐 언급했지만 사람은 그리스도를 담는 그릇이다. 믿는 사람의 영, 혼, 몸이 그리스도의 생명으로 채워지면 그 사람이 하나님의 온전한 아들이 된다. 그리스도께서 인자로 오신다는 것은 믿는 자들 속에, 그리스도가 들어가서 믿는 자를 인자로 만든다는 뜻이다.

여기 서있는 사람 중에 죽기 전에 인자가 그 왕권을 가지고 오는 것을 볼 자들도 있느니라(마16:28)

그리스도라는 명칭은 형체(형상)와 영(생명)이라는 두 가지 뜻을 담고 있는 의미를 모르고 성경을 읽으면 인자가 온다고 할 때 사람의 형체를 하고 있는 예수 그리스도께서 오시는 줄 안다.

인자에 대해서 예수님은 마태복음 17장 9절에 변화산에서 변화되시는 예수님 자신에 대하여 말씀하셨다. 이를 많은 기독교인들이 사람의 형체를 하고 계셨던 사람이신 예수가 오신다고 생각했기 때문에 공중에 자연 구름타고 오신다고 생각했다. 이들은 사람 밖에서 왕으로 오시는 인자를 생각했다.

그리스도가 사람 속으로 들어오실 때 형체로 오시는 것이 아니라, 그리스도의 영으로 들어와 사시기 때문에 우리가 그 그리스도가 되는 것이고, 그리스도가 믿는 사람 속에 들어와 사시니 우리가 바로 인자로 오시는 그리스도가 되는 것이다.

그렇기 때문에 예수께서 인자로 오신다고 하신 말씀은, 하나님의 형상대로 지은 사람들에게 그리스도의 영으로 오셔서 믿는 자들인 인자(예수)로 만드시겠다고 말씀하신 것이다. 만약에 인자가 사람 밖으로 오신다면 하나님의 아들들은 하나도 태어날 수가 없다.

하나님은 아버지 한분만 계신다고 성경은 분명하게 말씀한다.

디모데전서 6장 15절에 '기약이 이르면 하나님이 그의 나타나심을 보이시리니 하나님은 복되시고 홀로 한분이신 능하신 자이며 만

왕의 왕이시며 만주의 주시오'라고 했다. 또한

나는 여호와라 나 외에 다른 이가 없나니 나 밖에 신이 없느니라. 이스라엘의 왕인 여호와 이스라엘의 구속자인 만군의 여호와가 말하노라 나는 처음이요 나는 마지막이라 나 외에 다른 신이 없느니라(사44;5-6)

이와 같이 예수 그리스도는 여호와 하나님 아버지가 직접 오셔서 아들이 되신 분이기 때문에 이사야 44;6절의 여호와가 하신 말씀을 요한계시록 1장 8절에 '주 하나님이 가라사대 나는 알파요 오메가라 이제도 있고 전에도 있었고 장차 올 자요 전능한 자라 하시더라'라고 동일하게 말씀하고 있는 것이다.

예수님은 여호와 하나님 아버지가 직접 오셔서 마리아의 뱃속에서 아들이 되신 분이기 때문에, 예수님 자신이 처음과 나중이요 알파와 오메가라고 말씀하셨다.

이사야 45;6절에서 '나는 여호와라 처음과 나중'과 계시록 22;13에서 '나는 알파요 오메가요 처음과 나중이요 시작과 끝이라' 하나님의 아들이신 주 예수께서 동일한 말씀으로 하셨다.

즉 예수님은 영원부터 계신 아들 하나님이 오신 것이 아니라 여호와 하나님아버지께서 직접 오셔서 아들이 되신 분임을 나타내신 말씀이다.

네 구속자요 모태에서 너를 조성한 나 여호와가 말하노라 나는 만물을 지은 여호와라 나와 함께한 자 없이 홀로

하늘을 폈으며 땅을 베풀었고(사44:24)

　　이상의 말씀을 보면 여호와 하나님과 함께한 자 없이 여호와 하
나님 혼자 땅과 하늘과 만물을 창조했다고 말씀하셨다. 이를 뒷받
침할 근거로, 사도요한도 1장 3에서 '만물이 그로 말미암아 지은
바 되었으니 지은 것이 하나도 그가 없이는 된 것이 없느니라' 했
고, 계속해 10절에서 '그가 세상에 계셨으며 세상은 그로 말미암아
지은 바 되었으니 세상이 그를 알지 못하였고' 라고 했다.
　　이와 같이 세상과 만물을 창조하신 하나님께서 말씀이 육신이
되어 예수 그리스도의 몸을 입고 이 땅에 직접 오셔서 사람이 되셨
기 때문에 성경은 이렇게 말씀하고 있다.

　　이는 하나님의 영광이 광채시요 그 본체의 형상이시라
(히1:3)

　　육체를 입으신 보이는 육체는 아들이요, 육체 안에 계신 여호와
하나님 아버지 본체는 곧 아버지가 되시는 것이다.

　　나와 아버지는 하나이니라 하신대(요10:30)

　　그래서 예수께서 이렇게 말씀하셨다.

　　너희 조상 아브라함은 나의 때 볼 것을 즐거워하다가 보
고 기뻐하였느니라(요8:56)

이와 같이 예수님은 여호와 하나님 아버지께서 직접 오셔서 사람이 되신 분이기 때문에 예수님으로부터 약 2000년 전 아브라함이 예수님을 보고 기뻐했다고 예수께서 말씀하신 것이다. 그러나 예수님이 누구신지 모르는 유대인들은 그들이 모세로부터 약 1500년 동안 기다렸던 메시야 곧 여호와 하나님께서 오셨는데도 다음과 같이 말했다.

　유대인들이 가로되 네가 아직 오십도 못되었는데 아브라함을 보았느냐(요8；57)

예수님과 아버지를 하나로 믿지 못하고 아버지와 아들을 분리되어 믿기 때문에, 예수께서 아브라함이 나기 전부터 내가 있었다고 하니까, '사람인 네가 여호와 하나님 아버지냐' 라고 하면서 돌로 예수님을 치려고 했다.

이렇듯이 오늘날 목사들도 하나님이신 예수 그리스도가 영으로 다시 오신 것을 모르니까, 전능하신 하나님 아버지를 그저 무당 예수로만 취급하고 있다.

무엇보다 여호와 하나님 아버지는 형체가 있고 볼 수가 있다고 성경에 기록된 말씀을 믿으면, 예수님은 여호와 하나님 아버지께서 직접 오셔서 사람이 되신 사실을 확인할 수 있다.

　그 날에 사람이 자기를 지으신 자를 쳐다보겠으며 그 눈이 이스라엘의 거룩하신 자를 바라보겠고(사17；7)

여호와의 영광이 나타나고 모든 육체가 그것을 함께 보리라 대저 여호와의 입이 말씀하셨느니라(사40:5)

이와 같이 하나님께서 정하신 어느 날 여호와 하나님 아버지께서 직접 오셔서 사람이 되시면 사람들이 자기를 지으신 자 곧 창조주 하나님을 볼 수 있다고 말씀했다. 여호와 하나님을 볼 때 믿음의 눈으로 보는 것이 아니라 실제로 육신의 눈으로 본다고 말씀하셨다. 이와 같이 여호와께서 볼 수 있는 존재로 나타나시면 모든 육체가 나타나신 여호와 하나님을 본다고 했다. 하나님은 여호와 하나님 아버지 한 분만 계신다. 성경은 하나님을 본 사람은 없어도(요1;18), 여호와를 본 사람들은 많이 있다(창18:1)

이처럼 여호와 하나님아버지는 영체로 사람과 같은 형체를 갖고 계셨다. 그러나 영체로 계시는 여호와 하나님 아버지는 너무나 영광스럽고 거룩하시기 때문에 사람으로서 여호와 하나님을 바라보면 죽는다. 그래서 여호와께서는 사람이 여호와를 바라보아도 죽지 않는 길을 만드셨는데 그 길이 여호와 아버지께서 직접 오셔서 사람이 되시는 길이었다.

이는 한 아기가 우리에게 났고 한 아들을 우리에게 주신 바 되었는데 그 어깨에는 정사를 메었고 그 이름은 기묘자라 모사라 전능하신 하나님이라 영존하시는 아버지의 평강의 왕이라 할 것임이라(사9:6)

이와 같이 마리아가 낳은 아기가 바로 영존하신 아버지요, 일하시는 전능하신 성령 하나님이요, 하나님의 아들이라고 말씀했다. 성경 어디에도 영원부터 계신 아들이 오신 분이 예수라고 말씀한 적이 없다. 하나님은 오직 여호와 하나님 아버지 한 분만 계셨다.

사람이 영이요, 생명이 되려면 내가 지금 하나님의 영을 받아서 그리스도가 믿는 자 안에 살아계심을 믿어야 영이 된다.

요한복음 5장 26절에 '아버지께서 자기 속에 생명이 있음같이 아들에게도 생명을 주어 그 속에 있게 하셨고' 즉 예수 속에는 아버지의 생명이 있기 때문에 육체를 입은 사람으로서 처음으로 그리스도라는 명칭이 붙은 것이다.

이는 너희가 죽었고 너희 생명이 그리스도와 함께 하나님 안에 감취었음이니라. 우리 생명이신 그리스도께서 나타나실 때에 너희도 그와 함께 영광 중에 나타나리라(골 3;3-4)

초림하신 예수님은 육체로 오셨고 두 번째 오시는 예수 그리스도는 예수님 속에 있었던 아버지의 생명이 오시는 것이다. 그러기에 그리스도는 아버지의 생명을 그리스도라고 하기 때문에 믿는 자 속으로 그리스도(아버지의 생명)가 들어오시는 것으로 이것을 구원이라고 했다.

그 안에 생명이 있었으니 이 생명은 사람들의 빛이라(요 1:4)

말씀 안에 생명이 있었다고 했으므로 말씀과 생명은 하나이다. 말씀은 생각이 입을 통하여 나온 말을 말씀이라 했다. 생각은 혼자 독자적으로 있는 것이 아니고 생명 안에 생각이 있다. 그러므로 생명과 생각과 말씀은 하나이다.

말씀과 생각과 생명은 여호와 아버지 안에 있는 생명이다. 생명이 일을 하려면 생각해야 하고, 생각한 것을 입으로 말씀해야 하며, 입으로 말씀한 것을 행동으로 옮기는 것은 생명이 하기 때문에 말씀 안에 생명이 있다고 했다.

너희가 나를 알았더면 내 아버지도 알았으리로다 이제 부터는 너희가 그를 알았고 또 보았느니라. 빌립이 가로되 주여 아버지를 우리에게 보여 주옵소서 그리하면 족하겠나이다. 예수께서 가라사대 빌립아 내가 이렇게 오래 너희와 함께 있으되 네가 나를 알지 못하느냐 나를 본 자는 아버지를 보았거늘 어찌하여 아버지를 보이라 하느냐. 나는 아버지 안에 있고 아버지는 내 안에 계신 것을 네가 믿지 아니하느냐 내가 너희에게 이르는 말이 스스로 하는 것이 아니라 아버지께서 내 안에 계셔 그의 일을 하시는 것이라(요 14:7-10)

예수님은 아버지의 생명만이 오신 것이 아니고 아버지의 본체의 생명이 같이 오셨다. 이렇게 예수 그리스도가 하나님 본체이신 것만 알아도 구원의 문턱에 쉽게 도달할 수 있다.

하나님의 사랑은 징계

필자가 몇 번 얘기한 적이 있지만 인간이 태어나면 영적인 시각에서 볼 때 두 가지 부류로 나뉘어진다. 하나님의 택한 자녀와 택함받음에서 제외된 자다.

장로교의 시조라 할 수 있는 존 칼빈의 예정론인데, 얼마 전 감리교에서 30년간 봉직했던 목사의 설명에 의하면 스베덴보리의 책에서 예정론을 강조했던 칼빈이 지옥 한 귀퉁이서 고개를 푹 숙이고 있는 모습이 묘사되었다고 한다.

필자는 그 장면을 스베덴보리 책에서 읽은 적은 없지만 만약 칼빈이 지옥에 갔다 라면 예정론 때문이 아닌 다른 이유 때문일 거란 생각이 든다.

난 아직도 예정론은 물론 성경적 의미의 예정론과는 다르지만 즉 인간의 타고난 선천적인 운명을 무시하지 않는다. 태어난다는 것 자체가 바로 신의 영역이기 때문이다. 그 이유에 확실성을 갖고 있는 것은 필자야말로 역학을 오랫동안 연구했던 사람으로 타고난 사주팔자를 벗어나 사는 사람을 별로 보지 못했기 때문이다.

이런 점을 미루어볼 때 신앙생활도 마찬가지다. 신앙생활도 하늘에서 선택받은 사람만이 다니게 되는 것이지, 그렇지 못할 때는 아무리 전도해도 그 복음이 귀에 들어가지 않는다.

스베덴보리의 책을 연구하는 바이사이드처칠 학교를 7년 동안 다녔던 그 목사에 의하면 영계의 세계를 묘사할 때, 태고적 사람들은 즉 말과 언어가 없던 원시적 시절의 사람들은 네발로 기어 다녔다고 했다. 또한 그 시절엔 인간이 가장 순수한 상태였기 때문에 누구나 다 영이 열려 있어 자연 물상을 보고 그대로 하늘의 뜻을 파악하고 하나님과 소통하며 살았다고 했다.

따라서 그 영적인 소통을 숫자나 괘상(卦象)이나 오행(五行)으로 연구되어 오늘날까지 주역이란 학문이 수천년을 거쳐 온 걸 미루어 보면 충분히 일리 있는 말이다.

그래서 그 영적인 진리를 알고자 역학에 관심을 갖게 되었고 또한 그런 호기심에 있던 차, 마침 필자가 쓴 스베덴보리의 '천국과 지옥'의 칼럼을 읽고 강릉까지 오게 되었다. 그 목사는 역학에 무한한 관심을 보였는데 역학하면 어쨌든 그 방면엔 내가 어느 만큼은 일가견이 있기에 한마디로 일축해 버렸다.

"알면 어쩌게요? 그 사람 운명을 바꿔줄 수 있나요?"

그걸 통해 돈을 벌고자 하는 마음이라면 차라리 성명학을 배우라고 권했다.

필자는 그 목사를 통해 다시 한 번 예정론에 대해 깊은 관심을 갖게 되었다.

이렇게 오랫동안 목회활동을 했음에도 불구하고 하나님의 진리가 아닌 다른 곳에서 또 다른 길을 찾고자 애쓰는 그 목사를 보면서 오늘날 한국교회의 현주소를 보는 듯했다. 30년 봉직한 목사가 이런데 일반 성도들은 오죽 하겠는가? 솔직히 그 목사를 통해 목회를 결심했던 내 맘을 다시 한 번 더 확인하고 점검하는 계기가 되었다.

그렇다면 하나님의 택한 백성과 그렇지 못한 자는 어떻게 구별되는가? 하나님께 택함 받은 자는 어떤 경로를 통해서든 예수 그리스도의 십자가의 원리를 깨닫게 된다. 단순히 깨닫는 것이 아니라 그 십자가 원리를 구원의 확신으로 갖고 진리의 영으로 자기 심령 안에 담는다, 아울러 그 안에 내재된 진리의 영, 즉 그리스도의 영을 고스란히 맞게 된다.

이들은 창세전에 창조의 목적과 함께 이미 정해진 하나님의 백성들로 이루어진 하나님의 사랑하는 자들이다. 그러기 때문에 이들이 하나님의 뜻을 따르지 않고 세상적인 일에 마음을 빼앗기고 살게 되면 가차 없이 그 모든 것들을 빼앗아 버린다.

처음엔 작은 매질로 시작되었다가 그래도 듣지 않으면 차츰 그 매질의 수위가 높아져 그 다음은 죽지 않을 만큼 더 큰 매질로 다스려진다.

그것이 바로 하나님의 징계인 것이다. 하나님의 징계가 바로 우리를 사랑하시는 하나님의 사랑 방법임을 깨달을 때, 그런 사람이 참 하나님의 백성이 되는 것이다. 어떤 사람은 그 시련을 통해 오랫동안 믿었던 하나님을 멀리하는가 하면, 또 어떤 사람은 그 고통과 시련을 통해 하나님 곁으로 돌아오는 사람도 있다.

따라서 하나님보다 자신을 더 사랑하고 물질이나 자식, 명예 등에 집착하느라 하나님을 경외하지 않으면 파산이나 질병, 또는 더 심하면 가족의 죽음까지도 불사할 정도로 징계하신다. 그게 바로 하나님의 자녀사랑 표현 방식임을 자각해야 한다.

너희가 참음은 징계를 받기 위함이라 하나님이 아들과 같이 너희를 대우하시나니 어찌 아비가 징계하지 않는 아들이 있으리요. 징계는 다 받는 것이거늘 너희에게 없으면 사생자요 참 아들이 아니니라(히 12:7-8)

인간도 남의 자식에는 관심이 없다. 오직 자기 자식이 잘못된 길을 가고 있으면 가차 없이 야단을 치고 매질을 하듯 하나님도 마찬가지시다. 그런데 그들을 왜 택하셨는가 하면 '하나님의 형상'을 본받게 하시기 위해서다.

따라서 우리를 구원하신 목적을 달성키 위해 오늘도 하나님은 당신의 형상대로 우리를 아담이 죄짓기 이전의 모습으로 원상 복귀해 놓으시기 위해 끊임없이 우리를 감찰하고 계신다.

그러나 우리 인간은 아담으로부터 죄의 성향을 이미 받고 태어났기 때문에 하나님의 계획과 의도대로 살아갈 수없는 존재들이다.

우리가 이 세상의 것들로부터 하나님을 우선으로 더 사랑하고 있다고 장담할 수 있는가? 성경에서는 하나님 보다 더 사랑하는 모든 것을 우상숭배라 했다. 하나님의 제 1계명이 '나 외에 다른 신을 섬기지 말라.' 이는 하나님이 아닌 부처나 알라로 신을 섬기는 사람들을 갖고 우상숭배라 하지 않는다.

하나님은 당신이 택한 자녀 외엔 남의 것엔 관심이 없으시다. 그러기 때문에 하나님의 자녀를 구별하기 위해 선악과도 준비해 놓으신 거다. 그런데 그게 잘 되던가? 자식이나 물질이나 명예보다 하나님을 더 사랑 할 수 있느냐고 묻고 싶다. 난 솔직히 고백하면 아직도 물질에서 자유롭지 못하다.

그래서 예수 그리스도를 이미 창세전에 예비해 두셨던 것이다. 인간이 갖고 태어난 죄성을 모두 십자가에 의해 도말하시고 인간의 죄를 대신 담당케 하신 하나님의 놀라운 은혜의 사랑을 깨달아야 그런 우리가 하나님의 자녀가 될 수 있다.

따라서 천국과 지옥은 꼭 죽어서만 가는 것이 아니다. 그래서 하나님께서 '회개하라. 천국이 가까이 왔다' 라고 선포하신 것은, 내 안에 그리스도의 영으로 찾아오시겠다는 뜻이다. 그리스도의 영이 내 안에 거하면 그게 바로 천국이다.

내 안에 그리스도가 계시면 그때부터 육적인 나는 없고 그리스도만 계시기 때문에 그 자체가 바로 은혜 충만함의 천국이요, 구원의 결정체가 된다. 구원받은 자는 내 마음 안에 사랑이 가득 흘러 넘쳐 그 사랑을 나만 갖고 있는 것이 아니라 가장 가까운 이웃에게 그 사랑을 넘치게 흘러 준다.

그게 바로 하나님께서 말씀하신 '네 이웃을 네 몸 같이 사랑하라' 의 천국 가는 길이요, 진리인 것이다.

인간이 살아 한 행위대로 누구나 심판을 받게 되는데 구원받은 사람은 즉 예수님의 구원 사역을 믿었던 사람은 그리스도의 영에 의해 천국으로 향하고, 구원받지 못한 사람은 지옥의 혼으로 떨어지게 된다. 그래서 저 영계의 세계가 바로 영혼인 것이다.

영혼과 육체가 떨어진 것을 육체의 죽음이라 하지만 살아생전에도 영과 혼이 분리되면 영적인 죽음을 맞이하게 된다. 그런데 그 영혼은 반드시 죽어야만 느끼는 것이 아니라 살아서도 느낄 수 있다. 그러기 때문에 하나님과 떨어진 인간은 영원한 죽음, 즉 지옥의 죽음으로 던져진 것이다. 그러나 영생은 영원한 거다.

우리는 그것만 믿으면 영원히 하나님 나라에서 영생을 약속받고 살아감은 물론 이 땅에서도 그 천국을 만끽하며 살 수 있다.

하나님의 자녀로 선택받은 성도들은 하나님의 징계를 받기 전에 이 세상 것에 탐닉하지 말고 순종하고 하나님 전에 나와야 한다. 하나님의 백성으로 하늘나라 입성에 동참하는 우리가 되어야한다.

필자가 삼십대 때 한창 참선을 한답시고 밥을 굶어가며 올인한 적이 있었다. 내가 우주의 중심이 되어 나와 우주가 하나 되어 어디에도 걸림 없는 삶을 살겠다고 생각한 그 자체가 인간 측에서 볼 때 매우 기특한 것 같지만 그게 바로 하나님 편에선 가장 큰 죄였던 것이다.

인간은 늘 하나님의 십자가 은혜 뒤에 숨어 살아야 하는 존재들이다.

'하나님의 은혜가 아니면 티끌에 불과한 존재이니 하나님 저를 구원해 주세요'. 바로 이러한 고백을 하나님께서 듣기 원하신다. 이와 같이 하나님의 속성만 바로 안다면 징계 자체가 은혜임을 깨닫게 된다.

성전된 우리가 교회한테 속는다

　필자가 교회나 목사에 대한 사고의 편견은 예나 지금이나 여전하다. 아직도 긍정적인 생각보다 부정적인 생각이 더 깊다는 뜻이다.
　"서모나가 무슨 뜻이에요?"
　주로 '서머나'를 '서모나'로 발음하는 사람들이 많다.
　'서머나'는 요한계시록에 등장하는 아시아의 일곱 교회 중에 유일하게 하나님께 칭찬받은 교회 이름이다. 그렇지만 이를 아는 것은 교회를 다니는 사람만 알뿐 일반인은 모른다. 그래서 간혹 발음이 헷갈린다고 투덜대는 사람도 있다.
　"성경에 나와 있는 교회 이름이에요"
　간단하게 답해 주면, 개중에는,
　"호호. 차라리 어머나로 하시지......"
　기억하기 좋지 않냐며 이렇게 웃자고 농담하는 사람도 있다. 그러면,
　"장ㅇㅇ이가 노래제목 표절했다고 소송할까봐서......"
　이렇게 나도 농담으로 응수한다.
　그런데 왜 그리도 교회나 목사에 대한 인식이 나쁜지, 그러면서

목사는 왜 되었으며 교회는 왜 개척했는지, 스스로한테 자문자답할 때가 있다. 그러면 현존하는 지금의 교회나 목사들의 형태에서 꼭 그 반대로만 하면 하나님께서 기뻐하고 칭찬받는 교회가 될 수 있겠다는 생각이 들었다. 그래서 교회 이름도 '강릉서머나교회'로 했다.

얼마 전 세련된 중년 여성이 찾아왔다. 어투나 화장이 도회적인 분위기를 물씬 풍기는 미인으로 시골에서 보기 드문 차림새였다. 지인의 소개로 왔다는 이 여성은 나와 대면하자마자 헌금이라며 하얀 봉투를 내밀었다. 순간 거절의 뜻으로 강하게 손사래를 쳤다.

"우리 교회는 헌금을 받지 않아요."

물론 헌금도 신앙고백의 일부이다. 그러나 그건 믿음이 깊고 은혜가 충만할 때의 일이다. 그런데 이 여성은 상담료 형식의 헌금명목으로 주는 거라 단호히 거절했다.

이와 같이 오늘날 많은 교회에서 각종 종류의 헌금이 보편화, 일상화가 되다보니 헌금 없이 교회를 가거나 빈손으로 목사를 만나면 괜히 겸연쩍어 한다.

특히 대형교회일수록 몸집이 크다보니 재정 확충을 위해 여러 명목의 헌금과 십일조를 드러내 놓고 강요한다. 하나님께서 주시는 모든 것은 하나님의 것이라는 은혜에 대한 신앙고백의 일부가 헌금과 십일조다. 그러나 오늘날의 헌금은 그렇지가 않다.

그 돈을 내면 복에 복을 더하여 되갚아 준다는 식의 설교가 작금의 현실이다. 목사들의 입장에선 교회 재정의 많은 부분이 십일조이기 때문에 그렇게 강요하지만, 신자의 입장에선 십일조를 내야 하나님께서 복을 주실 거란 헛된 기대의 심리가 십일조와 감사헌금의 목적이 된다. 이는 교회나 신자 모두가 자신의 유익을 위해 절대자의 힘을 이용하는 기복신앙의 작태다.

오늘날의 대부분의 교회는 예수를 팔아 구원을 돈으로 사고판다. 가난과 시련의 문제 해결을 방언과 예언으로 점을 치고, 질병과 난치병 치유를 위해 거짓 성령으로 안수하고, 사업번창을 위해 산기도를 목사한테 의뢰한다. 뿐만 아니라 사람들이 교회 다니는 자체도 비즈니스차원에서 다닌다. 그래서 일부러 대형교회로 몰린다.

수천명의 교인끼리 서로 친목을 다지면서 정보를 교환하고 각자 서로의 상품이나 물품들을 주고받으면서 거래하고 있는 것이 교회의 실태다. 따라서 천국을 돈으로 사고, 복은 헌금으로 흥정하며, 축복은 십일조로 가늠하는 오늘날의 교회의 모습에서 복음의 심각성을 느끼고 있다.

돈을 많이 버는 만큼 많이 내는 게 십일조다 보니, 성공이 곧 복과 연관된 하나님의 축복이 되어 사람들한테 십일조가 자랑거리가 되고 출세의 담보가 된다. 그래서 연예인들이 연말시상식 때 보면 모든 영광을 하나님께 돌린다고 눈물 그렁거린다. 정말 웃기지도 않는 코미디를 연출한다.

대형교회 목사들일수록 한결같이 위상과 고상을 떨면서 구원을 입에 달고 있으나 실상은 천국복음을 돈으로 사고파는 전형적인 장사꾼이요, 자기의 자랑에 가치를 두고 있는 우상숭배의 표상이요, 하나님을 팔아 장사하는 고도의 장사치들이다.

일찍 남편을 여의고 딸자식 하나를 갖은 고생으로 키워 낸 중년의 여인이 어느 날 엄습해 오는 심적 공허를 달랠 길 없어 교회를 찾게 되었다. 처음엔 모두가 친절하게 대해줘 교회에 나오길 잘했다고 생각했다. 그런데 시간이 지날수록 여의치 못한 형편 때문에 은근히 눈치가 보였다. 무슨 때만 되면 내라는 헌금과 십일조가 왜 그리 많은지 그래서 얼마동안 눈치가 보여 교회를 나가지 않았다. 그랬더니 그 다음부터가 문제였다. 툭하면 심방이다, 속회다 집으로 찾아오기 일쑤였다.

결국 교회 때문에 이사까지 결심한 그녀는 구원도 좋고 하나님의 은혜도 좋지만 그 전에 교회 사람들의 극성 때문에 다시는 교회 근처도 가고 싶지 않다며 진저리를 쳤다.

또한 교회처럼 장로교, 감리교, 안식교, 침례교, 성결교 기타 등등의 교파를 따지는 곳도 드물다. 하나님은 한 분뿐이신데 교파는 왜 그리 많은지. 교파가 구원과 어떤 연관이 있고 무슨 소용이 된다고 그렇게 따지고 난리들인지 모르겠다.

"서머나 교회는 무슨 교에요?"

교회를 다닌다 하면 누구나 그것부터 묻는 것이 습관이다.

"우리교회는 무교에요"

실상은 학교 측의 권유로 '대한예수교장로회 해외합동총회'의 소속으로 되어 있지만 그냥 무교라고 얘기했다.

교회는 그런 외형적인 형식에 치우치기 보다는 오직 영생의 복음에만 집중해야 한다. 생명의 도를 전하는 일에 열심이어야지 형식에 치우치면 그게 바로 외식이고 마귀의 짓이다.

또한 성도에게 빈곤은 경제 문제가 아니라 영적인 문제로 일종의 하나님의 계시라는 사실이다. 따라서 이 빈곤이란 궁핍의 근본적인 요법은 그리스도를 만남으로 해결된다. 은혜가 풍성하면 가난도 시련도 내 안에서 저절로 해소된다. 그래서 교회는 각 가정에 파고들어 그 가정이 당면한 문제들을 찾아내 그 문제 해결을 위해 말씀으로 해결해야 한다.

하나님의 영을 성도의 마음 안에 복음으로 심어주어야 빈곤이나 고통도 자연스레 소멸된다. 그래야 마음 안에서 풍성한 열매가 맺고 절로 하나님을 찬양하게 된다.

무엇보다 '양심은 마음에 새긴 하나님의 율법이다' 하나님께서 사람을 지으신 다음 그 속에 하나님의 법 곧 법칙을 우리 마음에 새겨 주셨다. 바로 하나님의 법인 양심을 우리의 마음속에 새겨주심으로 하나님의 율법인 것이다.

로마서 1장 19절에 '이는 하나님을 알만한 것이 저희 속에 보임이라 하나님께서 이를 저희에게 보이셨느니라.' 처럼 이 양심에 의해 하나님의 살아계심을 확실히 증거 할 수 있다.

도스토예프스키는 28살에 진보단체에 가입했다. 그러므로 그 이유로 사형을 언도받고 8개월 만에 사형이 집행되었다. 사형대에 묶인 그에게 마지막 유언을 하는 시간이 주어졌다. 그때 아무말없이 하늘을 바라보는 순간 철탑에 올려진 십자가가 눈에 들어왔다. 묘한 감정이 그에게 치솟고 있을 때, 그 순간 황제의 특사가 그의 사형을 면하게 해주었다. 그가 유배 길에 올라 시베리아로 끌려가는데 그의 죽음의 순간에 자신이 눈에 들어왔던 십자가가 궁금해졌다. 그래서 성경을 한 권 어렵게 얻어 유배지에서 열심히 읽었다. 그때 그는 거기서 주님을 인격적으로 만났고 그 신앙을 바탕으로 '죄와 벌' 같은 걸작을 남겼다. '까라마조프의 형제들' 모두 죄와 인간, 하나님에 관한 것들이다.

그러면서 그가 이런 말을 남겼다.

"만약 누군가가 아무도 이의를 제기할 수 없게 분명하게 성경은 거짓이라는 것을 증명해 낸다고 하더라도, 나는 그의 참말보다 그가 거짓이라고 증명한 하나님의 말씀을 믿겠다."

이렇게 고백할 정도로 그에게 고난은 하나님의 크신 선물이었다.

이렇듯이 우리가 어디를 바라보고 있느냐에 따라 우리의 고난에 대한 반응도 여러 각도에서 달리 할 수 있다.

종교인에게 가장 큰 적은 위선과 자기기만이다. 종교 위에 위선이 터를 잡게 되면, 인간의 정신은 녹슬고 좀 벌레가 생겨 영혼이 썩어 들어가게 마련이다. 이런 자들은 종교의 이름으로 하늘을 속이고 영혼을 기만하며 구원을 도적질 함에도 양심의 가책을 조금도 느끼지 않는다.

성전된 우리가 이들 교회한테 영혼을 도적질 당하고 헌금을 착취당하면서 그들의 현란한 말솜씨와 조직적인 운영방식에 의해 목사한테 속고 있는 것이 너무나 안타깝다.

사람은 다 거짓되되 오직 하나님은 참되시다 할찌어다 기록된 바 주께서 의롭다 함을 얻으시고 판단 받으실 때에 이기려 하심이라 함과 같으니라(롬3;4)

거짓된 사람한테는 그 마음속에 마귀가 자리하고 있다. 사람의 입에서 나오는 말은 전부 마귀의 소리다. 인간이 뱀(사단)에 의해 타락되니까 육신의 생각으로 하는 모든 말은 거짓말이 된다. 이러한 거짓 세상에서 하나님만이 참이시고 참빛이시다. 따라서 하나님

손에서 떨어진 자들의 영들은 다 거짓 악령들이기 때문에 전부 거짓말만 나온다.

예수님은 하나님이 보내신 자다. 하나님이 보내신 이는 하나님의 말씀을 한다. 그래서 그 말씀이 성경 안에 고스란히 담겨 있다. 그러므로 그 누구의 말도 믿으면 안된다. 특히 거짓 목사들이 영혼을 무작위로 갈취하기 때문에 오직 그리스도의 말씀만 스승으로 삼고 참 빛만 좇아야 한다.

필자 또한 목사의 직분을 갖고 있지만, 주변사람들한테 '나' 라는 사람의 말도 믿지 말라고 신신당부한다. 인간은 전부 다 거짓되기 때문이다.

따라서 이제는 성전된 우리가 교회한테 더 이상 속고 살아서는 안된다.

탐욕이 스며들 때면

"오늘도 자가용 안 타고 가니?"

줄곧 집 앞에 세워둔 자동차를 보고 시어머니가 궁금해 물었다.

"주차가 어려워서요."

시부모가 걱정할까봐 주차 핑계를 댔지만 실은 자동차 휘발유 값이 없어서 였다. 그나마 버스로 출퇴근할 때는 형편이 나은 편이다. 그때 당시 버스비가 120원했는데 그 돈조차 없어 1시간 30분 정도의 거리를 걸어서 출퇴근한 적이 많았다. 그렇지만 그 누구도 나의 이러한 궁핍한 처지를 눈치 채지 못했다.

그야말로 이십 여년 전의 일이지만 지금도 그때를 생각하면 어떻게 그 어려운 고비를 무사히 넘겼는지 의아할 때가 많다. 그렇지만 영적인 시각에서 곰곰 생각해보면 이 또한 하늘의 뜻이었음을 깨달을 수 있다.

그랬기에 매 순간 글을 쓸 때마다 그때그때의 역경에 찬 생활이, 때로는 절망에 찬 고독이, 때로는 간절한 소망이 늘 살아 숨 쉬면서 책의 글 쏘시개가 되어주었다. 그런 것들이 시간이 지나자 활자로 차곡차곡 쌓여 자그마한 구럭 속에 마치 감옥 안에 갇혀 있는 죄수처럼 조용히 숨죽여 꺼내 되새기게 했다.

거기엔 혹여 라도 마음 안에 탐심과 물욕이 생겨 어려웠던 시절의 감성들이 사장될까봐 노심초사하는 마음도 함께 담겨져 있다.

그나마 다행인 것은 암흑 같았던 5년 동안의 그 참상이 그래도 그때는 한 가닥 실오라기 같은 희망으로 변하여 나를 다시 반겨주었다. 즉 그러한 어두운 잔상들이 있었기에 찬란한 활자로 변신하여 나를 연출해 내므로 독자들한테 공감을 얻어낼 수 있었고 그 덕에 먹고 살 수 있었다.

그야말로 필자는 그때나 지금이나 말로 벌어먹고 사는 직업을 갖다 보니 자연스레 말이 많게 된다. 그러다 보니 어딜 가나 말로 져본 적이 없다. 어떻게 보면 역술인이나 목사들처럼 말을 이리 둘러치고 저리 내치는 일에 이골이 난 사람도 없을 것이다.

그러다보니 이들이 뱉어내는 말 모두가 그럴 듯하게 들리고, 마력(魔力)이 있어 점점 깊이 빠져들게 한다. 그러나 관심을 갖고 세심하게 듣다보면 거기에 상당한 문제점이 있음을 눈치 채게 된다.

그러기 때문에 역술인들 보다 진정한 역학인은 그럴 듯한 말보다는, 상대가 묻고자 하는 핵심만을 정확하게 일러 준다. 그것이 백마디 말보다 훨씬 압도적이다. 그래서 필자는 예전에 역학 상담을 할 때나 지금 목회를 하고 있을 때나 가능한 말을 많이 아끼는 편이다. 목사는 특히 더 그래야 한다.

자기 말이 들어가면 그게 바로 거짓이고 사기다. 어느 목사든 성경 말씀에 근거하기보다 자기 사상과 생각을 주입시켜 전하게 되면 말이 많아질 수밖에 없다. 그렇게 해야 목사를 어려워하고 신처럼 받들어 모실 수 있기 때문이다. 그러나 목사는 섬김을 받는 것이 아니라 예수께서 그렇게 하셨듯이 도리어 섬겨야 한다.

또한 목사는 임의로 성경을 해석해 전달하기 보다는 성경 안에서 그 말씀을 찾아 그리스도의 대언자로 진리만을 전해야 한다. 그게 바로 올바른 목회자다.

진리(그리스도의 말씀)와 물욕은 본래 상극이다. 물욕이 가득 찬 마음에는 진리가 들어오지 못하고, 진리가 가득 찬 마음에는 물욕이 들어오지 못한다. 그러므로 목사는 그 누구보다 마음 안에 진리로 가득 채워 물욕이 침입하지 못하도록 말씀(성령)으로 가득 채워야 한다.

사람의 마음도 마찬가지다. 미워하는 마음이 가득 차 있으면 사랑하는 마음이 싹트지 못하고, 사랑이 가득 찬 마음에는 미워하는 마음이 생기지 않는다. 그러므로 누구든 비워두는 노력을 게을리 하지 말라고 권면한다.

지난 시절의 필자는 고난이 닥칠 때마다, 나의 의지로 극복하려고만 애썼지 그게 하나님의 징계를 통한 사랑임을 감지하지 못했다. 죄가 많은 곳에 은혜가 깊다고, 수없이 많은 죄를 짓고 난 지금에서야 비로소 죄가 무엇인지를 진정으로 깨닫게 되었다.

'죄에 대하여라 함은 저희가 나를 믿지 아니함이라'고 예수께서 말씀하셨다. 따라서 성경에서의 죄는, 세상적인 윤리나 도덕적으로 죄를 범했을 때의 죄를 말하는 것이 아니다. 그러한 죄는 법률의 테두리 안에서 그에 상응하는 벌을 받으면 된다.

그러나 성경에서의 죄는 사망으로 갈 수밖에 없었던 우리를 영생으로 인도하기 위해 이 땅에 오신 예수 그리스도를 온전히 믿지 않는 그것이 바로 죄가 된다.

어찌하였거나 세상적으로도 그랬지만 그에 앞서 영적으로 나 같은 패역한 인간도 없었다. 이러한 나의 자아와 독선을 꺾기 위해 하나님께서 갖은 방법으로 내게 채찍을 두셨지만 그럴수록 나의 오기와 집념은 더욱 더 강하게 똘똘 뭉쳤다.

워낙 고집스럽고 강한 성정이다 보니 예수 그리스도를 믿음의 주로 받아들이기까지 수없이 많은 아픔과 고통과 끝없는 인내의 시간을 내게 쏟아 부으셨던 하나님의 징계를 이제는 조금 알 것 같다.

그동안의 나는 역학이란 학문보다 성경에서의 의혹이 더 많았다. 그런데다 자아가 강하다보니 내가 직접 경험하고 체험한 것이 아니면 모든 믿지 않는 성격이었다. 그랬던 어느 날 하나님께서 '천국과 지옥'이란 책을 통해 성경으로 선회할 수 있도록 성령의 조명을 비춰주셨다. 그때부터 하나님께로 돌아와 말씀을 묵상하고 기도했지만 내 마음은 여전히 진리를 깨닫지 못하고 흑암에서 헤매고 있었다.

그러기에 매 순간 그리스도의 말씀을 통해 진리를 찾는 것이 아니라 내 방식대로 성경을 연구하고 기도에 전념하는데 온 시간을 할애했다. 날마다 새벽녘이면 일어나 기도하고 묵상해도 깨달음은 속수무책이었다.

하나님이 죄인의 말을 듣지 아니하시고 경건하여 그의 뜻대로 행하는 자의 말은 들으시는 줄을 우리가 아나이다 (요9:31)

나 같은 죄인이 없다고 스스로 느끼고 있던 차에, 어느 날 이 말씀이 내 안에 '훅'하고 들어오더니 살아서 꿈틀되기 시작했다. 죄인의 기도를 들어주지 않는다고 했으니 죄의 근본 뿌리를 알아야 캘 수 있다. 그래서 그때부터 죄의 근원을 찾기 시작했다. 그동안 주님을 입으로만 믿는다고 주문처럼 되 내었지 실상은 그렇지 못했다.

그러던 중에 '종교는 사기다' 라는 책을 써 내려 가는 내내, 내 죄가 도리어 진리가 되어 '믿음' 이란 단어로 메아리쳐 되돌아 왔다. 그때부터 믿음의 실체를 캐기 위해 '믿음' 이란 단어에만 초점을 맞추고 성경을 읽어 내려갔다.

알고 보면 성경의 열림도, 진리의 본래의 모습도, 그리스도의 가르침도 그 어떤 것도 성령의 인도가 아니면 귀가 열리고 눈이 떠지고, 보고 듣게 되지 않는다는 점이다.

그러다보니 이 모든 게 믿느냐, 믿지 않느냐의 차이에서 오는 믿음 그 자체가 바로 하나님께서 주시는 성령의 선물임을 깨닫게 되었다.

그러나 너희 눈은 봄으로 너희 귀는 들음으로 복이 있도다(마13;16)

보고 듣고 하는 자는 이와 같이 복이 있다고 했다. 성령(말씀)의 역사로 한줄기 빛(진리)을 발견하자, 그 후로 나의 모든 삶이 통째로 변화되는 것을 느낄수 있었다. 이제는 모든 것이 하나님의 섭리대로 심지어 환경조차 그분 안에서 계획되고 진행되는 것임을 터득하게 되었다.

제일 먼저 때가 되면 인연을 통해 사람과의 연결고리가 형성되고 그 고리를 중심으로 하나님의 계획을 진행해 나가신다는 것도 깨달았다.

그러기에 그리스도만이 유일한 참 빛이요, 참 스승이요, 참 지도자임을 마음 판에 새기고 매일 매일 말씀을 통해 깨달아가고 있다. 그동안 여러 경로를 통해 나를 깨닫게 하기 위해 매질로 징계도 마다않으셨던 하나님의 사랑을 이제야 조금씩 알게 되었다.

그러다보니 말씀을 더욱 사모하게 되었고 영적인 시각도 점차 확장되어 가는 것을 느꼈다. 아직은 하늘 백성으로서의 길이 멀고도 험난하지만 삶의 주권자인 하나님께 온전히 순종할 수 있는 '나'로 변화되어 갈 때까지 말씀만을 꽉 붙잡고 살아갈 것이다.

이제는 성령의 도우심으로 진리도 발견하게 되었고, 하나님의 비밀인 그리스도의 지혜와 지식에 의해 점차 총명의 영으로 인도되어 감을 느끼고 있다. 그러다보니 성경을 탐독하고 묵상하는 시간이 근래 들어 가장 행복하고 은혜롭다.

성경은 하나님을 알게 하는 가장 소중한 책이다. 내 영혼과 나의 실제가 성경(말씀)과 하나 될 때, 그 존재가 떨리고 감격됨을 수시로 느끼게 한다. 구원은 성령의 역사로 일어나고, 성령의 역사는 성경의 말씀 안에서 알고 깨우치게 될 때, 육신에 속했던 모든 것들이 세상적인 방법에서 성경적인 방법으로 되돌아가게 된다.

이제는 성령의 인도하심으로 모든 사고와 생각이 믿음 안에서 해결되고 삶의 방법들도 성경 안에서 모색되었다.

요즘 들어 하나님께서 이러한 진리의 깨우침을 주기 위해 그 숱한 역경과 심령의 곤고함을 그대로 방치해 두셨던 것이 아니었나 싶은 생각이 든다. 내 안의 악한 독성들을 뿌리 채 뽑기 위해 그 길고 긴 인생이란 시간 속에 훈련하고 연단시켜 오셨던 것 같다. 그러기에 깊게 뿌리박혀 아무리 뽑으려 해도 뽑히지 않았던 그 깊고 깊은 심지가 통째로 뽑혀 나감에 감사하고 있다. 이제야말로 내 마음 안에 짓눌렸던 모든 것들이 홀가분하게 처리된 기분이다.

그 누구보다 나 같은 고집스럽고 독선적인 사람이 이렇듯 변화되어 가는 모습만 봐도 하나님의 살아계심을 충분히 증명하고도 남을 수 있다. 여기에 무슨 사설이 더 필요하며 무슨 간증이 더 필요하겠는가.

단언컨대 잘못된 가르침 안에는 성령의 역사가 없고, 성령은 오직 그리스도의 말씀 안에서만 모두 이루어진다는 사실이다.

또한 지도자라 칭함을 받지 말라 너희 지도자는 하나이니 곧 그리스도니라(마23:10)

자신보다 더 자신을 잘 알고 있는 사람은 그 누구도 없다. 그러기에 그리스도 마음 밖에서 행하는 모든 것은 즉 인간의 마음에서 나오는 사랑이나 선행은 그 자체가 결국 목적과 욕망을 두고 하는 것이기에 악할 수밖에 없다. 실은 내가 그랬다는 것이다.

난 사랑조차도 상대에게 보이기 위해 했고 간혹 베풀게 되는 선행조차도 남에게 나를 나타내기 위해서였다. 그야말로 목사가 되고 난 후의 나의 모습조차도 남을 의식한 보여주는 모습 전부가 위선이요, 위장이었다.

그런 나를 성령(말씀)께서 낱낱이 깨우쳐 주시므로 이러한 나의 실체를 똑똑히 볼 수 있었고 그랬기에 고백도 할 수 있다.

하나님을 영접하고 나서는 나름 물질의 시련쯤은 거뜬히 물리쳤다고 생각했다. 그런데 실상은 그렇지가 못했다. 나도 모르게 움트는 옛 자아가 고개를 쳐들면서 탐욕이 스멀스멀 침투해 들어오는 것을 수시로 느꼈다. 그러면 그때마다 그리스도의 말씀을 통해 마음 단속을 되짚곤 했다.

몸은 죽여도 영혼은 능히 죽이지 못하는 자들을 두려워하지 말고 오직 몸과 영혼을 능히 지옥에 멸하시는 자를 두려워하라(마10:28)

이 말씀이 어느 순간 내 마음을 단속하고 감시하는 감독관으로 자리 잡기 시작했다. 행위보다 마음 중심을 보시는 하나님의 섭리를 너무나 잘 알기에 내 안에서 움트는 탐심이 생길 때마다 이 말씀을 경계의 교훈으로 삼았다. 뿐만 아니라 육신의 생각으로 하나님의 말씀을 전하게 될까봐 늘 떨리는 심정으로 성경을 대했다.

그러던 어느 날, 이러한 마음조차 굳이 내가 경계해야 할 필요가 있을까 하는 생각이 들었다. 빛이 비취면 어둠 그 자체는 애써 쫓아내지 않아도 빛이 비침과 동시에 저절로 사라지게 된다.

그러기에 누구나 하나님의 참 빛을 만나면 어둠은 흔적도 없이 사라지게 됨이 빛의 진리이다. 아울러 빛의 능력은 피조세계에서 오는 것이 아니라 절대자의 능력에서 온다.

그래선지 전에는 유명인이나 돈 많은 재력가들을 보면 부럽고 어느 때는 시샘도 났지만 지금은 딱 그 반대다. 그런 사람들을 봐라보면 도리어 불쌍하게 느껴지고 측은지심까지 생겼다.

아무리 많이 갖고 있으면 무엇 하겠는가. 죽으면 전부 지옥으로 가게 될 인생들인데, 그래서 영생을 모르고 살아가는 그들의 영혼이 도리어 불쌍하게 느껴졌다.

사회적으로 널리 알려진 사람일수록 자신이 살아온 발자취를 더듬기 위해 회고록을 쓰거나 또는 자신의 업적을 기리기 위해 자서전을 남긴다. 그러나 그런 것들을 남긴들 무슨 소용인가. 오히려 이 땅에서 물질의 풍요와 권력과 명예를 누린 사람일수록 지옥의 유황 불 못 속에서 영원한 고통으로 아우성치게 된다.

그래서 어떻게 보면 권력과 재력이 있는 사람들이 회고록이나 자서전을 쓰는 것에 반해 필자는 부끄럽고 오만했던 나의 지난 시간들을 고백하는 심정으로 이 글을 쓰고 있다.

이 우주는 원래 하나님을 위해 존재하고 모든 생명계도 하나님을 증언하기 위해 유지되고 있다. 모든 피조물이나 생명체도 결국 하나님을 깨닫게 하기 위한 도구에 불과하다. 이 생명계인 우주 안에는 하나님이 안 계신 곳이 없고, 하나님이 간섭하지 않은 영역이 없으며, 물체도 없고, 시간도 없으며, 공간도 그 어느 것도 하나님의 손길이 미치지 않는 곳이 없다.

다만 그것을 하나님의 눈으로 보느냐, 인간의 시각으로 보느냐, 또는 거짓된 사탄의 눈으로 보느냐에 달려 있다. 성령의 눈으로 성경을 읽으면 천국의 비밀과 보화가 우리 안에 가득 담기도록 보고 듣고 느끼고 판단할 수 있도록 투영해 주지만, 육신의 눈으로는 그것들을 분별해 낼 수 없게 했다.

그러기에 말씀이 심령 안에 거한 사람들만이 이 땅에서 천국을 미리 맛보며 살아갈 수 있다.

따라서 그리스도의 복음을 만날 수 있는 예비적 훈련 장소가 이 땅임을 알아야 한다. 가장 좋은 장소가 마음 밭에 뿌려진 심령 안이고, 차선책이 그들이 모여 찬양하는 예배당의 장소이다. 그들만이 신령과 진정으로 예배드릴 수 있는 자들이 되고, 또한 그들의 예배를 통해서만 하나님의 일도 하신다.

육의 옷을 입고 있다 보니 오늘도 내 안에선 여전히 사탄이 뿌린 옛 자아가 살아서 거짓의 싹이 움트려하고 있다. 그러면 마음까지 감찰하시는 하나님의 눈은 피할 수가 없기에 어김없이 그 싹을 도려내고 있다.

우리가 손으로 두 눈을 덮는다고 하늘을 가릴 수 없다. 이 진리만 바로 깨닫게 된다면 누구라도 한 알의 작은 밀알이 되어 영원한 생명의 씨앗(그리스도의 말씀)을 마음 밭에 뿌릴 수 있게 된다.

성령의 본질을 알아야 성경이 보인다.

　바로 얼마 전, 제주도에 살고 있는 지인을 만날 겸 여행 삼아 유채꽃 만발한 그곳을 다녀왔다. 그녀의 남편은 여의도 순ㅇㅇ교회에서 믿음 생활을 열심히 하는 사람이다. 퇴근하여 돌아온 그녀의 남편과 술 한잔하면서 성경에 대한 이런 저런 얘기를 나눴다.

　그를 통해 느낀 것이 있다면 순ㅇㅇ교회의 정확한 실체였다. 필자는 조ㅇㅇ목사의 책을 읽어 순ㅇㅇ교회의 실상을 어느 정도 파악은 하고 있었다. 그렇지만 지인의 남편을 통해 그 실체를 알고 나자, 하루라도 빨리 순ㅇㅇ교회의 잘못된 성경에 대한 개념을 깨닫게 하고 싶었다.

　그들 교회는 성경을 하나의 오래된 고전(古典) 정도로만 인식하고 있었다. 그래서 성령을 통해 하나님을 만나야 제대로 된 신앙생활이라고 생각했다. 성경을 아무리 읽는다 해도 결국 내가 깨닫게 되는 것이 아니라 하나님이 찾아오셔야 되는 것이라 했다. 그 말은 아주 정확한 말이다.

　그러나 그들이 착각하는 것이 있다면 성경은 하나님의 비밀이라는 사실이다. 그래서 하나님의 백성들이 아니면 성경을 깨닫지 못하도록 전부 비유로 되어 있다. 따라서 오늘날 수많은 목사들이 성경의 비밀을 깨닫지 못해 수 십년 목회생활을 했다 하더라도 결국은 성령의 인도함이 없어 늘그막에 시험에 들게 된다.

쉽게 말해 성경은 하나님께서 우리를 만나주셔야 말씀의 비밀을 깨달을 수 있다는 뜻이다. 즉 성령이 찾아오셔야 깨달을 수 있는데 성령 그 자체가 바로 하나님의 말씀이다.

그런데 순ㅇㅇ.교회가 성령을 착각한데서 문제가 야기된다. 성령은 불이 화끈거리면서 육체적 감각으로 느끼고 보는 것으로 오는 것이 아니라, 말씀을 통해 그리스도의 영이 심령 안에 임하는 것을 말한다.

그리스도께서 말씀(성령)으로 이 땅에 오셨기 때문에 그 말씀 자체가 성령이고 하나님의 진리라는 뜻이다. 그런데 성령을 체험했다고 하는 사람들의 얘기를 들어보면 하나같이 눈물 많이 흘리고, 그다음은 불같은 것이 등에서 화끈거리고,

그리고 나면 자신의 막혔던 문제들이 전부 해결되더라는 순서였다. 그런 연후에 고질적인 병이 낫고, 치유 불가능했던 불치병이나 암이 치유되고, 망해가던 사업이 회복되고, 속 썩이던 자식이 정신차린다는 등의 이런 부류의 얘기들이다.

그날에 많은 사람들이 나더러 이르되 주여 주여 우리가 주의 이름으로 선지자 노릇하며 주의 이름으로 귀신을 쫓아내며 주의 이름으로 많은 권능을 행치 아니하였나이까 하리니. 그때에 내가 저희에게 밝히 말하되 내가 너희를 도무지 알지 못하니 불법을 행하는 자들아 내게서 떠나가라 하리라(마7:22-23)

그래선지 이 성경 구절을 접할 때면 제일 먼저 여의도 순○○교회가 떠오르고 그 다음이 조○○목사가 연상된다. 성령은 그리스도와 내가 연합하여 하나가 되는 것을 말한다. 그리스도의 영이 내 안에 거한 사람은 그때부터 죄에 대하여는 죽고, 그리스도의 영이 나를 인도하신다.

그러기에 진짜 성령을 받은 사람은 오직 하늘나라에 소망을 두고 살지 이 땅에 미련을 두지 않는다.

그러나 조○○목사에 대한 믿음의 평가는 수백억에 달하는 비리가 이미 방송에서 보도된 바가 있으니 그의 믿음에 대해 더 이상 언급하지 않겠다. 따라서 어떤 목사가 되었든 재물이나 명예에 집착을 갖거나 이 땅의 혈육에 애착을 갖는 목사들이 있다면 그들은 전부 가짜라고 해도 과언이 아니다.

솔직히 필자 역시도 지난 해 까지 죄와 마찬가지로 성령에 대해서 혼란이 심했었다. 성령 자체의 개념이 정리되지 않다보니, 성경적인 지식은 머릿속에 가득한데 믿음의 실체는 오리무중이었다. 인간의 죄를 구속키 위해 피 흘려 죽으신 예수 그리스도가 영생의 구원자라는 것은 확실하게 믿고 있는데, 믿고 있다는 나의 마음 안은 여전히 사특한 생각들로 꽉 차 있었다.

그러니 이 얼마나 답답한 노릇인가! 죄 자체가 하나님을 믿지 않는 것이 죄인데 이렇듯 십자가의 대속을 믿는다고 하면서 실제로 날마다 죄를 짓고 있는 나의 속내를 느낄 때 얼마나 혼란스러웠겠는가. 그러나 이제는 죄의 실체와 성령의 실체를 확실하게 깨달았기 때문에 이런 것들로부터 매우 자유로워질 수 있었다.

사람에게는 누구나 양심이란 게 있다. 그러기에 무슨 일을 행할 때 양심이 선악을 분별케 한다. 누구나 양심이 마비될 때가 있지만, 그런 중에도 착한 일을 했을 때의 기쁨이 있고, 악한 일을 했을 때의 부끄러움이란 게 있다. 그러기에 이 양심이라는 것이 사람 마음 속에 자리하면서 잘할 때는 대견한 마음을, 잘못할 때는 스스로 죄책감을 느낀다.

지난 시절의 필자는 죄의 개념에 대해 솔직히 무덤덤했다. 세상적인 죄야 법이 있으니 그 법의 테두리 안에서 저촉되지 않고 살면 그만이었다.

그러나 하나님께 귀의하고 나서는 성경에서 말하는 죄에 대한 개념이 정확히 파악되지 않았다. 죄라면 아담과 하와가 지은 원죄를 말하는 건지, 세상 속에서의 윤리 도덕적인 죄를 범했을 때의 죄를 말하는 건지, 아님 양심을 속이고 사는 것을 죄라고 말하는 건지 도무지 갈피를 잡지 못했다.

이 죄의 근원을 알아야 회개를 하던, 참회를 하던 할 텐데 가장 기초적인 것부터 파악이 되지 않다보니, 나름 회개를 했다고 생각했음에도 어느 날 또 다시 죄를 짓고 있는 나를 발견하곤 했다. 그러다보니 마음이 늘 곤고했고 그런 내 믿음에 수시로 의심이 들었다. 그러나 지금은 성경에서 말하는 죄의 본질을 정확하게 깨달았기 때문에 그 죄에서 완전히 해방되었다.

죄란 하나님을 믿지 않는 것이 죄다. 이와 같이 죄의 실체를 전부 파악하고 나자 그때부터 감추어진 성경의 비밀이 하나씩 드러나기 시작했다. 그러고 나자 '아! 이것이 성령이구나!' 하는 것을 느꼈다.

매번 성경을 접할 때 마다 말씀을 통해 나를 만나주시는 하나님을 확연하게 느낄 수 있었다. 따라서 그리스도의 말씀을 통해 느낀 것이 있다면 복음 자체가 거창한 게 아니라 말씀 그 자체가 진리고, 진리가 바로 하나님의 말씀이라는 사실이다.

죄에 대하여라 함은 저희가 나를 믿지 아니함이요(요 16:9)

이와 같이 필자는 성경의 그 수많은 말씀 중에 예수 그리스도의 딱 한 줄의 말씀에서 구원을 얻었다. 죄는 하나님을 믿지 않는 것이 죄였다.

우리는 그동안 수없이 입으로만 하나님을 믿는다고 외쳤다. 그러나 죄의 실체를 깨달은 사람은 진정으로 믿음에 의해 하나님께로 간다. 이들의 입에서는 항상 찬미의 찬송이 나오고, 십자가를 향한 삶의 증거가 열매가 되어 세상으로 전파된다.

성도들은 이것을 분명히 알아야 한다. 하나님께서는 세상적인 죄에 대해서는 관심이 없으시다. 오직 믿느냐, 믿지 않느냐로 죄를 판단하신다. 이러한 죄의 원리를 정확하게 깨우쳐야 성령의 문제도 자동으로 해결될 수 있다. 즉 성령 자체가 하나님의 말씀이다.

그러기에 말씀 안에서의 그리스도와의 만남이 바로 성령인 것이다. 그런데 대부분의 사람들이 엉뚱한 곳에서 성령을 찾고 있으니 얼마나 우매한 일인가. 그야말로 우물가에서 숭늉을 찾은 격이다.

무엇보다 가식적이고 허물 많았던 필자가 심령의 갈급함을 느껴 하나님께로 귀의했을 때, 이러한 나를 사랑으로 보듬어 주셨다. 거기에 생명의 말씀을 전할 사명까지 허락해 주셨으니 나야말로 참으로 행복한 사람이다.

한동안 심적 갈등으로 감당하기 어려운 고통 중에 머물러 있을 때가 있었다. 그러나 지금은 그것 자체가 하나님의 징계임을 깨닫게 되었다. 또한 강한 매질로 하나님의 자식 사랑 법을 일깨워 주신 그 크신 아버지의 사랑 앞에 무한한 은혜의 찬송을 부르고 있다.

하나님의 징계로 우리가 시험을 당하고 있거나 고통을 겪는 이유를 성경에서 세 가지로 설명하고 있다. 먼저 우리가 그리스도인이 되면 하나님의 뜻을 따라 살기로 한 자들이 된다. 따라서 세상과 등지고 하나님의 뜻에 따라 살게 되면, 제일 먼저 사탄이 우리를 공격하게 된다. 그로 말미암아 핍박과 고난이 있다.

의를 위하여 핍박을 받은 자는 복이 있나니 천국이 저희 것임이라. 나를 인하여 너희를 욕하고 핍박하고 거짓으로 너희를 거스려 모든 악한 말을 할 때에는 너희에게 복이 있나니. 기뻐하고 즐거워하라 하늘에서 너희의 상이 큼이라 너희 전에 있던 선지자들을 이같이 핍박하였느니라(마 5:10-12)

그 때에 사람들이 너희를 환난에 넘겨 주겠으며 너희를 죽이리니 너희가 내 이름을 위하여 모든 민족에게 미움을 받으리라(마24:9)

우리는 이렇게 하나님 편에 서게 됨으로써 세상으로부터 배척을 받게 된다.

두 번째는 그리스도인들에게 닥치는 고통은 우리의 범죄로 인한 하나님의 징계라고 성경은 말한다. 징계는 잘못한 것에 대한 벌이라는 개념보다 사랑의 회초리 같은 것이다.

하나님은 우리를 이 인생에 던져 넣으신 유일한 목적은 우리에게 그리스도의 옷을 입히시기 위해서다 우리를 자식답게 만들어서 천국에 넣고 싶으셔서 이 징계를 하늘의 백성들에게 허락하신 것이다.

이 땅은 그러한 하나님의 목적을 위해 세워진 잠정적이며 임시적인 세상에 불과한 곳이다. 그러기에 하나님은 우리의 거룩에만 관심을 갖고 계신다.

그 거룩을 향해 가는 길에 우리가 순종치 않을 때 하나님은 가차없이 징계하여 우리가 가야할 길을 명확하게 조명해 주셨다. 그러한 징계가 그리스도인에게 고난과 고통으로 다가올 수 있다.

또 아들들에게 권하는 것같이 너희에게 권면하신 말씀을 잊었도다 일렀으되. 내 아들아 주의 징계하심을 경히 여기지 말며 그에게 꾸지람을 받을 때에 낙심하지 말라. 주께서 그 사랑하시는 자를 징계하시고 그의 받으시는 아들마다 채찍질하심이니라 하였으니. 너희가 참음을 징계를 받기 위함이라 하나님이 아들과 같이 너희를 대우하시나니 어찌 아비가 징계하지 않는 아들이 있으리요. 징계는 다 받는 것이거늘 너희에게 없으면 사생자요 참 아들이 아니니라. 또 우리 육체의 아버지가 우리를 징계하여도 공경하였거든 하물며 모든 영의 아버지께 더욱 복종하여 살려 하지 않겠느냐. 저희는 잠시 자기의 뜻대로 우리를 징계하였거니와 오직 하나님은 우리의 유익을 위하여 그의 거룩하심에 참예케 하시느니라. 무릇 징계가 당시에는 즐거워 보이지 않고 슬퍼 보이나 후에 그로 말미암아 연단한 자에게는 의의 평강한 열매를 맺나니(히12:5-11)

세 번째로 우리에게 고통과 고난이 오는 것은, 우리의 잘잘못을 떠나 하나님께서 우리를 하나님의 정한 백성으로 연단하시기 위해 우리에게 고통스런 시험을 허락하신다는 것이다. 그러한 하나님의 시험은 우리의 믿음을 순화시키는데 기여를 하는 것이지 절대 우리를 괴롭히기 위한 것이 아니다.

너희가 말세에 나타내기를 예비하신 구원을 얻기 위하여 믿음으로 말미암아 하나님의 능력으로 보호하심을 입었나니. 그러므로 너희가 이제 여러 가지 시험을 인하여 잠깐 근심하게 되지 않을 수 없었으나 오히려 크게 기뻐하도다. 너희 믿음의 시련이 불로 연단하여도 없어질 금보다 더 귀하여 예수 그리스도의 나타나실 때에 칭찬과 영광과 존귀를 얻게 하려 함이라(벧전1:5-7)

고난의 이유를 이와 같이 정확하게 말씀하셨다. 우리 성도들에게 있어 정금 같이 순전하고 순결한 백성으로 연단하기 위해 고난의 터널을 통과함이 수순이라면 하나님의 징계이야 말로 우리를 성숙시키는 필수적인 통과의례다.

　네 형제들아 너희가 여러 가지 시험을 만나거든 온전히 기쁘게 여기라. 이는 너희 믿음의 시련이 인내를 만들어내는 줄 너희가 앎이라. 인내를 온전히 이루라 이는 너희로 온전하게 구비하여 조금도 부족함이 없게 하려 함이라(약 1;2-4)

　다만 이뿐 아니라 우리가 환난 중에도 즐거워하나니 이는 환난은 인내를, 인내는 연단을, 연단은 소망을 이루는 줄 앎이로다(롬5;3-4)

　이렇게 우리에게 닥치는 시험과 환난과 고통과 고난은 우리가 그리스도인이라는 것이 확인만 되었다면 그것은 모두 우리에게 유익한 것이다. 그것이 사탄의 공격이든, 우리의 잘못으로 인한 징계이든, 하나님의 연단의 방법이든, 모든 고난은 그리스도인의 성숙에 기여를 하게 된다.
　그러므로 어떤 이들이 주장하는 것처럼 예수를 믿으면 모든 병이 다 나아야 하고, 모든 질병은 귀신의 역사니까 그 귀신만 쫓아내면 병에서 놓여난다고 하는 것은 사기이다. 그리스도인에게는 그러한 모든 것이 협력하여 선을 이루는 도구가 된다는 것을 깨우쳐야 한다.
　하나님께서는 때론 하나님의 시험을 통해서 하나님의 역사를 나타내 보일 기회로 쓰시기도 한다. 그래서 하나님께서 허락하신 시험이 닥쳐오면 오히려 기뻐하라고 말씀하셨다.

사랑하는 자들아 너희를 시련하려고 오는 불시험을 이상한 일 당하는 것같이 이상히 여기지 말고. 오직 너희가 그리스도의 고난에 참예하는 것으로 즐거워하라 이는 그의 영광을 나타내실 때에 너희로 즐거워하고 기뻐하게 하려 함이라(벧전4:12-13)

뿐만 아니라 우리에게 오는 고통과 고난은 모두 우리의 죄의 결과이다. 타락한 인류의 죄라는 것이 고난이라는 것을 만들어 내었다. 하나님이 고난의 조성 자가 아니라는 뜻이다. 이 세상의 모든 것은 질병, 전쟁, 살인, 강간의 모든 고난은 인간의 죄에서 기인된 것이다. 이러한 것들은 사탄이 만들어낸 계략이다.

나의 죄이든 다른 이의 죄이든 하여튼 인간의 죄가 인간의 고통을 배태한 것이다. 하나님은 단지 그러한 우리의 죄의 결과들을 우리의 선을 완성시키는데 이용하실 뿐이다.

오직 각 사람이 시험을 받는 것은 자기 욕심에 끌려 미혹됨이니. 욕심이 잉태한즉 죄를 낳고 죄가 장성한즉 사망을 낳느니라(약1:14-15)

고통과 고난의 시험은 우리 그리스도인의 삶에서 없어서는 안되는 것이다. 통증을 못 느끼는 한센병 환자들이 그로 인해 더 큰 낭패를 당하게 되는 것처럼 우리 성도의 삶에는 반드시 죄악된 세상이 토해내는 고통의 사건들이 감지되어야 한다. 우리의 삶 속에서 반드시 죄가 만들어내는 더러운 배설물들을 폭로해야 한다, 그게 우리의 고통으로 경험되어 지는 것이다.

고통과 고난의 시험이 없는 인간들의 마음에는 가난한 자들을 위한 긍휼의 마음과 고통당하는 자들을 위한 자비가 존재할 수 없다. 너그러움, 온유, 용기, 순종 등 우리의 삶 속에서 맺어야 하는 성령의 열매들이 아무런 고통과 고난 없는 세상에서 성도들에게 학습이 될 수 있겠는가. 그러한 것에서 성도는 인격을 갖고 있는 그리스도인으로서 배워야 할 덕목을 배우는 것이다.

그러기 때문에 내 앞에 닥친 고통으로 괴로워할 것이 아니라 성도라면 하나님의 사랑임을 깨닫고 인내와 온유로 더욱 하나님께로 다가가야 한다.

나 역시 삶을 포기하고 싶을 정도로 힘들었을 때는 미처 깨닫지 못했지만, 성경을 통해 이러한 고통도 하나님의 은혜였다는 것을 깨닫고 나자, 성령(말씀)의 본질을 파악하게 되면서 그때부터 성경도 차츰 보이기 시작했다.

이야기를 끝내면서

　몇 년 전, 세상과의 갈등에서 심적인 고통으로 그 모든 것을 잊기 위해 닥치는 대로 책만 읽었던 적이 있었다. 그러다가 우연찮게 스베덴보리의 '천국과 지옥'이란 책을 읽고 죽음에 대해 심각하게 생각하면서 성경을 다시 찾았다. 그 후로 하나님을 알기 위해 구원 사역에 관심을 갖고 집중적으로 성경을 연구했다.

　필자는 어려서부터 책 읽은 것을 좋아해 아낌없이 책을 사는 편이다. 그래서 시간만 나면 가까운 서점에 들러 자주 책을 읽곤 했다. 그러다보니 책을 사거나 읽기에 앞서 제일 먼저 작은 제목부터 세심히 흝어보고 그다음 맨 끝부분을 읽었다. 그러면 그 책이 대략 어떤 책인지 쉽게 파악되었다.

　성경을 처음 읽을 때도 그랬다. 그래서 결론 부분이라 할 수 있는 요한계시록을 먼저 읽었다. 그러고 나서 창세기를 시작으로 차례대로 읽어내려 갔다. 성경에 나타난 계시와 예언은 심판과 구원에 관한 하나님의 말씀이다.

　천지를 창조하신 하나님의 목적이 구약 전체 구속사를 통해 내려오다, 신약에서 예수 그리스도의 십자가 사건으로 구원이 완성되었다. 따라서 새 하늘과 새 땅의 천상의 교회가 바로 계시록에 그대로 결론처럼 집약되어 있다.

젊은 시절 그토록 알고 싶어 했던 성경상의 의혹들이 해소되지 않아 외도의 길을 오랫동안 걸어왔던 필자였다. 그리고 삼십 여년의 세월이 흐른 지금에서야 다시 본향으로 돌아와 성경 66권을 세 번 정독했다.

그동안 신앙의 선배들이 남기고 간 주옥같은 강해 집들을 읽으면서, 젊은 시절 의혹 투성이었던 내용들이 하나하나 살아서 내 안에서 꿈틀되기 시작했다. 그러고 나자 조금씩 이해되기 시작하면서 그야말로 천지를 창조하신 하나님의 목적이 새 하늘과 새 땅인 하늘나라에 있다는 것을 깨달았다.

그러기에 예수 그리스도의 구원의 역사가 반드시 필요했던 하나님께서는, 성경에 계시된 언약의 약속대로 순차적인 계획을 진행시켜 오셨다.

무엇보다 창세전에 선택된 하나님의 백성들을 구원키 위해 창세기에서 계시록까지 너무도 일목요연하게 하나로 연결된 것을 보면서 천지창조의 놀라운 섭리에 하나님께 경외감을 느꼈다.

어쨌든 필자는 삼십 여년의 세월이 무색케 할 만큼 지금도 기억 속에 성경 구절이 생생하게 살아 움직이고 있다. 그랬기에 좀 더 깊이 있게 성경을 연구하고 싶어 계시록을 박사 논문으로 선택했다. 그래서 2년 동안 꼬박 계시록을 연구하다보니 계시록 하나만큼은 어느 정도 이해되었다. 그러던 중에 필자와 같은 생각을 품고 계신 목사님 한분을 만났다.

이 분이야말로 계시록을 매우 사랑하는 분이다. 그래서 지금 김종철 목사님의 계시록과 필자의 계시록을 하나로 엮어 계시록의 실체를 세세히 파헤쳐 책으로 묶을 생각이다. 무엇보다 계시록은 오늘날 한국교회의 구원과 심판에 관한 내용이다.

사탄은 역사와 시대를 초월해서 교회를 공격하고 있다. 때로는 육체적인 핍박으로 위협하고, 때로는 우상 숭배로 교회를 분열시켜 왔다. 그런데 오늘날의 사탄은 핍박을 가해 겁을 주는 방법에서 풍요와 쾌락을 주는 방법으로 바꾸었다.

사탄은 인간들에게 재미있고 흥미 있는 것들을 많이 만들어 그것들에 몰입해 하나님을 잊게 만들고 있다. 그러기 때문에 계시록에서는 더욱 더 사탄이 어떻게 세상을 미혹하고 있는가에 대해 자세하게 설명되어 있다.

우리의 모든 환난과 고통은 우리를 하나님 나라의 백성으로 만들어가는 과정에서 필수적으로 겪어야 하는 연단의 과정들이다. 그런데 오늘날의 교회는 그 반대로 얘기하고 있다.

복음의 말씀 대신 그 자리를 차지하고 있는 주체는 만사형통, 질병치유, 기적 등의 체험 같은 것들이다. 사실 어느 교회를 가던 현관입구에 각종 종류의 헌금봉투가 수십 개가 늘어져 있는 것을 누구나 볼 수 있다.

솔직히 그때나 지금이나 헌금봉투를 볼 때면 거부감이 먼저 생겼다. 그 이유가 헌금이나 구제나 선행 그 자체가 그리스도인의 신앙고백의 일부가 될 뿐이지, 그 자체가 구원의 근거가 될 수 없기 때문이다.

누구든지 일부러 겸손함과 천사를 숭배함을 인하여 너희 상을 빼앗지 못하게 하라. 저가 그 본 것을 의지하여 그

육체의 마음을 좇아 헛되이 과장하고 (골2;18)

목사가 된 지금도 외형적으로 커져가는 교회 건물이나 다양하게 준비된 헌금 봉투나 외식의 구제나 복음의 실체가 빠진 선교를 하는 것을 볼 때면 골로새 2장 18절의 말씀이 생각나 고운 시선으로 바라보게 되지 않는다.

특히 조○○ 목사는 평소 성령께서 말씀하신다는 말을 많이 하였는데 그 출처가 의심된다. 그 목사는 그것이 자기의 생각인지 성령께서 말씀하신 것인지를 무엇으로 구분했던 것일까? 성령께서 매일 하루에 한 시간씩 계시해 주셨다는 그 영성 세계의 출처가 지금도 의심스럽다.

사실 초보적인 물리학을 조금이라도 접해 본 그리스도인이라면 한번쯤 생각해 볼만한 저급한 내용을 성령으로부터 왔다고 하는 것이 의혹이 된다. 그렇다고 그것이 성령으로 오지 않았다는 것을 보여줄 물증 또한 없다. 스스로 경험했다는데 어떻게 물증으로 반박할 수 있단 말인가?

그 목사야말로 개인적인 생각에 불과한 것을 갖고 마치 창조주의 마음을 알아 버린 것처럼 떠벌리고 있다.

직통 계시를 받았다고 하는 모든 부흥강사들도 마찬가지다. 그들은 시간이 흐르면서 자기의 생각을 곧 하나님의 생각으로 착각하는 버릇에서 습관이 되어 스스로한테 속게 되는 경우가 다반사다.

목사가 성경의 진리를 조금만 깨우쳐도 그런 헛소리를 하지 않게 될 뿐만 아니라 성도도 마찬가지다. 목사의 말이 곧 하나님의 말씀이라고 착각하게 되는 어리석음을 범하게 되지 않는다는 말이다.

    남을 속이면 스스로 자기의 마음을 속이는 것이 되고, 자기의 마음을 속이면 스스로 천심(하늘)을 속이는 것이 된다. 지금 이 시대는 마귀의 세력이 극성을 부리고 있는 때다. 강도떼가 영혼을 도적질하는 이 시대의 교회에서 아직도 목사한테 속고 있다면, 정신 바짝 차리고 예수 그리스도만의 나의 지도자요, 스승임을 마음속에 각인하고 신앙생활에 임해야 한다.

2019년 안디바목사